Trascendente y práctico. Profundo y detallado. Si alguna vez has luchado por cerrar la brecha entre las buenas intenciones y las buenas acciones, este libro es para ti. El pastor Craig nos desafía y equipa magistralmente a predecidir vivir de una manera que maximice la productividad, bendiga a los demás y glorifique a Dios.

—Louie Giglio, pastor de Passion City Church; fundador de Passion Conferences; autor de *No le des al enemigo un asiento en tu mesa*

Todos nos quedamos atascados. El pastor Craig nos lanza una cuerda para ayudarnos a salir. Dios nos ha dado el poder de planificar, imaginar, elegir y cambiar; solo tenemos que decidir asociarnos a él y hacerlo.

—Jennie Allen, autora de los éxitos de ventas del *New York Times: Encuentra a tu gente* y *Controla tu mente*; fundadora y visionaria, IF:Gathering

Cada día tienes la oportunidad de hacer que tu vida cuente. En *Pre(Decide)*, mi amigo el pastor Craig nos enseña cómo establecer mejores hábitos y tomar grandes decisiones. Permite que su sabiduría, impacto y amor por Cristo te ayuden a ser la mejor versión de ti mismo, quien Dios tenía en mente cuando te creó.

—Tim Tebow, antiguo atleta profesional; cinco veces autor exitoso del *New York Times*; fundador de la Fundación Tim Tebow

En un mundo donde nos sentimos abrumados por las opciones que compiten entre sí, Craig nos muestra cómo tomar grandes decisiones basadas en la Biblia y científicamente comprobadas. Si aplicas los principios descritos en *Pre(Decide)*, tendrás una vida floreciente y fructífera. Me encantó este libro de principio a fin. Perspicaz. Honesto. Divertido. Práctico. Transformador de vida.

—Christine Caine, fundadora de A21 y Propel Women

Estoy muy emocionado con este nuevo libro de mi buen amigo y pastor, Craig Groeschel. *Pre(Decide)* te guía a través de siete decisiones esenciales para vivir de una manera que honre a Dios. Este no es un libro más, es tu guía hacia una vida significativa. Si tomas en serio el hecho de moverte en la dirección de tu propósito, este libro es para ti.

—Steven Furtick, pastor principal de Elevation Church; autor de éxitos de ventas del *New York Times: Bloquea al charlatán, Cosas mayores, Descalificado* y *Sé tu nuevo yo*

T0026279

Pre(Decide) es el libro ideal para ti si estás buscando reenfocar tus pensamientos y mejorar tus hábitos diarios. Mi sabio amigo el pastor Craig es el maestro adecuado para guiarnos a través de un proceso de pensamiento anticipado con respecto a la vida que realmente queremos vivir y cómo llegar a ella. Consigue tu copia hoy; realmente produce un cambio radical.

—Lysa TerKeurst, autora exitosa del *New York Times*;
presidenta de Proverbs 31 Ministries

La práctica de decidir de antemano es como un GPS que te guiará a lugares mucho mejores que si vas por la vida sin él. Craig nos ha dado un verdadero regalo con esta práctica de dirección de vida que le permitirá a cualquiera caminar sobre un terreno mucho más sólido. Muy recomendable.

—Dr. Henry Cloud, psicólogo; autor exitoso del
New York Times

He tenido la suerte de poder llamar a Craig Groeschel mi amigo durante más de dos décadas, y sigue siendo uno de los líderes más confiables y excepcionales que conozco. En *Pre(Decide)*, Craig revela el secreto para tomar grandes decisiones al alinear nuestras elecciones y comportamientos con nuestras creencias fundamentales. Llevando el poder del evangelio a las últimas investigaciones sobre cómo crear hábitos más saludables, Craig nos desafía a aplicar la verdad eterna de Dios a cada área de nuestra vida. Tan práctico como profundo, *Pre(Decide)* cambiará tu vida.

—Chris Hodges, pastor principal de Church of the Highlands;
autor de *Out of the Cave* y *Pray First*

En los negocios y la vida, las decisiones difíciles llegarán a ti. En *Pre(Decide)*, el pastor Craig nos demuestra que la calidad de nuestras decisiones aumenta exponencialmente si sabemos en qué creemos y por qué lo hacemos. Al decidir de antemano, solo tenemos que caminar a través de la victoria o el fracaso del resultado, pero no del dolor de la indecisión. Otra lectura obligada de mi amigo Craig Groeschel.

—Dave Ramsey, autor exitoso

La mayoría de la gente piensa que el éxito tiene que ver con trabajar duro, tener un poco de suerte o que te den una ventaja. Todo esto es cierto, por supuesto, pero ninguna de esas cosas garantiza el éxito. La verdad es que, con el tiempo, el único comportamiento que garantiza el éxito es tomar buenas decisiones. Cada uno de nosotros está a solo mil buenas decisiones de la vida con la que soñamos. Así que la clave está en aprender a tomar buenas decisiones y hacerlo todos los días. En *Pre(Decide)*, Craig Groeschel, que ha vivido este mensaje durante décadas, nos enseña a tomar decisiones que mejorarán nuestras vidas.

—Donald Miller, autor de *Cómo construir una Storybrand*

Cuando yo era joven, pensaba que en la vida había que elegir entre el éxito o la paz. Podías tener éxito, administrando tus talentos con excelencia, o podías ser pacífico; era cuestión de una cosa u otra. Sin embargo, Craig Groeschel me demostró lo equivocado que estaba. Soy amigo suyo desde hace más de diez años, y es difícil pensar en alguien que haga un mejor trabajo equilibrando la paz y los resultados. ¿Cómo lo consigue? Por suerte para nosotros, escribe libros en los que comparte sus secretos. En algún momento, tal vez elimine la frase: «¡Este es el mejor libro de Craig!», porque siento que la digo cada vez que publica uno nuevo, pero es cierto. ¡Este es el mejor libro de Craig!

—Jon Acuff, autor del éxito de ventas del *New York Times*,
Una meta es todo lo que necesitas

Puede ser muy frustrante estar atascado en el punto A y querer llegar al punto B, pero no saber cómo lograrlo. Estoy muy agradecido con Craig Groeschel por mostrarnos el camino para deshacernos de los hábitos que nos frenan y así poder llegar a donde Dios quiere que estemos.

—Bob Goff, autor de los éxitos de ventas del *New York Times*:
El amor hace; A todos, siempre; Sueña en grande y
Sin distracciones

Una cosa es reconocer que tomas malas decisiones constantemente. Otra cosa es estar lo suficiente motivado para cambiar tus patrones de toma de decisiones. En *Pre(Decide)*, Craig te ofrece un plan increíblemente útil lleno de verdades bíblicas, investigaciones y sus propias experiencias. Este libro es todo lo que necesitas para motivarte a dar ese primer paso en el viaje de vivir los planes de Dios para tu vida.

—John C. Maxwell, autor de éxitos sobre liderazgo,
mentor e instructor

También de Craig Groeschel

CRAIG GROESCHEL

AUTOR *BEST SELLER* DEL *NEW YORK TIMES*

(PRE) DECIDE

7 DECISIONES QUE PUEDES TOMAR HOY PARA TENER MAÑANA UNA VIDA QUE HONRE A DIOS

Vida

La misión de Editorial Vida es ser la compañía líder en satisfacer las necesidades de las personas con recursos cuyo contenido glorifique al Señor Jesucristo y promueva principios bíblicos.

(PRE)DECIDE
Edición en español publicada por
Editorial Vida – 2024
Nashville, Tennessee
© 2024 Editorial Vida
Este título también está disponible en formato electrónico.

Publicado originalmente en EUA bajo el título:
>**Think Ahead**
>**Copyright © 2024 por Craig Groeschel**
Publicado con permiso de Zondervan, Grand Rapids, Michigan 49530.
Todos los derechos reservados
Prohibida su reproducción o distribución.

A Craig Groeschel lo representa Thomas J. Winters de Winters & King, Inc, Tulsa, Oklahoma.
A menos que se indique lo contrario, todas las citas bíblicas han sido tomadas de La Santa Biblia, Nueva Biblia de las Américas © 2005 por The Lockman Foundation. Usada con permiso, www.NuevaBiblia.com.

Las citas bíblicas marcadas «NTV» son de la Santa Biblia, Nueva Traducción Viviente, © Tyndale House Foundation, 2010. Usada con permiso de Tyndale House Publishers, Inc., 351 Executive Dr., Carol Stream, IL 60188, Estados Unidos de América. Todos los derechos reservados.

Las citas bíblicas marcadas «DHH» son de La Biblia Dios Habla Hoy, Tercera edición © Sociedades Bíblicas Unidas, 1966, 1970, 1979, 1983, 1996. Usada con permiso.

Las citas bíblicas marcadas «NBV», han sido tomadas de La Nueva Biblia Viva © 2006, 2008 por Biblica, Inc.®
Usado con permiso de Biblica, Inc.® Reservados todos los derechos en todo el mundo.

Las citas bíblicas marcadas «RVA-2015», han sido tomadas de Reina-Valera Actualizada © 2015, publicada por la Casa Bautista de Publicaciones/Editorial Mundo Hispano, en forma parcial desde 1982, y como Biblia completa en 1989, y luego sometida a revisiones en los años 1999 y 2006.

Los enlaces de la Internet (sitios web, blog, etc.) y números de teléfono en este libro se ofrecen solo como un recurso. De ninguna manera representan ni implican aprobación o apoyo de parte de Editorial Vida, ni responde la editorial por el contenido de estos sitios web ni números durante la vida de este libro.

Todos los derechos reservados. Ninguna porción de este libro podrá ser reproducida, almacenada en ningún sistema de recuperación, o transmitida en cualquier forma o por cualquier medio —mecánicos, fotocopias, grabación u otro—, excepto por citas breves en revistas impresas, sin la autorización previa por escrito de la editorial.

Traducción: Santiago Ochoa Cadavid
Adaptación del diseño al español: Mauricio Diaz

ISBN: 978-0-82977-287-6
eBook: 978-0-82977-288-3
Audio: 978-0-82977-289-0

La información sobre el Número de Control de la Biblioteca del Congreso estará disponible previa solicitud.

CATEGORÍA: Religión / Educación / Toma de decisiones

IMPRESO EN ESTADOS UNIDOS DE AMÉRICA
PRINTED IN THE UNITED STATES OF AMERICA

23 24 25 26 27 LBC 6 4 3 2 1

Contenido

Parte 4: Seré una persona influyente

Part 5: Seré generoso

Parte 6: Seré constante

Parte 7: Seré un finalizador

Introducción

El poder de predecidir

Treinta y cinco mil.

Siete.

Treinta y cinco mil es el número que le da forma a tu vida.

Siete es el número que te permitirá recuperar tu vida.

Antes de explicar estos números, quiero empezar con una historia para darte un ejemplo de cómo he luchado con la toma de decisiones.

El hombre araña, una máquina de escribir y un teléfono público

Transcurría el inicio de la década de 1990 y yo tenía poco más de veinte años. Estaba recién casado y era pastor a tiempo completo en la Primera Iglesia Metodista Unida de Oklahoma City. También estudiaba a tiempo completo en el seminario.

Vuelve a leer el último párrafo. Busca la primera señal de que tengo problemas. ¿Recién casado y pastor a tiempo completo? Sí. ¿Recién casado y estudiante a tiempo completo del seminario? Seguro. ¿Pero recién casado y además pastor y estudiante de seminario a tiempo completo? Era joven, tenía un llamado de Dios y estaba listo para enfrentar al mundo, así que por supuesto creí que yo era a prueba de balas.

En aquella época, las chicas usaban polainas, hombreras y grandes pendientes en forma de aro. Los chicos llevaban vaqueros lavados al ácido, pantalones cortos Jams y las siempre codiciadas chaquetas Members Only. Era la época en que Bon Jovi vivía de una plegaria. Y cuando las personas aún no tenían computadoras personales. Bueno, quizá algunas sí, pero yo desde luego que no. Así que escribía mis trabajos para el seminario en una máquina de escribir. Para los menores de cuarenta años, saquen un momento para buscar en Google lo que es una «máquina de escribir».

Una noche me quedé hasta muy tarde en la iglesia escribiendo a máquina un trabajo de quince páginas para una clase. A la mañana siguiente, cuando me levanté temprano para conducir noventa minutos hasta el seminario, me di cuenta de que había dejado el trabajo en mi oficina. *¡Uf!* Como lo había mecanografiado allí, la copia que tenía sobre mi escritorio era la única que había en el mundo. Tuve que regresar para buscarla.

Así que a las seis de la mañana me dirigí a la iglesia. Lo que no sabía era que nuestras tarjetas de acceso estaban programadas para abrir las puertas solo a partir de las ocho. Lo intenté, pero la puerta no se abría, y yo tenía que recuperar ese trabajo.

Fue entonces cuando tomé la primera de una serie de malas decisiones.

Mi oficina estaba en el tercer piso del majestuoso edificio de nuestra iglesia. Como la ventana era tan alta, siempre la dejaba sin cerrar, sabiendo que nadie sería tan tonto como para arriesgarse a subir para entrar. Nadie excepto yo. Ya que la ventana era mi única opción, *pensé que podría trepar por la pared hasta ella.*

Con el paso de los años, he descubierto muchas cosas sobre mí: habilidades que poseo y otras de las que carezco. Sin embargo, en aquel momento aún no sabía si podría ser el hombre araña. Era tiempo de averiguarlo.

¡En realidad, pude trepar por la pared! (Los signos de exclamación se deben a que es lo único positivo que puedo decir de mí mismo en toda esta historia). Tras escalar con cuidado la pared y llegar a mi ventana, subí precariamente con mis mocasines a la pequeña cornisa. Me agarré de un ladrillo del edificio con la punta de los dedos de la mano izquierda. Bajé la mano derecha con cuidado e intenté levantar la ventana. No se movía. ¡Alguien la había cerrado!

En ese momento comprendí que estaba en serios problemas. No podía darme la vuelta ni bajar de nuevo. Estaba atrapado allí. ¡Eso sí que era vivir de una plegaria! Eran las 6:20 de la mañana. Eso estaba sucediendo antes de que todo el mundo tuviera un teléfono celular, así que no tenía forma de llamar a nadie. ¿Qué podía hacer? Simplemente permanecí allí. Bueno, más bien me quedé colgado, con los dedos de los pies en la cornisa y los de las manos en las grietas de los ladrillos. Empecé a cantar para mí mismo: *Ah, tenemos que aguantar, preparados o no. Vives para la lucha cuando es todo lo que tienes. Vaya, oh, estamos a mitad de camino. Vaya, oh, viviendo de una plegaria.*

Unos treinta minutos después vi a un sujeto caminando por la calle. Empecé a gritar. «¡Oye! ¡Ayuda! ¡Aquí arriba! No, ¡aquí arriba! Soy yo, el de los pantalones caquis con pliegues y la chaqueta Members Only. El tipo tres pisos por encima de ti. ¡Oye!». Por fin, este desconocido al parecer con problemas visuales o de orientación me vio y gritó que iba a buscar ayuda. ¿Cómo? Tenía que encontrar un teléfono público. Para los menores de treinta, tómense un momento para buscar «teléfono público» en Google.

Evidentemente encontró uno, porque pronto aparecieron los bomberos para bajar al pastor Craig del tercer piso del histórico edificio de la iglesia.

Ahora bien, ¿por qué te cuento todo esto?

Para dejarte saber que puedo ser malo al tomar decisiones.

Odio tener que decírtelo, pero lo más probable es que tú tomes malas decisiones también. No te ofendas, pero resulta que todos podemos ser bastante malos al tomar decisiones.

Y eso es un gran problema, porque hay algo que es cierto para todos:

> La calidad de nuestras decisiones determina
> la calidad de nuestras vidas.

Dentro de un momento hablaremos de la importancia de nuestras decisiones, pero ahora que he dicho que tú y yo podemos ser malos tomando decisiones, creo que te debo una explicación sobre por qué todos lo hacemos.

Los tres enemigos de las decisiones excelentes

Tú quieres tomar decisiones excelentes. Yo también.

Puede que incluso quieras creer que la mayoría de las veces tomas decisiones extraordinarias. Yo también.

Sin embargo, no es así. Todos podemos admitirlo, ¿verdad? Basta con mirar las pruebas:

- Comemos más de lo que deberíamos.
- Compramos cosas que no podemos permitirnos.
- Perdemos el tiempo.
- Dejamos las cosas para más tarde.
- Decimos cosas de las que nos arrepentimos.
- Hacemos cosas que no queremos hacer.
- Les hacemos daño a las personas que más queremos.
- No hacemos las cosas que queremos hacer.
- No comemos alimentos sanos, no hacemos ejercicio, no leemos la Biblia ni ahorramos para el futuro.
- No oramos lo suficiente, ni decimos «te quiero» lo suficiente, ni bajamos el ritmo lo suficiente.

Podemos ser realmente malos en la toma de decisiones. Incluso el apóstol Pablo admitió su frustrante batalla con las decisiones. Él fue francamente honesto en Romanos 7:19: «Quiero hacer lo que es bueno, pero no lo hago. No quiero hacer lo que está mal, pero igual lo hago» (NTV). Eso es una prueba de que todo el mundo lucha con esta cuestión.

Hablando de malas decisiones, ¿has escuchado sobre el hombre al que se le metió una cucaracha en la oreja durante tres días, pero pensó que era agua y siguió secándosela?[1] Esperemos que al menos tengamos una ventaja sobre ese tipo.

Entonces, si queremos tomar buenas decisiones, ¿qué nos lo impide?

La respuesta técnica es *mucho*.

Muchas cosas.

Pero destacaré tres.

El primer enemigo de las decisiones excelentes: estamos abrumados

Empecé esta introducción mencionando el número treinta y cinco mil. Aquí es donde entra en juego. Los expertos estiman que tomamos treinta y cinco mil decisiones al día.[2] ¡Al día! Caramba. Eso solo puede significar que tú y yo tomamos decisiones como estas todo el día, todos los días:

- Si presionar el botón de repetición del despertador o no.
- Si sacar tiempo para orar o no.
- Qué ropa ponernos.
- Qué comer.
- Si hacer ejercicio o no.
- Si publicar en las redes sociales o no, qué publicar y a cuáles publicaciones darles «me gusta».
- Si esquivar o no a un compañero de trabajo.
- Cuándo revisar el correo electrónico y cómo responder a cada uno.
- Qué hacer esta noche y qué hacer este fin de semana.

Aunque treinta y cinco mil decisiones parecen increíbles al principio, una vez que empezamos a pensar en todas las decisiones subconscientes y de fracción de segundo como estas que tomamos, esa enorme cifra cobra sentido. Una cosa es cierta: las decisiones nunca cesan.

Por eso esto puede ser tan abrumador. Tomamos tantas decisiones que el músculo decisorio se cansa. Los científicos cognitivos le llaman «fatiga de decisión». Han descubierto lo siguiente:

> A medida que el volumen de las decisiones aumenta, disminuye la calidad de las mismas.

Un grupo de expertos ofreció esta explicación: «Los individuos que experimentan fatiga de decisión demuestran una capacidad disminuida para hacer compensaciones, prefieren un papel pasivo en el proceso de toma de decisiones y a menudo hacen elecciones que parecen impulsivas o irracionales».[3]

Eso explica por qué puedes tomar decisiones difíciles y sabias todo el día en el trabajo y luego por la noche darte un atracón y desperdiciar varias horas mirando una pantalla. Se debe a que te has cansado de tomar buenas decisiones. O es posible que hayas estado tomando una serie de decisiones financieras sabias porque quieres ahorrar dinero, pero entonces, de la nada, haces una compra irracional de la que luego te arrepientes. Te preguntas: *¿Cómo pude ser tan estúpido? ¿Por qué lo hice?*

La respuesta es: por la fatiga de decisión.

El primer enemigo de una toma de decisiones excelente es que nos bombardean con demasiadas decisiones.

En tu proceso de toma de decisiones, ¿te sientes abrumado? ¿Fatigado?

El segundo enemigo de las decisiones excelentes: tenemos miedo

No nos preocupa si vamos a desayunar avena o yogur, pero cuando se trata de decisiones más importantes, a menudo tenemos miedo de tomar la decisión equivocada. *¿Debería comprar este auto? ¿Debería aceptar esta oferta de trabajo? ¿Debería mudarme?*

¿Has oído hablar de la parálisis en el análisis? Miramos todas las opciones y nos paralizamos por miedo a tomar la decisión equivocada.

Este problema se agrava en el caso de los cristianos, porque tenemos el reto añadido de intentar discernir la voluntad de Dios. Así que la siempre difícil cuestión de qué es lo correcto se complica todavía más por el miedo a pernernos el plan de Dios. *¿Y si me pierdo la situación perfecta que Dios tiene para mí? ¿Y si me conformo? O peor aún, ¿y si me equivoco y tardo años en volver a encarrilar mi vida?*

Todo esto puede llevarnos a tomar una mala decisión. Sin embargo, como no estamos seguros, a veces simplemente no tomamos decisión alguna. Eso parece más seguro, pero tenemos que recordarlo:

La indecisión es una decisión y con frecuencia la enemiga del progreso.

Así que, a la hora de tomar decisiones, ¿con qué frecuencia tienes miedo? ¿Con qué frecuencia decides no decidir?

El tercer enemigo de las decisiones excelentes: somos emotivos

En su libro *Decídete: cómo tomar las mejores decisiones en la vida y el trabajo*, Chip Heath y Dan Heath demuestran a través de su extensa investigación que estamos biológicamente predispuestos a actuar tontamente y a comportarnos de forma irracional.[4] Ellos explican que nuestras emociones pueden ser el principal enemigo de las decisiones excelentes. Dejamos que las emociones se impongan a la lógica.

Tú lo has experimentado. No quieres gritarles a tus hijos. Pero entonces tu hijo hace una tontería. La lógica dice: *Ten paciencia.* Pero la emoción dice: *Grita tan fuerte como puedas.* Y la emoción anula a la lógica.

O hay un pecado que estás decidido a evitar. Pero entonces la tentación toca a tu puerta. La lógica dice: *Hacer eso no es sano y deshonra a Dios.* Pero la emoción dice: *¡Vámonos de fiesta!* La emoción se impone a la lógica.

Para tomar grandes decisiones tenemos que pensar en el futuro y preguntarnos: *¿Cuáles son las consecuencias de esta elección? ¿Por qué camino me lleva esta decisión?* Sin embargo, las emociones suelen darnos un enfoque miope en el aquí y el ahora.

Lo interesante es que a menudo pasamos demasiado tiempo analizando decisiones sin importancia (*¿Qué serie de Netflix debería ver a continuación?*), pero tomamos decisiones importantes (*¿Debería ver porno?*) por un capricho emocional. Un ejemplo personal embarazoso: una vez pasé horas investigando una compra en Amazon. ¿La gran decisión? Comprar la versión de siete dólares con una calificación de cinco estrellas o la versión de seis dólares con una calificación 4,5 estrellas. Empecé a leer las 4.328 reseñas para decidir cuál era la mejor opción. Sin embargo, cuando se trata de decisiones críticas, a menudo me dejo llevar por mis emociones y reacciono en el momento. (Como al decidir escalar un edificio de tres pisos).

Obviamente, hay fuerzas que actúan en contra de que tomemos decisiones sabias.

En un día cualquiera, ¿cuántas decisiones tomas basándote en tus emociones?

Detengámonos y repasemos. Debido a que la calidad de nuestras decisiones determina la calidad de nuestras vidas, debemos entender a los tres enemigos de las elecciones excelentes:

1. El agobio.
2. El miedo.
3. La emotividad.

La suma de tu vida

Se puede decir que la vida es la suma de las decisiones que tomamos. ¿Por qué? Porque una vida exitosa no se basa en unas pocas decisiones importantes tomadas en unos pocos momentos importantes, sino en miles de decisiones comunes tomadas en miles de momentos comunes.

Como dice James Clear: «Cada decisión que tomas es un voto que determina lo que llegarás a ser». Por eso debemos pensar en el futuro. Por eso *tenemos* que pensar en el futuro. Cada decisión aparentemente intrascendente tiene tanto valor porque nuestras decisiones rara vez están aisladas. ¿Has notado cómo las buenas decisiones tienden a acumularse en la dirección correcta y las malas decisiones tienden a acumularse en la dirección equivocada?

Apuesto a que alguna vez tomaste una mala decisión pensando que era cosa de una sola vez, y luego te diste cuenta de que te llevó por un camino resbaladizo. Parecía que esa decisión te daba permiso para seguir tomando la misma decisión o decisiones igualmente malas. De algún modo, tu mala decisión se multiplicó.

También tomaste buenas decisiones que parecían aisladas, pero no lo eran en absoluto. Tu elección parecía normal, pero en realidad fue enorme. Tomaste la decisión correcta y de algún modo tuvo un efecto compuesto. Es así:

> Tomamos nuestras decisiones, y luego nuestras
> decisiones nos toman a nosotros.

Las decisiones que tomas hoy determinan las historias que contarás mañana.

C. S. Lewis, un brillante pensador y autor cristiano, escribió sobre esto en su libro *Cristianismo y nada más*: «Tanto el bien como el mal aumentan como el interés compuesto. Es por ello que las pequeñas decisiones que tomamos todos los días tienen tan infinita importancia. El más pequeño acto de bondad de hoy es la captura de un punto estratégico desde el cual, meses más tarde, podremos avanzar hacia victorias que nunca habíamos soñado. Una concesión, en apariencia trivial, que hoy hagamos a la concupiscencia o a la ira significa la pérdida de un puente, una línea férrea o una cabeza de playa desde los cuales el enemigo puede emprender un ataque que de otra suerte habría sido imposible».[5]

> Tus decisiones determinan tu dirección, y
> tu dirección determina tu destino.

Así que si tu vida se mueve en la dirección de tus decisiones, ¿te gusta la dirección en la que tus decisiones te están llevando?

¿Te sientes bien acerca de quién eres y dónde estás en la vida? ¿Crees que Dios está contento con tu dirección?

Si no es así, es hora de recuperar tu vida.

¿Cómo?

A través del poder de predecidir.

El poder de predecidir

Decidirás *ahora* lo que harás *después*.

Decidirás ahora lo que *harás* después.

Esto puede sonar simplista, pero es una profunda herramienta espiritual que te ayudará a vivir con una visión del futuro, amando a las personas y glorificando a Dios, lo que te llevará a convertirte en quien quieres ser y a vivir la vida que quieres vivir.

Decide ahora lo que harás después.

Cuando estás en el momento, los tres enemigos de los que acabamos de hablar causan estragos en tu capacidad de tomar decisiones de calidad, ¿por qué esperar entonces hasta que estés en el momento preciso para decidir?

Pídele a Dios que te ayude a decidir ahora lo que harás después.

Con su ayuda, lo que hagas ahora puede ser diferente de lo que hiciste antes por tu cuenta. Nos quedamos atascados pensando: *Siempre he sido así, siempre he hecho estas cosas. Esto es lo que es, yo soy lo que soy.* Sin embargo, Dios dice: «No recuerden las cosas anteriores ni consideren las cosas del pasado. Yo hago algo nuevo, ahora acontece» (Isaías 43:18-19). Nos asociamos con Dios en lo nuevo que quiere hacer en nuestras vidas tomando nuevas decisiones. Tomamos estas decisiones con Dios y las sometemos a él. ¿Y qué hace Dios? «Pon todo lo que hagas en manos del Señor, y tus planes tendrán éxito» (Proverbios 16:3, NTV).

Decide ahora lo que harás después.

Fíjate en los héroes de nuestra fe a lo largo de la Biblia.

En Génesis 22, Dios le dijo a Abraham que sacrificara a su hijo Isaac. Nadie decidiría hacer eso en el momento. Pero en el pasado, Abraham había decidido de antemano: *Mi Dios es siempre digno de confianza, así que cualquier cosa que me pida que haga, le obedeceré y lo honraré.* (Afortunadamente, Dios dejó que *Abraham* se librara de la prueba).

En el capítulo uno de Rut, encontramos a Rut y a su cuñada Orfa con su suegra, Noemí. Los tiempos son difíciles y empeoran. Noemí regresa a su pueblo natal, donde sus perspectivas no son mejores. Noemí les dice a las chicas que se queden y busquen una vida nueva y mejor. Es la opción que les da más posibilidades, así que Orfa acepta irse. Pero Rut había predecidido que Noemí la llevaría con ella o moriría: *Donde tú vayas, yo iré. Donde tú mores, moraré. Tu Dios será mi Dios.*

Rut había decidido de antemano su compromiso con Noemí.

Luego está Daniel. Él y sus amigos fueron esencialmente tomados como rehenes y obligados a vivir en una tierra extranjera. Se intentó constantemente lavarles el cerebro para que pensaran como sus captores y comieran lo mismo que ellos. Sin embargo, Daniel creía que comer la comida del rey deshonraría a Dios. Leemos en Daniel 1:8: «Pero Daniel se propuso...». Podríamos decir: «Daniel predecidió». El versículo afirma: «Pero Daniel se propuso en su corazón no contaminarse con los manjares del rey ni con el vino que él bebía, y pidió al jefe de oficiales que le permitiera no contaminarse».

Daniel no esperó a llegar al comedor, donde podría haber caído en la tentación de ir en contra de sus valores ante un filete asado a la perfección y el pastel con chocolate fundido. No, él predecidió: *Mis valores los determinará Dios, no los demás. Honraré a mi Dios con mis elecciones.*

Daniel decidió de antemano su compromiso con Dios.

Cuando decidimos ahora lo que haremos después, con la ayuda de Dios, determinaremos nuestro curso de acción antes del momento de la decisión. Será así:

Frente a [una situación], he predecidido [una acción].

Por ejemplo: «Cuando empiece a preocuparme, leeré 1 Pedro 5:7, oraré y le entregaré la carga a Dios».

O tal vez: «Cuando tenga la tentación de hacer una compra impulsiva de más de cincuenta dólares, esperaré al menos tres días antes de decidir si la hago».

O quizás: «Cuando haya escrito un correo electrónico irritado, lo consultaré con la almohada antes de decidirme a hacer clic en enviar».

Si empezaras a aplicar todo lo que hemos comentado hasta ahora para tomar decisiones de antemano, ¿cómo podría esto afectar positivamente tu vida? Aquí tienes tres beneficios inmediatos:

1. Predecidir reduce el número de decisiones que tomamos

Decidir previamente evita sentirse abrumado por todas las opciones, lo que puede provocar fatiga. Steve Jobs era famoso por usar la misma ropa todos los días. ¿Le encantaba su jersey negro de cuello alto, sus Levi's 501 y sus zapatillas New Balance? No. Pero sabía que no tener que elegir su ropa cada día le permitía liberar energía para tomar decisiones más importantes.

El multimillonario gestor de fondos de cobertura Ray Dalio escribió un libro acerca de predecidir. En su libro *Principios*, Dalio escribe: «Sin principios, nos veríamos obligados a reaccionar a todas las cosas que nos depara la vida de forma individual, como si estuviéramos experimentando cada una de ellas por primera vez». Él continúa diciendo: «Utilizar principios es una manera de simplificar y mejorar la toma de decisiones [...] [De esta forma] podrás reducir enormemente el número de decisiones que debas tomar (en un factor que estimo alrededor de 100.000) y las que tomes serán de calidad muy superior».[6]

2. Predecidir reduce el miedo a tomar la decisión equivocada

Con frecuencia tomamos decisiones equivocadas porque el miedo nos impulsa o nos detiene. Tememos con razón: porque conocemos nuestro historial y lo mucho que hemos luchado contra nosotros en el momento de la decisión.

Sin embargo, decidir previamente reduce nuestro miedo. ¿Por qué? Porque basamos nuestras decisiones en nuestros valores. Descubrimos, de antemano, qué es importante para Dios y decidimos qué es importante para nosotros, y nos comprometemos a tomar decisiones que honren esos valores. En las páginas que siguen, espero ayudarte a encontrar claridad sobre lo que es importante para ti. Descubriremos que cuando nuestros valores son claros, nuestras decisiones son más fáciles.

3. Predecidir evita que las emociones tomen el control

Queremos vivir vidas sensatas, que honren a Dios, pero en el calor del momento, nuestras emociones a menudo toman el control y se apoderan de nuestra integridad. Es por eso que necesitamos decidir antes del momento. De esa manera, nuestras emociones no tendrán voz ni voto.

Está demostrado que este concepto es la clave para hacer lo que uno quiere. Peter Gollwitzer, profesor de psicología de la Universidad de Nueva York, revisó noventa y cuatro estudios que analizaban la eficacia de predecidir por parte de personas que realmente ponen en práctica sus mejores intenciones. Él llegó a la conclusión de que tener objetivos no garantiza el éxito, porque no tiene en cuenta las barreras que surgirán en el camino. Entonces, ¿qué es lo que garantiza el éxito? El hecho de decidir de antemano qué hacer frente a semejantes obstáculos.[7]

En otro estudio, 368 personas en rehabilitación ortopédica se dividieron en dos grupos. Uno de ellos se fijó metas. El otro se fijó metas, pero además decidió lo que haría para alcanzarlas. Solo los del segundo grupo lograron sus objetivos.[8]

Cuando decidimos previamente, dejamos que la lógica se imponga a la emoción.

Siete

Probablemente te estés preguntando: «¿Qué debo predecidir? Parece que las opciones son infinitas. Es decir, ¿tengo que usar la misma ropa todos los días como Steve Jobs? Si es así, ¿tiene que ser igual de monótona?».

Al principio de esta introducción, te mencioné dos números: treinta y cinco mil y siete. Te dije: «Treinta y cinco mil es el número que le da forma a tu vida. El siete es el número que te permitirá recuperar tu vida».

Ahora que he explicado el treinta y cinco mil en detalle, es el momento del siete.

Quiero ofrecer siete decisiones previas que definen la vida y que todos debemos tomar. Puedes añadir otras, pero creo que verás por qué son tan fundamentales a medida que avanzamos juntos por las próximas páginas.

Para empezar, quiero ser un poco más honesto contigo de lo que resulta cómodo para mí. Aunque soy un seguidor de Jesús, y soy pastor, he notado algunas cualidades negativas en mí.

- *No estoy preparado.* A menudo no estoy preparado espiritualmente. Satanás es el enemigo de mi alma. Me ataca en cada oportunidad. En esos momentos, a veces bajo la guardia. Amo a Dios con todo mi corazón y en verdad quiero seguir a Jesús, pero realmente hacer eso es algo que sucede de momento en momento, y encuentro que en demasiadas ocasiones mi devoción se queda corta.

- *Soy egoísta*. No quiero serlo, pero lo soy. Como soy egoísta, es más fácil para mí querer recibir que dar. Estoy comprometido con la misión que Dios nos ha encomendado porque estoy convencido de que todo el mundo necesita a Jesús. Sin embargo, me temo que en lugar de sentirme obligado a compartir la buena noticia del amor de Dios, con demasiada frecuencia puedo ser egoísta con ella.

- *Soy inconstante*. Me encuentro empezando en la dirección correcta, pero es demasiado fácil para mí cambiar de rumbo y terminar haciendo lo incorrecto. Cuando las cosas se ponen difíciles, quiero rendirme y abandonar. A menudo me parece que la mejor opción es renunciar.

Ahora que he terminado mi confesión, ¿puedo preguntarte si te sientes identificado con alguno de mis problemas? Me he descrito, ¿pero te he descrito también a ti?

Si es así, seguro que, al igual que yo, no quieres ser así ni vivir de esa manera.

¿Estás preparado para pensar en el futuro y recuperar tu vida?

Podemos hacerlo por medio de siete decisiones previas que definen la vida:

1. Estaré preparado.
2. Seré devoto.
3. Seré fiel.
4. Seré una persona influyente.
5. Seré generoso.
6. Seré constante.
7. Seré un finalizador.

¿Estás listo para elegir en quién te convertirás?

¿Para vivir la vida que quieres vivir?

¿Para estar satisfecho, tener éxito y honrar a Dios?

¡Hagámoslo!

Decidamos previamente.

EJERCICIOS DE LA INTRODUCCIÓN

1. Evalúa tu capacidad para tomar decisiones en el día a día en una escala del 1 al 10 (de bajo a alto). Explica tu respuesta.
2. ¿Cómo cambiaría tu valoración a medida que avanzas en las principales áreas de tu vida, como la familia, el trabajo, los amigos y la vida espiritual? Explica.
3. ¿Te da miedo tomar una decisión? ¿Qué área de tu vida tiende a provocarte miedo cuando tienes que decidir?
4. ¿Hay alguna situación que te produce agotamiento a la hora de tomar decisiones? En caso afirmativo, ¿cuáles son los factores que contribuyen a esto? (Por ejemplo, volumen, expectativas, carga de importancia).
5. ¿Te sientes abrumado a la hora de tomar una decisión? ¿Qué área de tu vida tiende a causarte agobio cuando tienes que decidir?
6. ¿Tienes problemas de indecisión o procrastinación? ¿Suele ser general o solo en determinadas situaciones? Especifica.
7. ¿Sientes emoción al tomar una decisión? ¿Qué área de tu vida tiende a causarte emoción cuando tienes que decidir?
8. ¿Con qué frecuencia evitas tomar decisiones importantes distrayéndote con otras sin importancia? ¿Suele ocurrirte en algún ámbito de tu vida?
9. Al observar tus respuestas anteriores, ¿puedes detectar algún patrón en el que tomar decisiones previas podría beneficiarte? Si es así, escribe lo que piensas.
10. Si eres cristiano, ¿cómo tu relación con Dios afecta tu toma de decisiones? ¿Cuáles son algunos de sus beneficios? ¿En dónde tienes más dificultades?

PARTE 1

Estaré preparado

El prudente se anticipa al peligro y
toma precauciones.
El simplón sigue adelante a ciegas y
sufre las consecuencias.

—PROVERBIOS 27:12 (NTV)

El hombre en el espejo

Me desperté, me miré en el espejo y dije: «Te odio».

Lo hice. Odiaba lo que veía, porque había vuelto a caer. No podía seguir así. Necesitaba un nuevo plan para luchar contra la tentación.

¿Has pasado por eso?

Voy a suponer que sí.

También sé que no planeaste estar ahí.

No planeaste volverte adicto.

O que tus hijos estén resentidos contigo.

No esperabas ser alguien con un desorden, o un problema de ira o de control, o con una falta de perdón crónica.

No querías ser codicioso o amargado.

No conozco a nadie que tuviera como objetivo a cinco años arruinarse económicamente o dañar su matrimonio.

Nadie planea tomar una decisión estúpida en el momento, ocultarla, mentir sobre ella y perder la confianza de las personas que más quiere.

Nadie planea destruir su vida.

El problema es que no planean no hacerlo.

Sin embargo, no estaban preparados cuando la tentación tocó a la puerta.

Eso es lo que me pasó a mí la noche antes de despreciar mi reflejo en el espejo.

La tentación tocó a mi puerta.

Y como no estaba preparado, le abrí la puerta al diablo.

Los susurros

He descubierto que la tentación susurra. Por lo general, no llega a todo volumen como un concierto de Metallica. Su vibración es más parecida a la de un cantautor acústico tocando en la trastienda de una cafetería. Es un sutil canto de sirena. A ver si has escuchado alguno de estos susurros:

- Ya has pecado al ser tentado, de modo que también podrías hacerlo.

Demasiados cristianos han creído esta mentira, así que para ser muy claros, no es un pecado ser tentado.

Es pecado actuar bajo la tentación.

Pero ser tentado no es pecado, es humano.

Todo el mundo se ve tentado.

Seguir a Jesús no garantiza la ausencia de tentaciones, es una declaración de guerra contra la tentación.

Jesús mismo, cuando vivió una vida humana en la tierra, fue tentado. Mateo 4 detalla sus tres tentaciones en el desierto, las cuales vinieron directamente de Satanás. En cada ocasión, Jesús se negó y no eligió el pecado. Por eso, Hebreos 4 dice que Jesús comprende nuestras debilidades, porque «enfrentó todas y cada una de las pruebas que enfrentamos nosotros, sin embargo, él nunca pecó» (v. 15, NTV).

Si te sientes culpable por haber caído en tentación —te fijaste en una persona atractiva que corría por la calle, pensaste en mentirle a tu jefe acerca de por qué llegaste quince minutos tarde a su llamada de Zoom, realmente querías comerte los dulces de Halloween de tu hijo—, eso es falsa culpa. No necesitas sentirte mal, porque no es pecado caer en tentación.

Y los susurros continúan:

- Adelante, te lo mereces.
- Dios te está reteniendo.
- Nadie tiene derecho a decirte lo que puedes hacer.
- No te hará daño si lo haces solo esta vez.
- Nadie lo va a saber.

La tentación susurra, y al dejarnos arrullar por ella, perdemos de vista lo que está haciendo. Con una mirada más atenta, veremos un proceso coherente:

1. *La tentación suele comenzar con un pensamiento.* Ese pensamiento puede ser provocado por algo que ves o por la sugerencia de alguien, como: «He estado trabajando muy duro últimamente. Me merezco hacer algo divertido».
2. *La siguiente fase ocurre en tu imaginación.* Empiezas a pensar en lo que sobró del pastel de chocolate, o en tu amigo que puede conseguirte esas pastillas, o en el video que sabes que no deberías ver, pero te gusta.
3. *A continuación viene la justificación.* Sabes que no debes, así que inventas razones para hacerlo. No es para tanto. Nadie es perfecto. ¿Qué daño puede hacer un poco de diversión?
4. *Finalmente, tomas la decisión.* Bueno, supongo que me comeré un pedacito (que se convierte en todo el resto), o me tomaré una pastilla, o simplemente le daré un vistazo al video durante uno o dos minutos.

Pecas.

Y no quieres pecar.

Sin embargo, tenemos que entender que los pasos 1, 2 y 3 son momentos de tentación en los que todavía podemos detenernos, alejarnos, decir que no y tomar la decisión correcta. El pecado no ocurre hasta el paso 4.

El pecado es divertido, hasta que deja de serlo

Es posible que no sea lo que escuches de la mayoría de los pastores, pero el pecado suele sentirse bien. ¿No es cierto? Es divertido. Si no piensas que el pecado es divertido, entonces:

1. Estás mintiendo, o
2. No lo hiciste bien.

El pecado es divertido, hasta que deja de serlo. Y generalmente no es divertido por mucho tiempo. Un amigo mío dice: «El pecado emociona y luego traiciona. Fascina y luego asesina». (A mi amigo se le da muy bien rimar).

El pecado promete satisfacción y luego nos roba lo que más queremos. ¿Por qué? Porque cada vez que pecamos, nos estamos perdiendo lo mejor de Dios. Elegir pecar es elegir vivir una vida inferior. Nadie elegiría una vida inferior, pero lo hacemos, porque esto nunca se menciona en el argumento de venta del pecado.

No queremos pecar, porque amamos a Dios. Sabemos que el pecado le rompe el corazón. En la Biblia captamos la idea de que el pecado es como cometer adulterio contra Dios. Vamos a sus espaldas, nos alejamos de su amor y elegimos a otra cosa antes que a él. O podríamos decir que el pecado es optar por amarse a uno mismo aunque eso ofenda a Dios. Y el pecado ofende a Dios. Una cosa más sobre el pecado: nos separa de Dios y nos lleva a la muerte.

Santiago nos dice: «Cada uno es tentado cuando es llevado y seducido por su propia pasión. Después, cuando la pasión ha concebido, da a luz el pecado; y cuando el pecado es consumado, engendra la muerte» (Santiago 1:14-15).

La analogía es un embarazo: la semilla es la tentación, que crea la concepción del pecado, que conduce al nacimiento de la muerte. La muerte se refiere a la separación. Cuando pecamos, nos separamos de lo que Dios quiere para nosotros. Experimentamos culpa y vergüenza que nos roban la paz y la alegría que debemos experimentar. Cuando pecamos, nos separamos de Dios y perdemos la intimidad con él.

Vaya, esa es una gran razón para tomarse en serio la tentación.

La mayoría de las personas no planea pecar. Pero aun así lo hacen. ¿Por qué? Una de las razones es lo que se llama la «falacia de lo uno o lo otro» (o «falso dilema» o «falsa dicotomía»), que es en parte la razón por la que tomamos tan malas decisiones. A menudo acabamos tomando decisiones equivocadas porque solo vemos dos opciones:

- Opción A: Luchar contra la tentación.
- Opción B: Ceder a la tentación.

Pero con Dios hay otra opción mejor que muchos seguidores de Jesús pasan por alto:

- Opción C: Decidir previamente evitar la tentación.

Con la ayuda de Dios, somos sabios si predecidimos evitar la tentación. Optaremos por mantenernos lo más lejos posible de lo que nos hará daño a nosotros y a los demás, y decidiremos de antemano:

Estaré preparado.

Podemos hacerlo. Yo soy la prueba viviente. Déjame contarte por qué odiaba al yo que miraba en el espejo y lo que sucedió después.

Me convertí en un seguidor de Cristo cuando era un universitario fiestero. En el momento en que conocí a Jesús y llegué a entender el amor incondicional de Dios, tuve una explosión de gracia. No quería pecar más. Supe que tenía que dejar de emborracharme. Y, por el poder de Jesús, dejé de hacerlo. No volví a beber, hasta una vez que me fui de viaje por carretera.

Cuando unas chicas en la fiesta me dijeron: «Te pareces a Tom Cruise», mi ego se disparó. Oí la canción de *Top Gun* y me imaginé jugando voleibol de playa sin camiseta. Las chicas estaban tomando cerveza. Así que me tomé una. Y otra. Y otra más. Y otra más. Y a la mañana siguiente me desperté disgustado conmigo mismo. Me di cuenta dolorosamente de que no resultaba tan fuerte como pensaba y era mucho más vulnerable de lo que había imaginado.

No había planeado emborracharme y humillarme por completo.

Pero tampoco planeé no hacerlo.

Esa fue la última vez que me emborraché.

No porque me volviera más fuerte, sino porque me preparé.

Estoy preparado

Debo reconocer que no estaba preparado.

He pensado en muchas situaciones. Estoy preparado por si un ladrón entra a mi casa (mis nunchakus están siempre al alcance de mi mano junto a la cama. ¡No querrás meterte conmigo!). Estoy preparado para los vendedores que se acercan y tocan a mi puerta. (Esconderme siempre funciona). Y sé qué hacer cuando me encuentro con las niñas exploradoras que venden galletas. (Darme vuelta y correr tan rápido y tan lejos como pueda).

Estoy preparado para todas esas situaciones.

No estaba preparado para el gato montés.

Al caminar inocentemente por la entrada de mi casa, me encontré cara a cara con la enorme bestia. Está bien, los gatos monteses no son *tan* grandes y tienen una cola sorprendentemente pequeña, pero dan miedo e intimidan de cerca y se presentan como bestias enormes. ¡Créeme!

El enorme y feroz carnívoro estaba a unos cuatro metros y me miraba fijamente. Yo no tenía ni idea de qué hacer. Pensé: *Si me quedo mirándolo, me desgarrará la cara. Si me doy la vuelta y corro, me arañará por detrás. Si me subo a un árbol, me dará un zarpazo.*

Parecía que ser arañado era inevitable. Estaba a punto de orinarme en los pantalones cuando pensé: *Bueno, ya que no tengo nada que perder, también podría decirle fanfarrón.* Así que rugí.

Le di mi mejor rugido de rey león adulto y, por la gracia de Dios, se dio la vuelta y huyó. Le agradecí a Jesús por proteger mi cara, que «una chica en una fiesta dijo una vez que se parecía a la de Tom Cruise», y corrí a mi casa como un niño pequeño.

No estaba preparado.

Sin embargo, me las arreglé para escapar sin ser destrozado.

Cuando se trata de la tentación, no solemos ser tan afortunados.

Piensa en la primera vez que caíste en tentación. Ahora considera la última vez que cediste a la tentación. La primera vez puede haberse tratado de mentirles a tus padres. La más reciente puede haber sido al engañar a tu cónyuge. Entre una y otra, probablemente hayas cedido a la tentación 47.340 veces. (Es una estimación aproximada. No te ofendas. Mi cuenta personal es considerablemente mayor).

¿Qué tienen todas ellas en común?

Que no estabas preparado para la tentación.

Jesús dijo: «Velen y oren para que no entren en tentación; el espíritu está dispuesto, pero la carne es débil» (Mateo 26:41).

Debes estar alerta.

Y orar.

Jesús nos enseña a ser espiritualmente conscientes de nuestra debilidad.

El apóstol Pablo nos anima: «Estén alerta. Permanezcan firmes en la fe. Sean valientes. Sean fuertes» (1 Corintios 16:13, NTV).

Es hora de que nos decidamos a hacerlo.

Vamos a pensar en el futuro y a estar preparados.

¿Por qué?

Tienes un enemigo espiritual

Tienes un enemigo espiritual que viene por ti.

Vuelve y lee esa frase otra vez, porque es espeluznante. Nos gusta ignorar la idea del diablo o hacer de Satanás un personaje de ficción con un traje rojo sobre el que podemos bromear.

No obstante, él es real.

Y viene por ti.

En la Biblia, Pedro nos advierte: «Sean de espíritu sobrio, estén alerta. Su adversario, el diablo, anda al acecho como león rugiente, buscando a quien devorar» (1 Pedro 5:8). Esta es mi versión: «Practiquen el dominio propio y manténganse alertas. Su enemigo el diablo merodea como un gato montés asesino en busca de alguien a quien matar a zarpazos».

Jesús dijo en Juan 10:10 que el diablo intenta «robar, matar y destruir» todo aquello que le importa a Dios.

Tú le importas a Dios.

Así que el diablo quiere destruirte.

Tu enemigo espiritual es estratégico en su método.

Te estudia.

Conoce tus debilidades.

Planea atacar donde y cuando eres vulnerable.

Así que resulta imperativo que vigilemos y oremos «para que Satanás no tome ventaja sobre nosotros, pues no ignoramos sus planes» (2 Corintios 2:11).

La mayoría de las personas no planea evitar el pecado. Pero tú no eres «la mayoría de las personas». Vas a decidir de antemano estar preparado «para poder mantenerse firmes contra todas las estrategias del diablo» (Efesios 6:11, NTV).

Eres tu peor enemigo

Siento decírtelo, pero eres más pecador de lo que crees.

Para que no pienses que te estoy juzgando, yo también soy más pecador de lo que creo. Somos más propensos a desviarnos y darle la espalda a Dios de lo que nos resulta cómodo admitir. No nos gusta pensar que somos pecadores, pero «si decimos que no tenemos pecado, nos engañamos a nosotros mismos y la verdad no está en nosotros» (1 Juan 1:8).

Por eso no podemos permitirnos mentirnos sobre nosotros mismos.

Porque si lo hacemos, eso nos hace menos preparados y por lo tanto más vulnerables.

En la descripción que Santiago hace del proceso de la tentación que compartí anteriormente, él escribe: «Cada uno es tentado cuando...». ¿Recuerdas lo que sigue? Podríamos adivinar: «Cada uno es tentado cuando [Satanás viene con sus mentiras malignas]». O quizás: «Cada uno es tentado cuando [vive en un mundo sin Dios y está expuesto a toda su maldad]». Pero no. Santiago escribe: «Cada uno es tentado cuando es llevado y seducido por su propia pasión». Según Santiago, tú eres tu peor enemigo.

Eres más pecador de lo que crees.

Y no eres tan fuerte como crees serlo.

Tendemos a pensar que podemos ocuparnos de más cosas de las que podemos. Esto resulta peligroso. Por eso se nos advierte: «Delante de la destrucción va el orgullo, y delante de la caída, la arrogancia de espíritu» (Proverbios 16:18) y «Por tanto, el que cree que está firme, tenga cuidado, no sea que caiga» (1 Corintios 10:12).

Los estudios demuestran que las personas sobrestiman su capacidad para resistir la tentación; el término técnico para esto es «sesgo de restricción».[9] No somos capaces de controlar las decisiones y los comportamientos impulsivos como creemos que podemos hacerlo.

Por eso, cuando alguien lleva a la oficina sus famosos bizcochos de chocolate caseros, piensas: *Imposible. No voy a hacer trampas en mi dieta. ¡Pasaré de largo!* Y lo haces la primera vez. La segunda vez cortas un pedacito, solo para probarlo. La tercera vez no solo te comes un pedazo grande, sino que terminas con chocolate en el pelo.

¿Qué sucedió?

Te creías más fuerte de lo que realmente eras. Ese orgullo te llevó a confiar en tu limitada fuerza de voluntad y en última instancia a caer.

Entonces, ¿por qué sobrestimamos nuestra capacidad para luchar contra la tentación?

No comprendemos la energía que esto exige. Luchar contra la tentación es fatigoso. La parte de nuestro cerebro que controla nuestra fuerza de voluntad también tiene otras responsabilidades. Nos ayuda además a afrontar el estrés, controla las emociones y toma decisiones. Como mencionamos en la introducción, la toma de decisiones es un músculo que se fatiga con el uso excesivo. He aquí lo que eso significa:

Tu fuerza de voluntad disminuirá y se agotará.

Esto explica por qué tienes éxito al no decirles lo que quieres a tus molestos compañeros de trabajo, pero luego vas a casa y le gritas a tu cónyuge. O por qué puedes ser tan disciplinado y productivo durante todo el día, y una vez en casa no hacer nada. Es porque la fuerza de voluntad disminuye. El autocontrol es un recurso limitado. Mientras más lo usamos, lo tenemos en menor medida.

Somos más pecadores de lo que creemos.

Y no somos tan fuertes como creemos.

Así que tenemos que prepararnos.

No esperamos a que llegue el momento de la tentación para estar preparados. Recuerda, ese momento está lleno de peligros. No somos buenos en ese momento. Así que vamos a tomar tres decisiones previas que nos ayudarán a estar preparados cuando nos ataque la tentación.

Mueve la línea

Si te pregunto qué viene a tu mente cuando digo «Michael Jordan», probablemente pienses en el «baloncesto».

Si digo «Warren Buffett», piensas en el «dinero».

Si digo «Helen Mirren», piensas en la «actuación».

Así que cuando digo «Sansón», ¿en qué piensas?

La respuesta debería haber sido esta: *Ah, vaya. ¡Él es como el superhéroe de la Biblia! Fuerza impresionante. ¡Cabello increíble! Oportunidades extraordinarias para servir a Dios y proteger a la gente.*

Sin embargo, esa no es la respuesta. Sansón no es realmente un héroe en la Biblia. Él es una historia con moraleja. Es un ejemplo de lo que no se debe hacer.

¿Por qué?

Porque Sansón trazó la línea en el lugar equivocado.

La historia de Sansón comienza cuando sus padres lo encomiendan al Señor y Dios lo bendice. Tiene una fuerza descomunal y es un líder fuerte que se enfrenta a las personas que hacen el mal. Luego todo se descarrila.

Sansón se enamora de Dalila, una filistea. Ella le pide que le cuente el secreto de su gran fuerza. Sansón se burla de Dalila, diciéndole que puede ser atado con «cuerdas de arco». Ella hace que vengan unos hombres a atarlo con lo que sea, pero él se libera fácilmente.

Dalila se queja con Sansón de que se siente tonta y quiere saber la verdad. *¿Es hora de liberarte, Sansón?* Pero no, él sigue jugando con ella, afirmando que esta vez puede ser atado con sogas nuevas. Dalila hace que los filisteos vayan a atarlo, pero eso no funciona.

Dalila se enoja otra vez. *Ya es un poco sospechoso, ¿no crees, Sansón?* Una vez más, no. Él trata de calmarla diciéndole que si le trenzan el cabello, perderá su fuerza. Así que mientras él duerme, Dalila le trenza sus hermosos mechones, pero eso tampoco funciona.

Cuando Sansón se despierta con el pelo trenzado, podrías pensar que cualquier hombre diría: «¡Hemos terminado! ¿Pero puedo seguir compartiendo tu cuenta de Netflix?». Sin embargo, él no lo hace. Dalila lo ha agotado oficialmente con su persistencia. Y Sansón se está quedando sin respuestas inteligentes. El hombre fuerte está a punto de mostrar su mayor debilidad: el carácter.

Sansón finalmente le cuenta la verdad a Dalila, revelándole su secreto de que perdería toda su fuerza si le cortaran el pelo. Así que ella hace ir al mejor barbero de los filisteos para que se lo corte mientras duerme. Cuando Sansón se despierta, los soldados lo toman cautivo, le sacan los ojos y lo conducen a una sucia celda.

Mientras Sansón estaba sentado, ciego y encadenado, sabes que tuvo que preguntarse: «¿Cómo demonios me sucedió esto?».

¿Has pasado por algo así?

Esa es la pregunta que me hice cuando desperté a la mañana siguiente de mi viaje por carretera y me miré en el espejo.

Nos hacemos la misma pregunta cuando nuestras vidas no resultan como esperábamos.

¿Cómo demonios me sucedió esto?

La respuesta para Sansón es también la respuesta para nosotros.

Es por el lugar al que movemos la línea.

Piensa en la historia de Sansón.

¿Por qué le interesaba una mujer filistea?

Dios le había prohibido a su pueblo casarse con personas ajenas a su fe. Y los filisteos no solo no compartían su fe, eran sus enemigos.

¿Y qué pasa con el pelo, Sansón?

Toda su vida Sansón supo que el secreto de su gran fuerza estaba en no cortarse el cabello. Pero cuando Dalila, una filistea enemiga, le preguntó a Sansón cómo quitarle su fuerza, él acabó contándole el secreto sobre su pelo.

Sansón sabía que había una línea —«No te cases con alguien ajeno a tu fe» y «No te cortes el cabello»—, pero eligió caminar lo más cerca posible de la línea, y cuando llegó el momento, no pudo resistir la tentación y cayó en pecado.

Piensa en las últimas veces que caíste en tentación. Apuesto a que empezaste por caminar demasiado cerca de la línea.

Igual que yo. Nunca debí haber ido a la fiesta. Sin embargo, cuando lo hice, nunca debí haber escuchado a esas chicas. Luego nunca debí tomar esa primera cerveza. Fui hasta la línea, la crucé y seguí adelante. Sé exactamente lo que se siente al despertarse con un mal corte de pelo, por así decirlo.

Pocas personas planean arruinar su vida. Pero aún menos personas planean no hacerlo. Repito, tú no eres la mayoría de las personas. En lugar de ser imprudentes, inconscientes y estar desprevenidos, decidimos estar preparados para el momento de la tentación.

Estamos predecidiendo mover la línea.

¿Qué puedo hacer con ella?

Cuando empecé a salir con Amy, yo era un cristiano nuevo. Antes de Amy, no era cristiano y no tenía límites físicos cuando salía con alguien. No obstante, rápidamente descubrí que debía honrar a Dios con mi cuerpo y esperar hasta el matrimonio para tener relaciones sexuales. Sabía lo que no podía hacer con Amy, pero no sabía lo que podía hacer.

Acudí a un cristiano al que respetaba y le pregunté. «Braun, ¿qué puedo hacer con Amy?». Sabía que él conocía la respuesta, pero traté de ayudarlo. «Simplemente, ya sabes, dame todo lo posible. Como, ¿puedo tocarla? Y si es así, ¿qué puedo tocar? Detalles. Necesito detalles. ¿Puedo oler su cabello? Claro que puedo oler su cabello, ¿verdad? Dime todo lo que *puedo* hacer, Braun».

Estaba buscando la línea. La línea entre lo correcto y lo incorrecto. Entre lo aceptable y lo inaceptable. Entre lo que le parecía bien a Dios y lo que no. No quería pecar, pero mi intención era también acercarme lo más posible a esa línea.

Creo que la mayoría de nosotros hacemos eso.

Sin embargo, nunca lo hacemos cuando es obvio que hay un peligro real.

¿Verdad?

Si un médico está a punto de operarte, no le preguntas: «¿Cuánto puede acercarse a mi arteria sin cortarla y causar que me desangre en su mesa?».

O cuando estudiaba para obtener mi licencia de piloto, nunca indagué: *Me pregunto cuál es la menor cantidad de combustible que puedo poner en el avión y aun así no estrellarme y morir cerca del aeropuerto más cercano.* Si miro el mapa y veo una torre de seiscientos metros, nunca me pregunto: *¿A qué distancia puedo volar de esa torre sin chocar con ella?* Por supuesto que no.

Cuando es obvio que hay un peligro real, nos alejamos de la línea.

Sin embargo, cuando se trata del pecado, el peligro a menudo está oculto. Es como un pez que ve un gusano jugoso flotando justo debajo de la superficie del agua. ¡Parece delicioso! Lo que no ve es el anzuelo en el gusano que lo llevará a la muerte.

¡Lo que vemos parece fantástico!

Lo que no vemos nos destruirá.

El peligro del pecado está oculto, pero está ahí. Por eso nos sentimos cómodos arrimándonos a la línea.

Después de hablar con Braun y empezar a salir con Amy, pronto me di cuenta de que si me acercaba a la línea, terminaría cruzándola. Ya sabes a qué me refiero. La línea que siempre se vuelve difusa cuando estás afuera solo, demasiado tarde, escuchando repetidas veces su canción de amor favorita. No había forma, en un momento de tentación, de que yo pudiera caminar por la línea. ¿Verdad? Su cabello simplemente olía demasiado bien.

Este principio no se relaciona solo con las citas. Y es cierto no solo para mí. Cualquiera que sea la tentación, cualquiera que sea el pecado, todos nosotros estamos en problemas si nos acercamos a la línea.

Entonces, ¿qué hacemos?

Decidimos de antemano.

Movemos la línea.

Decidimos previamente mover la línea.

Sabemos que tenemos un enemigo espiritual que viene por nosotros. Sabemos que no somos tan fuertes como pensamos que somos. Así que en vez de acercarnos a la línea del pecado, vamos a mover la línea más lejos del pecado. Si está mal y es tentador, no nos acercaremos. Predecidimos mover la línea para poner distancia entre nosotros y la tentación.

> ¿Por qué resistir una tentación mañana si
> tenemos el poder de eliminarla hoy?

Pregúntate: «¿Qué puedo hacer para mover la línea? ¿Cómo puedo ponerme en una posición en la que no pueda ser tentado o al menos no pueda actuar fácilmente ante la tentación?».

Tal vez tengas el don espiritual de gastar dinero en Amazon. Tienes una habilidad increíble para hacer clic en ese botón de «Comprar ahora», y cuando lo haces, sientes la gloria de Dios. El problema es que estás gastando demasiado dinero. Compraste algunos libros, una camisa, el paquete de treinta y seis rollos de papel higiénico, la freidora de aire, el rodillo para sushi, la almohada con soporte lumbar, el recipiente para guardar fresco el guacamole, la mochila de Boba Fett, la manta de tortilla burrito, la sudadera con el gráfico de la sopa ramen y un arnés para un pollo.[10] Gastas demasiado. Pensaste: *No voy a comprar nada más. No lo voy a hacer. ¡No lo haré!* Pero luego lo hiciste, otra vez. ¿Cómo paras?

Moviendo la línea.

Por ejemplo, decides un límite de dólares al mes, o que tienes que esperar al menos una semana antes de pedir cualquier otra cosa. No obstante, si eso no funciona, puedes hacer que tu mejor amigo cambie tu contraseña para que no puedas hundir ese botón mágico de «Comprar ahora» a menos que tu amigo lo apruebe. Eso movería la línea, ¡y funcionaría!

Es posible que tu problema sea que pasas demasiado tiempo en las redes sociales. Estás conectado cuatro o cinco horas al día. Claro que tienes amigos interesantes, ¡pero no *tanto*! Tienes que dejar de mirar la vida de los demás y empezar a vivir la tuya. No paras de decir que quieres dejar de perder tanto tiempo, pero cada día vuelves a caer en la trampa. *Desplázate. Me gusta. Desplázate. Comenta. Haz doble clic. Desplázate.* ¿Qué deberías hacer? Deja de confiar en la fuerza de voluntad en el momento.

En lugar de eso, mueve la línea.

Podrías entrar a tu configuración, elegir la aplicación tentadora y, si está disponible en las opciones avanzadas de tiempo, establecer tu límite en treinta minutos cada día.

Si eres soltero, puede que tu problema sea que cada vez que vas a un club, te emborrachas y te acuestas con alguien. Al día siguiente te sientes avergonzado y juras que no volverás a hacerlo. *La próxima vez que vaya a la discoteca, no me emborracharé ni me engancharé con nadie.* Pero entonces sales y vuelve a ocurrir una y otra vez, como tu propia versión autodestructiva y torturada de las películas *El día de la marmota* y *La resaca.* ¿Cómo puedes finalmente parar?

Mueves la línea. No vas al club.

Sabes que tienes problemas con las apuestas deportivas, el juego en línea o la lotería. Tus retiros del 401(k) o las facturas de la tarjeta de crédito se te están yendo de las manos. En cada ocasión, juras que es la última vez. ¿Cómo puedes parar por fin?

Tienes que llevar el problema fuera de ti. Tienes que mover la línea pidiendo ayuda.

Sabes que no puedes soportar esa tentación, así que te niegas a ponerte en tal situación.

Predecides mover la línea.

Es posible que escuches todo esto y pienses: *Claro, eso funcionaría. Pero, bueno, parece muy restrictivo. ¿No puedo hacer una compra sin involucrar a mi amigo? ¿Tendría un límite de tiempo en las redes sociales? ¿No puedo ir al club? ¿No puedo comprar un raspa y gana? ¿Dónde está la diversión? Parecen muchas reglas.*

Te equivocas.

Tal vez te pierdas algún momento fugaz de placer. Sin embargo, te ahorrarás el sentimiento de culpa y el arrepentimiento (por no hablar de los pagos y las resacas). Salvarás tus finanzas, tu productividad y tu integridad. No tendrás que vivir avergonzado. Recuperarás tu vida.

Dios creó nuestras vidas para correr libres en su voluntad de la misma manera que un tren puede ir rápido y lejos en una vía. Nadie que contemple en un cruce a una locomotora ir a toda velocidad piensa: «Vaya, qué desperdicio que una máquina tan poderosa tenga que permanecer confinada a esas vías». El tren encuentra su libertad en los rieles, construidos específicamente para maximizar su poder y propósito. Igual que nuestras vidas en el plan de Dios.

Me encanta lo que David escribe en Salmos 16:6: «Las cuerdas me cayeron en lugares agradables; en verdad es hermosa la herencia que me ha tocado». Las líneas que Dios pone en mi vida, las líneas fronterizas que me impiden desobedecerlo y vivir una vida inferior, *no* son restrictivas.

No son limitantes.

Son liberadoras.

Es hora de mover la línea.

Magnifica el costo

Anteriormente hablamos de los susurros del diablo. ¿Has notado que antes de que peques, a menudo te dice cosas como estas?

- Oye, todos los demás lo hacen.
- En realidad no es tan malo.
- No es para tanto.

Antes de hacer algo malo, tu enemigo espiritual minimiza las consecuencias. No obstante, después de ceder a la tentación, el diablo magnifica tu pecado induciendo sentimientos de culpa y vergüenza.

- ¿Cómo pudiste hacer algo tan horrible?
- Dios no te amará ahora.
- La gente no puede confiar en ti.
- Eres una persona inútil y patética.

Salomón ofreció una sabiduría muy práctica en Proverbios 27:12, el versículo que presenté por primera vez al comenzar la primera parte: «El prudente se anticipa al peligro y toma precauciones. El simplón sigue adelante a ciegas y sufre las consecuencias» (NTV).

La sabiduría nos dice que el diablo es un mentiroso y siempre ataca. Por eso nos anticipamos a la tentación y decidimos de antemano tomar precauciones.

Por ejemplo, cuando me casé con Amy, le prometí a ella y a Dios que le sería fiel.

Sin embargo, todo tipo de tentaciones hacen tropezar a las personas que quieren serles fieles a sus cónyuges. Está la trampa de la lujuria, ahora más omnipresente que nunca debido a internet. Está la trampa de la atracción o la sensación de tener química con otra persona. Y todos conocemos a demasiadas personas que han caído en esas tentaciones y arruinado sus matrimonios y vidas. Ocurre con tanta frecuencia que puede empezar a parecer difícil, o incluso imposible, de evitar.

Entonces, ¿qué hacemos?

Magnificamos el costo.

Nos preguntamos: «¿Qué podría salir mal? ¿Cuál es el peor escenario posible, y qué pasará si realmente ocurre?».

En el terrado

En 2 Samuel 11 leemos que el rey David estaba paseándose por el terrado.

¿Por qué estaba en el terrado?

Se suponía que debía estar con sus hombres, luchando en una batalla, pero había decidido quedarse en casa. Solo. Por eso se encontraba en su palacio; sin embargo, ¿por qué estaba en el terrado?

Nos enteramos de que, desde el terrado, David podía ver a una hermosa mujer bañándose. Hay que preguntarse si él había estado antes en ese «sitio». Tal vez David sabía de la línea de pecado que existía en su terrado y podría haberla movido («Yo no subo al terrado, nunca») en lugar de acercarse a ella («Necesito un poco de aire fresco, y el terrado me parece bien»).

Sin embargo, David no movió la línea. La ignoró.

Subió al terrado y vio a la mujer, que se llamaba Betsabé, y se le ocurrió: *Podría invitarla a tomar una copa. Quiero decir, yo soy el rey. A ella le gustaría, ¿no?*

En ese momento de tentación, ¿qué debería haber hecho David?

Esa es la pregunta equivocada.

Sabemos que las mejores probabilidades de éxito no se encuentran en el momento de la tentación, sino antes de que llegue ese momento. Repito, ¿por qué resistiríamos una tentación en el futuro si tenemos el poder de eliminarla hoy?

Entonces, ¿qué debería haber hecho David antes de enfrentarse al momento de tentación aparentemente insuperable, cargado de adrenalina, dopamina y norepinefrina?

Debería haber magnificado el costo.

En ese momento, probablemente pensó: *La invitaré a venir acá. Solo hablaremos. Esto nos ayudará a pasar el tiempo. Probablemente se sienta sola con su marido en la guerra. Ella será una buena compañía y alguien agradable de ver. Disfrutará del honor de ser una invitada en palacio. ¿Quién no querría eso? Ese será el final. No hay peligro. Ni falta.*

No obstante, antes del momento podría haberse preguntado: *¿Qué podría salir mal? ¿Cuál es el peor escenario, y qué pasará si realmente sucede?* Si lo hubiera hecho, podría haberse dado cuenta de esto:

- *Podríamos terminar teniendo relaciones sexuales.*
- *Yo pudiera arruinar la vida de Betsabé.*
- *Ella podría quedar embarazada.*
- *Podría intentar encubrir la aventura matando al esposo inocente.*
- *Mis empleados podrían ver mi pecado y cuestionar mi devoción a Dios.*
- *Mis líderes militares pudieran descubrirlo, afectándose mi integridad y respeto como líder de la nación.*
- *Podría sentir culpa durante varios meses y sentirme separado de Dios.*
- *El bebé pudiera morir.*
- *Mis otros hijos podrían rebelarse.*
- *Podría causarle una tragedia a mi familia durante años.*
- *Este caso pudiera quedar registrado en la historia, de modo que mi vergüenza quedaría expuesta ante millones de personas y pasaría a formar parte de mi legado.*

Obviamente, David no se representó el peor escenario posible.

Debería haberlo hecho, porque este se convirtió en el caso *real*.

Si hubiera decidido de antemano magnificar el costo, no habría estado en el terrado en primer lugar o podría haber mirado hacia otro lado si hubiera visto a Betsabé.

¿Qué podría salir mal?

No quiero cometer el mismo error que David, así que magnifico el costo. Mi pastor solía citarme Números 32:23. «Craig, si pecas», me decía, «estarás pecando contra el Señor, y puedes estar seguro de que tu pecado te alcanzará».

Y tenía razón. Así que pregunto: «¿Qué podría salir mal? ¿Cuál es el peor escenario posible, y qué pasaría si realmente sucede? ¿Qué podría ocurrir si decido serle infiel a Amy?». Es difícil pensar en esto. Es aún más difícil escribirlo en una página. Pero aquí va.

- Yo lastimaría a Dios.
- Perdería la confianza y el respeto de mi mejor amiga, la mujer que ha estado a mi lado y me ha honrado con más amor del que jamás podría describir.
- Mis seis hijos, sus cónyuges y mis nietos dejarían de considerarme un hombre de Dios.
- Perdería el respeto de miles de personas que confían en mí como su pastor. En un momento de estupidez, renunciaría a toda mi credibilidad y a cualquier autoridad espiritual para ayudarlos a crecer más cerca de Jesús.
- Cinco minutos de pecado pueden arruinar toda una vida de búsqueda de Jesús.

Así que he decidido de antemano magnificar el costo.

Eso me mantiene lejos del terrado.

¿Y tú? ¿Te has preguntado qué podría salir mal? Porque saldrá mal. ¿Qué es lo peor que podría suceder si te acercas demasiado a la línea y, por culpa de la tentación, tropiezas con ella?

- Tu pecado saldrá a la luz. Siempre lo hace.
- Podrías perder tu reputación, tu ministerio y tu integridad.
- Podrías perder tu trabajo o a un ser querido.
- Podrías arruinar tus finanzas o tu matrimonio.
- Tus hijos podrían estar resentidos contigo.

- Tu cónyuge podría abandonarte.
- Si persistes en el pecado, podrías perderte tu destino.

La tentación nunca susurra nada de eso. Pero es la verdad. Es a donde la tentación te llevará si se lo permites.

Pero no lo haremos.

Vamos a estar preparados, a través del poder de la decisión previa.

Vas a mover la línea.

Vas a magnificar el costo.

Y vas a planear tu escape.

Planea tu escape

Vas a planear tu escape.

En un artículo de una revista de 1897 se contaba una historia sobre Sir Arthur Conan Doyle, el autor de las novelas clásicas de Sherlock Holmes. Para poner a prueba la teoría de que todo el mundo tiene «un esqueleto en el armario», él le envió un telegrama anónimo al venerado archidiácono de una iglesia con las siguientes palabras: «¡Todo ha sido descubierto! ¡Huya de inmediato!». Se cuenta que el hombre desapareció y nunca más se supo de él.[11]

Cierto o no, la cuestión está clara. A lo largo de la historia, millones de personas han escapado después de que se descubriera el pecado, o incluso de que se amenazara con hacerlo. No obstante, vamos a darle la vuelta al guion.

Tú decidirás —de antemano— cómo salir de una tentación.

Vemos esto en la Biblia con José.

Sus hermanos lo habían vendido como esclavo y terminó trabajando para Potifar, el capitán de la guardia del faraón. En Génesis 39, se nos dice que José era «de gallarda figura y de hermoso parecer» (v. 6). Se podría decir que era como Ryan Gosling. Mi esposa diría que era como Craig Groeschel. (Al menos eso es lo que yo pretendo que diga).

Como se parecía tanto a mí, es decir, a Ryan Gosling, la Biblia dice: «Sucedió después de estas cosas que la mujer de su amo miró a José con deseo» (v. 7). Ella se le insinuó a José.

La mujer de Potifar ni siquiera intenta ser creativa. Adopta un enfoque directo. «Acuéstate conmigo».

Vaya, muy diferente de la historia de David, ¿eh?

Imagina lo fácil que hubiera sido para José ceder. A diferencia de la situación de David, el hecho podría haber sido fácilmente ocultado por la esposa del funcionario. José podría haber justificado el pecado pensando así:

- *No hice nada malo y mis hermanos me vendieron como esclavo. Así que merezco un poco de diversión.*
- *Esta no es mi patria. Estoy completamente solo. Nadie se enterará.*
- *Soy joven. Estoy soltero. Ella fue quien dio el primer paso conmigo. Así que tal vez debería hacerlo.*
- *Dios no ha hecho lo que quiero que él haga, ¿por qué debería entonces yo hacer lo que él quiere que haga?*

Siempre les digo a mis hijos: no utilicen sus decepciones para justificar su desobediencia.

Sin embargo, es fácil hacerlo, ¿no? ¿Te ha pasado? «Mi cónyuge no satisface mis necesidades, así que tengo que hacer lo que tengo que hacer». «Mi jefe no me está pagando lo suficiente, así que voy a encontrar la manera de conseguir un poco más para mí».

José podría haber justificado el hecho de decirle que sí a la esposa de Potifar, pero había tomado la decisión de honrar a Dios con su vida. Así que cuando ella se le insinuó, él dijo que no. José le dijo que no podía pecar contra su marido ni contra Dios. Él había predecidido el resultado mucho antes del calor del momento. Había movido la línea para evitar oler su cabello.

Él se resistió. ¿Y luego qué pasó? Nunca fue tentado de nuevo, ¿verdad? *Sí, cómo no.* Ella siguió entrometiéndose en sus asuntos a diario. Día tras día hacía sus movimientos. Así como día tras día el diablo vendrá por ti. Y porque sabemos que nuestro enemigo ataca, vamos a estar preparados. Con la ayuda de Dios, planearemos nuestro escape.

Eso es lo que hizo José. Algunos podrían pensar que fue fuerte al resistir la tentación. Se equivocan. Recuerden, ninguno de nosotros es tan fuerte.

José no era fuerte.

Estaba preparado.

Fue lo suficientemente sabio como para planear su escape.

Un día, la mujer de Potifar se le acercó y, en lugar de usar más palabras, agarró a José por la túnica y trató de arrancársela. ¿Qué hizo él? ¿Pensó: *Bueno, supongo que por fin llegó el momento de ceder a la tentación*? No. Se dio la vuelta y echó a correr. Dejó su ropa en las manos de ella y escapó de la casa. Sabía que es mejor tener un buen nombre que una buena ropa. Sabía que toda una vida honrando a Dios era mejor que unos minutos de placer.

Así que decidió de antemano: *Si ella me agarra, yo corro.*

El escape

Nosotros debemos hacer lo mismo. Cuando somos tentados, a menudo pensamos que no tenemos elección. Nos sentimos demasiado débiles y la tentación parece demasiado fuerte. Cuando te sientas vulnerable, recuerda: «Fiel es Dios, que no permitirá que ustedes sean tentados más allá de lo que pueden soportar, sino que con la tentación proveerá también la vía de escape» (1 Corintios 10:13). La Nueva Traducción Viviente utiliza la palabra «salida»: «Cuando sean tentados, él les mostrará una salida, para que puedan resistir».

Dios provee una salida, y necesitamos correr hacia ella. Se nos dice: «Huyan de la fornicación» (1 Corintios 6:18) y «de las pasiones juveniles y sigue la justicia, la fe, el amor y la paz» (2 Timoteo 2:22).

No solo luchamos, sino que huimos.

Y no huimos al azar. Decidimos nuestra ruta de escape por adelantado para evitar cualquier tentación que veamos venir en el futuro.

La próxima vez que vayas al cine, préstale atención al momento en que se apagan las luces y todo se oscurece antes de empezar la película. En algún lugar de la sala verás un pequeño cartel rectangular que se ilumina con la palabra «Salida». Aunque nunca le prestamos atención, si se produjera una emergencia, esa señal te indicaría el camino hacia un lugar seguro.

Cuando te encuentres en una situación y todo se oscurezca de repente, Dios promete iluminar su salida para ti, tu señal hacia la seguridad. A fin de vivir una vida de decisiones previas, aprende a buscar sus señales antes de que se apaguen las luces.

El ataque de los M&M asesinos

Supongamos que estás intentando comer sano. Abres la despensa y hay una gran bolsa de M&M's. ¿Qué haces?

1. Te los comes. (Están deliciosos).
2. Abres la bolsa, lanzas todos los M&M al aire, miras hacia arriba con los ojos cerrados y la boca abierta, y asumes que si cae algún M&M en tu boca, debe ser la voluntad de Dios que te lo comas.
3. Sigues la ruta de escape que hayas decidido de antemano.

Quiero sugerir que el número 3 es el único plan efectivo. Y yo preguntaría: si los M&M's fueran una tentación para ti, ¿tienes un plan de escape? (Los M&M's son una verdadera tentación para mí. Superman tiene kriptonita. Mi kriptonita «se derrite en la boca, no en las manos»).

De modo que si soy vulnerable a comer lo que no debo, tengo que decidir de antemano qué hacer. Decido de antemano pedir ayuda. Cuando me siento tentado, mi vía de escape es llamar a un amigo. Sé que el pecado crece mejor en la oscuridad, así que lo saco a la luz. Cuando el pecado queda expuesto, pierde parte de su poder. Por lo tanto, llamo a alguien. Esa persona puede orar por mí y hacerme rendir cuentas al preguntarme después qué hice con los M&M's luego de colgar.

Si estás pensando: *¿En serio, Craig, todo eso para no comer chocolates?* Sí, porque me tomo en serio mi salud, incluso para lo que algunos pueden considerar que no es gran cosa, he decidido de antemano planear un escape.

Cuando eres tentado, Dios siempre es fiel y nunca dejará que seas tentado más allá de lo que puedes soportar. Él te dará una vía de escape cada vez. Así que decidimos de antemano:

- Mover la línea para evitar la tentación por completo.
- Magnificar el costo, para que la tentación pierda su brillo.

- Planear nuestro escape, de modo que si somos golpeados por una tentación, sepamos exactamente lo que haremos.

¿Por qué? Porque nadie planea arruinar su vida, pero las personas lo hacen todo el tiempo.

El problema es que no planearon no hacerlo.

Así que vamos a decidir no hacerlo previamente.

Tu punto débil

Tu enemigo espiritual no es ineficaz o indiscriminado. Él tiene un plan estratégico dirigido a golpearte en tu punto más débil.

Y como esto es cierto, necesitas saber dónde eres más débil. ¿Dónde eres más vulnerable?

¿Qué pecado justificas?

¿Es el orgullo?

¿Te comprometes financieramente porque buscas tu seguridad en el dinero o amas la ostentación que el dinero puede traer?

¿Mientes para quedar bien?

¿O manipulas a las personas?

¿Chismorreas sobre los demás para hacerlos quedar mal y que tú te veas mejor?

¿Juzgas? ¿Eres demasiado crítico?

¿Llevas la falta de perdón en tu corazón?

¿Comprometes tu integridad cuando quieres encajar?

¿Cedes a tentaciones lujuriosas?

¿Das a Dios por garantizado? Antes te apasionabas por él, pero hoy eres tibio.

Sin importar de qué se trate, querrás estar preparado, porque tu enemigo lo está. Él está listo para atacarte en tus puntos más débiles. Si aún no lo ha hecho, lo hará. Si ya lo hizo, puedes estar seguro de que volverá a hacerlo. Al igual que la esposa de Potifar, seguirá asediándote.

Así que prepárate.

Te conté que estaba decidido a serle fiel a Amy por el resto de mi vida. Tengo amigos que se propusieron serles fieles a sus cónyuges, pero lamentablemente no lo lograron. Eso me hizo darme cuenta de que no estoy liberado de caer en la tentación. Entonces, ¿qué hice?

Moví la línea. Decidí de antemano eliminar cualquier cosa que pudiera ser tentadora o diera la apariencia de que estoy siendo tentado. Las cosas que he hecho incluyen lo siguiente.

Nunca estoy a solas con una persona del sexo opuesto. (Algunas personas critican esto. Siéntanse libres de hacerlo. Mi mujer lo aprecia y eso es lo que importa).

No viajo solo.

Todos mis dispositivos —computadora, iPhone, iPad— están bloqueados y son transparentes. Tengo activado el bloqueo de contenido para adultos. Un montón de personas tienen mis contraseñas y pueden controlar lo que he mirado. La gente ve todas las conversaciones escritas que tengo en las redes sociales, los mensajes de texto o el correo electrónico. No puedo descargar ninguna aplicación. En serio. Alguien tiene que hacerlo por mí. Eso puede ser frustrante. Una vez intenté alquilar un globo aerostático que funciona con aire caliente para un viaje con mi hijo. No pude hacerlo porque la palabra «caliente» estaba en la búsqueda. Sin embargo, prefiero perderme un viaje en globo aerostático que arruinar mi vida en un momento de debilidad.

Estoy preparado.

Sé que el diablo va a atacar.

Sé que soy más pecador de lo que creo y que no soy tan fuerte.

Entonces, ¿por qué resistir una tentación en el futuro si tengo el poder de eliminarla hoy?

El diablo viene por ti. Intentará robarte la alegría y la paz, acabar con tu matrimonio y tus amistades, y destruir tu reputación y tu testimonio.

Por lo tanto, vigila y ora. Mantente en guardia.

Porque no eres tan fuerte como crees.

Así que antes de pasar a la siguiente sección, permíteme animarte a reducir la velocidad y dejar que el mensaje de lo que hemos considerado cale profundamente. Plantéate hacerte algunas preguntas. Ten el valor de responder con sinceridad:

- ¿Dónde soy débil?
- ¿Dónde soy vulnerable?
- ¿Estoy haciendo algo que me daría vergüenza que otros supieran?

- ¿Dónde estoy demasiado cerca de la línea?
- ¿Qué es lo peor que podría pasar si sigo en la dirección que voy?

Recuerda que eres tan fuerte como eres de honesto.

Para ti, este podría ser el momento de la verdad.

¿Qué vas a hacer con respecto a lo que el diablo está tratando de hacerte?

Predecide mover la línea.

Magnifica el costo.

Planea tu escape.

Y agradécele a Dios que, en este preciso momento, te está dando una salida.

EJERCICIOS DE LA PRIMERA PARTE

1. ¿Qué estás haciendo que odias hacer? ¿Adónde te lleva continuamente la tentación a pecar?
2. A partir de tu última respuesta, ¿qué te están susurrando? Especifica.
3. ¿Entendiste mal la diferencia entre la tentación y el pecado? Explica.
4. ¿Cómo podría ayudarte en tu lucha (la opción A) por no caer en tentación (la opción B) predecidir lo que vas a hacer (la opción C de la pág. 23)?
5. Al considerar a Satanás como una amenaza real que debes tomar en serio, ¿sientes que tu comprensión de él es cultural (lo que dice la gente), confesional (lo que dice tu iglesia) o bíblica (lo que dice la Biblia)? Explica.
6. ¿Hay algún aspecto de tu vida donde tu orgullo por tu fuerza de voluntad te impide escapar de la tentación? Explica.
7. Teniendo en cuenta tus respuestas hasta ahora, ¿dónde estás coqueteando con cruzar la línea y dónde necesitas mover la línea para salvar tu vida?
8. Utilizando mi ejemplo de la pág. 39 acerca de magnificar el costo del pecado, toma tu mayor tentación y crea tu propia lista. Luego usa lo que escribas para ayudarte a decidir previamente.
9. Ahora que has aprendido a magnificar el costo, toma esa misma tentación y planifica tu ruta de escape. Especifica lo que debes hacer.
10. Considera transformar en una disciplina continua el acto de tomar cualquier tentación o pecado regular y aplicar estos tres pasos:
     * *Mueve la línea.* Moveré la línea en _____ tomando estas medidas:_____.
     * *Magnifica el costo.* Esta es mi lista para magnificar el costo: _____.
     * *Planifica tu escape.* Mi plan de escape tendrá este aspecto: _____.

PARTE 2

Seré devoto

Y se dedicaban continuamente a las enseñanzas de los apóstoles, a la comunión, al partimiento del pan y a la oración.

—HECHOS 2:42

Lo que hay debajo

Cuando Amy y yo nos casamos, compramos una casa muy pequeña construida en 1910. Los dos únicos armarios de la vivienda eran del tamaño de una caja de zapatos. Nos mudamos y colgamos unas cuantas camisas y pantalones en cada armario. Y eso fue todo. No había lugar para nada más. Pusimos dos pares de zapatos en cada armario, lo que agotó el espacio del piso. ¡Ay! ¿Y nuestra gran bolsa de comida para perros, los juegos de mesa, los álbumes de fotos, las cintas VHS (era a principios de la década de 1990), los patines (de nuevo, principios de los años 90), el desatascador del sanitario, la ropa de invierno y los abrigos?

Ningún problema. Nuestra casita tenía un pequeño sótano, que utilizábamos como depósito para todo.

¡Todo funcionaba de maravilla!

Hasta nuestra primera gran tormenta.

¿Has oído la expresión «Están lloviendo gatos y perros»? Bueno, pues llovían gran daneses y gatos monteses. (No en realidad, pero mi incidente en la entrada de la casa me hace ver gatos monteses por todas partes).

Habíamos salido por la tarde, y tras conducir con precaución bajo una lluvia torrencial, llegamos a casa. Una vez adentro, encontramos el sótano inundado con casi un metro de agua. Nuestro agente inmobiliario había olvidado mencionar que el sótano se inundaba varias veces al año. Miramos y para nuestra consternación vimos flotando comida para perros, juegos de mesa, álbumes de fotos y patines.

Salté al torrente y me encontré con el agua hasta la cintura. Nuestro desatascador pasó flotando. Pensé en agarrarlo y comenzar a intentar evacuar el agua, pero no sabía por dónde empezar. Fue entonces cuando Amy, que miraba con seguridad desde cuatro escalones más arriba, me recordó que los anteriores propietarios habían dejado una bomba de desagüe en el sótano. Tanteé hasta encontrarla. La saqué del agua y busqué un tomacorriente. Me fijé en el extremo de un cable de extensión que colgaba de una viga directamente encima de mí. Mmm. Necesitaba que la bomba de sumidero funcionara. La bomba de sumidero necesitaba corriente eléctrica para funcionar. Como aún tenía el agua hasta la cintura, supe que esto podría ser problemático, pero tenía que hacer la conexión.

Tenía. Tenía.

Pensé: *Si conecto esto muy, muy rápido, quizá no reciba una descarga.*

Así que elevé una oración rápida y húmeda y presioné las dos puntas metálicas del cable de la bomba en las ranuras correspondientes del cable de extensión.

Cuando se conectaron, se produjo una descarga. Sé que hubo energía porque mi cuerpo se convirtió en la vía para miles de millones de electrones diminutos. La energía eléctrica atravesó los cables y entró en mi cuerpo. Al parecer, la punzante descarga activó ciertas neuronas en el centro del lenguaje de mi cerebro, donde se almacenaba una palabra que no utilizaba desde hacía mucho tiempo, una palabra muy mala.

Milisegundos después, la fuerza de la corriente eléctrica empujó la palabra malsonante hacia la parte frontal de mi cara y la expulsó por la boca. Por desgracia, no salió rápidamente. Tal vez debido a los miles de millones de voltios de electricidad que recorrían mi cuerpo, salió a un volumen inusualmente alto y pareció durar tanto como un episodio de *The Bachelor*.

Levanté la vista y vi el horror en la cara de mi nueva esposa. Su marido predicador acababa de gritar la madre de todas las palabrotas. También vi miedo: pienso que ella creía que yo estaba a punto de morir y que esa palabra sería la última que diría en mi vida.

Seguidor a tiempo parcial

¿Sabes que mi casa tenía un problema bajo la superficie que el agente inmobiliario no había reconocido? Pues bien, *yo* tenía un problema bajo la superficie que no había reconocido.

Para ser muy claro, las malas palabras no eran el problema. Solo eran una prueba externa vergonzosa del verdadero problema interior. En el fondo, como en el sótano de mi casa, yo sabía que había algo que se estaba filtrando en mi corazón y estaba provocando una inundación que podría crear un problema aún mayor más pronto que tarde si no me ocupaba de ello. En ese momento impactante, recibí un llamado de atención.

Comprendí que cuando se trataba de mi devoción a Dios, simplemente estaba «cumpliendo con las formalidades».

Como seguidores de Jesús sabemos que debemos darle prioridad. Es posible que lo hayas visto en la biografía de Instagram de tu amigo: primero Dios.

Sin embargo, esto no es solo una cosa genial que escribimos en las redes sociales y las camisetas, sino que está en las Escrituras. No solo aparece en la Biblia, sino que es un tema importante. Solo en el libro de Mateo, encontramos a Jesús diciendo:

- «Nadie puede servir a dos señores; porque o aborrecerá a uno y amará al otro, o apreciará a uno y despreciará al otro. Ustedes no pueden servir a Dios y a las riquezas» (Mateo 6:24).
- «Pero busquen primero Su reino y Su justicia, y todas estas cosas les serán añadidas» (Mateo 6:33).
- «Ama al Señor tu Dios con todo tu corazón, con toda tu alma y con toda tu mente» (Mateo 22:37, ntv).
- «Si amas a tu padre o a tu madre más que a mí, no eres digno de ser mío; si amas a tu hijo o a tu hija más que a mí, no eres digno de ser mío. Si te niegas a tomar tu cruz y a seguirme, no eres digno de ser mío» (Mateo 10:37-38, ntv).

¿Por qué debemos poner a Dios en primer lugar? Bueno, es como con un auto. El fabricante te dice que eches gasolina en el tanque. Nosotros no preguntamos: «¿Cuál es su problema? ¿Por qué insiste en que eche gasolina en el tanque?». Entendemos que así es como funciona un auto.

Tu forma de funcionar es tener a Dios en el centro de tu vida. Pones a Dios «en tu tanque de gasolina» al darle el primer lugar. Si no lo haces, siempre te sentirás vacío. Y siempre buscarás más.

Si no pones a Dios primero, nada más funcionará bien. ¿Alguna vez te has abotonado una camisa y por error has puesto el primer botón en el segundo ojal? Sigues abotonando, luego llegas al final y te das cuenta: *Espera un segundo. Todo está mal.* Tu camisa está completamente torcida. ¿Por qué? Porque si pones el primer botón en el segundo ojal, todos los botones restantes estarán en el lugar equivocado. Y si no ponemos a Dios en primer lugar —si ponemos otra cosa en ese sitio— todo lo demás acabará mal y te encontrarás preguntándote por qué tu vida está hecha un desastre.

Si no pones a Dios en primer lugar, pondrás otra cosa allí, y nada más podrá soportar la presión de ser lo más importante en tu vida.

- Si haces de tu trabajo lo más importante, tu trabajo siempre te decepcionará.
- Si haces de tu matrimonio lo más importante, tu matrimonio tendrá problemas.
- Si les das prioridad a tus hijos y a su éxito, se verán agobiados por el peso de esa presión y, probablemente, te decepcionarán.
- Si priorizas ser feliz, te desilusionarás para siempre, porque no podrás alcanzar una felicidad verdadera y duradera sin Dios.

Ser lo primero implica demasiada presión para asignársela a cualquier otra cosa. Dios lo sabe, y por eso te invita a ponerlo a él en primer lugar.

Y yo no estaba poniendo a Dios en primer lugar.

Sí, era cristiano. Y sí, era pastor. Pero de alguna manera, en algún lugar del camino, en lugar de estar fielmente dedicado a buscar a Jesús, mi devoción se convirtió en un deber.

Seguía leyendo la Biblia, pero solo para preparar los sermones.

Seguía orando, pero sobre todo en público durante los servicios religiosos.

Mientras estaba con el agua electrificada hasta la cintura, Dios me reveló algo que me detuvo en seco. No habló de forma audible. Sin embargo, lo que sentí parecía más fuerte que audible. Dios me mostró esto:

> Me había convertido en un pastor a tiempo completo
> y en un seguidor de Cristo a tiempo parcial.

En vez de estar dedicado a Jesús, estaba dedicado a complacer a la gente, a parecer «espiritual» y a ser un buen pastor. Estaba dedicado a hacer lo *yo* que quería hacer.

Pero no estaba completamente dedicado a Jesús.

¿Podemos hacer una pausa aquí?

Me gustaría darte un momento para reflexionar y responder honestamente a esta pregunta:

¿Estás siguiendo fiel y apasionadamente a Jesús?

¿Lo estás buscando primero? ¿Lo persigues con devoción de todo corazón? ¿O eres un poco más como era yo?

Es posible que te des cuenta de que eres una madre a tiempo completo y una seguidora de Cristo a tiempo parcial. O eres un estudiante a tiempo completo, pero solo estás parcialmente dedicado a Jesús. Podrías estar plenamente dedicado a tu negocio, a tu rutina de ejercicios, a tu canal de YouTube o a tu apariencia extrañamente elegante, pero no estás totalmente dedicado a quien está totalmente dedicado a ti.

En este momento de honestidad, tal vez descubras que no estás tan comprometido, ni tan cerca, ni eres tan íntimo con Dios como antes. O quizás reconozcas que nunca has caminado realmente cerca de él, sintiendo su presencia amorosa, su guía continua y su poder sobrenatural.

¿Por qué queremos ser devotos, pero nos resulta tan difícil?

Si lo piensas, la respuesta puede parecer obvia. Nadie se acerca a Jesús por accidente. ¿Verdad? Alguna vez alguien dijo esto:

- No era mi intención, pero de alguna manera ahora soy más fuerte espiritualmente que nunca.
- No estoy seguro de lo que pasó, pero de repente conozco la Palabra de Dios y siento su presencia.
- Estaba haciendo mis cosas, ocupándome de mis asuntos, y de repente me llené de poder espiritual y confianza en Cristo.

Nunca nos acercaremos accidentalmente a Jesús, así que en lugar de eso elegiremos pensar en el futuro y decidir de antemano:

Seré devoto.

Debido a quién es Dios y a lo que ha hecho por mí, estoy dispuesto a hacer cualquier cosa y a dejarlo todo por él. Dios es lo primero.

Dios se lo merece. Porque Dios es Dios.

Cuando entiendes quién es Dios, nada tiene más sentido que ponerlo a él en primer lugar.

Yo. Seré. Devoto.

Cómo es (y cómo no es) una vida devota

Mi familia se mudaba mucho cuando yo era pequeño. Como siempre era el chico nuevo, quería ser genial. Para ser genial, necesitas amigos geniales. Así que entraba a mi nueva escuela como un detective, buscando pistas para averiguar qué chicos daban la talla.

Cuando estaba en cuarto grado, quería saber: «¿Ves la serie *Días felices*?». La respuesta era crítica. No me vengas con *Laverne y Shirley*. No me gustaban las frases de apertura «¡Schlemiel! ¡Schlimazel!» o «*Hasenpfeffer* Incorporado». Yo era todo «¡Domingo, lunes, días felices!».

En sexto grado preguntaba no tan sutilmente: «¿Tienes Atari?». Si respondías que sí, te hacía la importantísima pregunta de seguimiento: «¿Cuál es tu juego favorito, hermano?». Quería oír *Pitfall, Donkey Kong* o *Asteroids*. «¿Qué es eso? ¿La *Sra. Pac-Man*?». No. Si la *Sra. Pac-Man* es tu chica, entonces yo no soy tu chico. ¡La Sra. Pac-Man tenía un lazo en el pelo! (Bueno, no tenía pelo, pero tenía un lazo donde debería haber estado su pelo). Para mí, la Sra. Pac-Man era una pista de que no eras un chico genial.

En octavo grado, la señal de que eras genial o no eran los grupos que te gustaban. Si escuchabas Guns N' Roses: «Bienvenido a la jungla, chico, vamos a ser colegas, porque eres genial». Pero si eras fan de Bananarama, eso era una prueba clara de que no eras genial, ¡porque los buenos grupos nunca tienen nombres de frutas!

Así es como yo decidía si eras genial.

Pregunta: ¿cómo sabemos si somos devotos?

Señales de falta de devoción

Las personas que no son verdaderamente devotas no piensan mucho en Dios y tienden a recurrir a él solo cuando necesitan algo. Sucede igual que con el autoservicio de un restaurante de comida rápida. No está en realidad en tu mente, pero te alegras de que esté ahí cuando lo necesitas. Estás agradecido de que esté disponible para acercarte rápidamente, pedir lo que quieras, y luego alejarte rápidamente hasta que lo necesites de nuevo.

Aquellos que no ponen a Dios primero:

- Anhelan la aceptación de la gente más que la aceptación de Dios.
- Priorizan complacer a la gente antes que ser fieles a Jesús.
- Rara vez comparten su fe en Cristo con personas que lo necesitan.
- Dan solo cuando les conviene (si es que dan).
- Hacen lo que quieren y luego racionalizan sus pecados.
- Dan a Dios por garantizado, acudiendo a él solo cuando están en apuros.
- Se centran más en esta vida que en el cielo, sabiendo que esta vida dura solo setenta y cinco u ochenta años, mientras que la eternidad es para siempre.

No son muy diferentes del resto del mundo. Escuchan la misma música, ven las mismas películas, utilizan el mismo lenguaje, tienen la misma moral, educan a sus hijos y se enfocan en el matrimonio de la misma manera.

Señales de devoción

Cuando yo era niño, quería ver si las personas mostraban señales de ser geniales. ¿Cuáles son las señales de la devoción?

A dónde va tu mente

¿En qué sueles pensar repetidamente a lo largo del día?

Hay cosas en las que pensamos más que en otras. Puede ser el fútbol de fantasía, la bolsa de valores, la temporada actual de *Bailando con las estrellas* o el sueño de ganar la lotería. ¿Por qué? Porque cuando algo te apasiona, piensas en ello.

Pablo reta a sus discípulos: «Pongan la mira en las cosas de arriba, no en las de la tierra» (Colosenses 3:2).

¿Con qué frecuencia piensas en Dios a lo largo del día?

A dónde va tu dinero

Gastamos nuestro dinero en lo que nos importa. Jesús dice: «Porque donde esté tu tesoro, allí estará también tu corazón» (Mateo 6:21). La forma en que gastas tu dinero revela tus prioridades. Si gastas mucho dinero en ropa, es que te gusta la moda. Si gastas mucho en conciertos, te gusta la música en directo. Si gastas mucho en tu colección de estatuillas de la película *High School Musical* o de la banda de chicos New Kids on the Block, eres raro. ¿Cuánto «gastas» en Dios? Si no le das generosamente a Dios, si no inviertes en su reino a lo grande, es una señal de que él no es realmente lo primero en tu vida.

Cómo tomas tus decisiones

Supongamos que te ofrecen un nuevo trabajo que te obligaría a mudarte a otra ciudad. ¿Qué criterios influirían en tu decisión? La mayoría de las personas considerarían el salario y si es un lugar donde les gustaría vivir. Las personas devotas a Dios buscan su voluntad. Intentan discernir dónde Dios los quiere y dónde podrían tener el mayor impacto para su reino. O, si eres soltero, ¿con quién te casarás? Los solteros devotos quieren encontrar a alguien especial que sea atractivo, divertido y tenga una gran personalidad, pero sobre todo desean conocer a alguien que también ponga a Dios en primer lugar.

En Romanos 12:2, Pablo ofrece un camino hacia la mentalidad correcta a la hora de tomar decisiones: «Y no se adapten a este mundo, sino transfórmense mediante la renovación de su mente, para que verifiquen cuál es la voluntad de Dios: lo que es bueno y aceptable y perfecto».

Cómo empleas tu tiempo

¿Qué tal si te dijera que mi esposa significa todo para mí, que es para mí la persona más importante del mundo, pero luego descubrieras que prácticamente no paso tiempo con ella? Te sentirías confundido. Pensarías: *Pero si te importara, pasarías tiempo con ella*. Así es.

Y las personas que se preocupan por Dios pasan tiempo con él. Tienen hambre de su presencia, así que le dan prioridad a la oración, la lectura de la Biblia y la adoración. También invierten tiempo en aquello que está cerca del corazón de Dios. Se preocupan por las personas. Son voluntarios en la iglesia. Viven para ser una bendición.

Una vez más, podemos aprender de las enseñanzas de Pablo sobre cómo emplear el tiempo que se nos concede: «Por tanto, tengan cuidado cómo andan; no como insensatos sino como sabios, aprovechando bien el tiempo, porque los días son malos. Así pues, no sean necios, sino entiendan cuál es la voluntad del Señor» (Efesios 5:15-17).

Qué te rompe el corazón

Cuando eres devoto a Dios, tu corazón crece para él y se rompe con las cosas que rompen el suyo. Te afliges por tu pecado. Perdonas rápidamente, porque no solo sientes tu dolor, sino también el dolor de la persona que te lastimó. Te preocupas por los pobres, sientes compasión por los marginados y deseas que se corrijan las injusticias.

En Mateo 25:34-40, cuando Jesús enseña sobre el juicio, traza su línea divisoria según esta dinámica.

> Entonces el Rey dirá a los de Su derecha: «Vengan, benditos de Mi Padre, hereden el reino preparado para ustedes desde la fundación del mundo. Porque tuve hambre, y ustedes me dieron de comer; tuve sed, y me dieron de beber; fui extranjero, y me recibieron; estaba desnudo, y me vistieron; enfermo, y me visitaron; en la cárcel, y vinieron a Mí». Entonces los justos le responderán, diciendo: «Señor, ¿cuándo te vimos hambriento y te dimos de comer, o sediento y te dimos de beber? ¿Y cuándo te vimos como extranjero y te recibimos, o desnudo y te vestimos? ¿Cuándo te vimos enfermo o en la cárcel y vinimos a Ti?». El Rey les responderá: «En verdad les digo que en cuanto lo hicieron a uno de estos hermanos Míos, aun a los más pequeños, a Mí lo hicieron».

Jesús no estaba diciendo que las obras te llevarán al cielo, sino que cuando estés cerca de él, te involucrarás con la gente y los lugares donde él está presente. ¿Por qué otro motivo alguien alimentaría a los pobres, cuidaría a personas desconocidas y visitaría las cárceles? ¡Y luego hacía estas cosas con tanta frecuencia que tenían que preguntarle a qué hora él estaba allí! Una cosa es segura, un discípulo no podrá enfocarse en ministerios como estos por mucho tiempo si su corazón no está alineado con el de Dios.

¿Y qué pasa si?

¿Qué pasa si no eres devoto a Dios? No crecerás, te perderás más de Dios y más de la vida para la cual te hizo vivir, y todo esto te dejará sintiéndote vacío y preguntándote qué es lo que te falta.

¿Y si eres devoto a él? Crecerás en propósito y confianza espiritual y te parecerás cada vez más a Jesús. Tu vida no será perfecta, pero sabrás que eres amado perfectamente por un Dios perfecto y que vas a un lugar perfecto para estar a su lado. Descubrirás que Dios te mantiene en perfecta paz mientras confías y fijas tus pensamientos en él.

¿Y si no eres devoto, pero quieres serlo?

Puedes serlo. Y, buenas noticias, aunque necesites tomar la decisión de antemano, vivirla no depende de ti.

El (sorprendente) poder de la conexión

¿Recuerdas cuando estaba sumergido hasta la cintura en el sótano y encontré lo que necesitaba? La bomba de desagüe. Sin embargo, no bastaba con tener la bomba; tenía que conectarla a la corriente eléctrica. Cuando por fin lo hice, funcionó. (Y se me entumecieron las extremidades. Y puede que mi corazón se detuviera un segundo. Pero la bomba funcionó).

La devoción a Dios es lo que necesitamos, pero no es suficiente. Necesitamos conectar esa devoción con el poder. Cuando finalmente lo hagamos, funcionará.

Tú eres la rama

Hemos reconocido que la plena devoción a Dios nunca sucederá por accidente. Por eso tenemos que decidirlo de antemano:

Voy a buscar a Dios primero.

Anteriormente mencioné Mateo 6:33, pero aquí quiero destacar la promesa de Jesús: «Busquen primero Su reino y Su justicia», entonces «todas estas cosas les serán añadidas». ¿Cuáles «cosas»? En los versículos anteriores, él nos dice que no nos preocupemos por lo que comemos, bebemos o vestimos. Afirma que Dios se ocupará de nuestras necesidades si nos mantenemos centrados en su voluntad. Nos provee el poder para cambiar si lo buscamos.

Así que buscaré a Jesús con todo lo que tengo.

Seré devoto.

Tú tomas esa decisión y luego eres fortalecido para vivirla a través de tu conexión con Jesús.

Por eso él declara: «Vengan a Mí, todos los que están cansados y cargados». No dice: «Entonces esfuércense más». Ni tampoco: «Entonces dejen de fracasar». No. Jesús nos pide: «Tomen Mi yugo sobre ustedes y aprendan de Mí» (Mateo 11:28-29). Nos está diciendo: «La vida que quieres es a través de la conexión conmigo, así que ven».

También nos dice: «Si alguien tiene sed, que venga a Mí y beba». De nuevo, tenemos que ir a Jesús. Y si lo hacemos, ¿qué sucederá? Jesús señala: «De lo más profundo de su ser brotarán ríos de agua viva» (Juan 7:37-38). Así como yo tenía ríos de electrones fluyendo en mi interior, tú puedes tener el poder de Jesús fluyendo dentro de ti. La respuesta es ir a Jesús.

Él lo aclara cuando afirma en Juan 15:5: «Ciertamente, yo soy la vid; ustedes son las ramas. Los que permanecen en mí y yo en ellos producirán mucho fruto porque, separados de mí, no pueden hacer nada» (NTV).

Jesús dijo que él es la vid.

Tú eres una rama.

La vid nace de la tierra. Una rama crece de la vid y tiene una conexión vital con ella. Si permanece unida, obtendrá los nutrientes necesarios y dará fruto.

Si no está unida a la vid, la rama no podrá hacer nada. No obtendrá nutrientes. No dará frutos. Una rama separada de la vid está muerta.

Ni siquiera es una rama.

Es un palo.

Jesús dice: «Los que permanecen en mí». *En mí*. Jesús te está invitando a conectarte con él y, más que eso, a vivir dentro de él. «Permanecer» se traduce de la palabra griega *meno*. Esta también puede traducirse como «habitar». Permanecer significa vivir dentro. Puedes visitar la casa de un amigo, pero vives en tu casa.

Jesús te invita a vivir dentro de él. A permanecer en él. También dice: «Y yo en ellos». Te está preguntando si él puede vivir en ti. Jesús te está ofreciendo una conexión profunda, íntima y continua.

La palabra «permanecer» o alguna forma verbal de ella aparecen once veces en Juan 15. Once veces Jesús les dice a sus discípulos que quiere que permanezcan unidos, que vivan continuamente en él.

Eso no es lo que hacen la mayoría de los cristianos. Si observas sus vidas, no es lo que verías.

Podemos pensar en esto en términos de horas. Nuestras vidas están hechas de tiempo. Así que pensemos en una semana a la vez. Cada semana tienes 168 horas.

SEMANA DE 168-HORAS

DORMIR
56 HORAS

TRABAJO / ESCUELA
56 HORAS

REDES SOCIALES
17 HORAS

HORAS FLEXIBLES
38 HOURS

DIOS
1 HORA

Si sientes verdadera devoción por algo, le dedicarás tiempo. ¿Verdad?

Entonces, ¿a qué dedicas tu tiempo en una semana normal de 168 horas? La mayoría de nosotros pasamos alrededor de un tercio de nuestro tiempo durmiendo.

La mayoría pasamos otro tercio de nuestro tiempo en el trabajo o la escuela.

Eso te deja unas cincuenta y seis horas flexibles restante.

¿A qué dedicas esas horas?

¿Estás en Facebook, Instagram, TikTok o Twitter? El usuario promedio de las redes sociales pasa diecisiete horas a la semana conectado. (¿Puedes hacer una pausa para asimilarlo? ¡Diecisiete horas a la semana!).

Eso deja unas treinta y nueve horas para todo lo demás, y hay muchas otras cosas. ¿Cierto?

Llevas a tus hijos de un lado a otro como un conductor de Uber no remunerado. Tienes que echarle gasolina a tu auto cada seis o siete días, y limpiar el interior cada seis o siete años. Tienes que comprar alimentos, cocinarlos, comer y limpiar después de comer. Pagar las facturas cada mes y los impuestos cada año. Y cortar el césped. Y hacer ejercicio. Y salir con tus amigos. Y ver cualquier serie de televisión que te guste en ese momento.

Y todo eso suma unas... *espera un segundo, tengo que usar mi calculadora*... treinta y ocho horas. Entonces, treinta y nueve menos treinta y ocho te deja... una hora.

¿Qué haces con esa hora? Bueno, somos cristianos, así que le dedicamos esa hora a Dios.

Por supuesto, hay cristianos que le dedican mucho más de una hora a la semana a Dios, pero también hay cristianos (o personas que se llaman a sí mismas cristianas) que ni siquiera hacen eso.

Permíteme decir lo obvio: si dedicas solo una hora a la semana a cualquier cosa, no es probable en absoluto que crezcas o mejores significativamente en esa área de tu vida.

- Si haces ejercicio solo una hora a la semana, no vas a conseguir una gran forma física.
- Si pasas solo una hora con tu cónyuge a la semana, no tendrás un matrimonio de ensueño.
- Si estudias solo una hora a la semana, no sacarás notas sobresalientes. ¡Puede que ni siquiera te gradúes!

Si solo le dedicamos una o dos horas a la semana a Dios, no es de extrañar que no pensemos mucho en él, que volvamos a caer en el mismo pecado de siempre, que nos preocupemos mucho por lo que piensan los demás, que nos quedemos con todo nuestro dinero y que tengamos una fe tibia. Así que necesitamos hacernos algunas preguntas:

¿Somos realmente devotos?

¿Ponemos a Dios en primer lugar?

¿Él está cerca de ser lo primero?

Si queremos vivir una vida totalmente dedicada a Jesús, esta nunca sucederá por accidente.

Necesitamos más: más conexión a fin de tener más poder para vivir una vida más devota.

Él es la vid. Tú eres la rama. ¡Así que sé la rama!

Sé la rama

Si somos las ramas (al permanecer conectados y dedicados a Jesús), él dice que «produciremos mucho fruto».

Según Gálatas 5:22-23 (NTV), el fruto espiritual es «amor, alegría, paz, paciencia, gentileza, bondad, fidelidad, humildad y control propio». ¿No son todas estas cosas de las cuales quieres más?

Si tuvieras más fruto, ¿crees que tu vida se sentiría vacía? ¿Crees que te preguntarías si hay algo más en la vida? No. Estarías conectado a Jesús y, a través de su poder, vivirías tu vocación más elevada de la manera más significativa.

Nosotros queremos eso.

Dios lo quiere para ti.

Sin embargo, tienes un enemigo que utilizará todas las fuerzas del infierno para impedírtelo.

Por eso estarás preparado.

Y serás devoto.

Distraído de la devoción

El diablo no necesita destruirte si puede distraerte.

Sí, él quiere destruirte. Él viene por ti para robarte, matarte y destruirte. Pero él sabe que si puede distraerte, con el tiempo te destruirás a ti mismo.

Su plan es desviarte de tu devoción distrayéndote de acudir a Jesús, de modo que no tengas la conexión que puede potenciar tus decisiones.

¿Alguna vez has sentido eso?

Apartar

La palabra «distracción» procede de un término en latín de la década de 1590. Este significaba «apartar» o «separar».

Has sentido *eso*, ¿verdad?

Has sentido que tu atención y tu mente son arrastradas en diferentes direcciones.

- Quieres tener pensamientos puros, pero te alejan.
- Intentas orar, pero te encuentras girando en cientos de otras direcciones.
- Sientes que te apartas de tu conexión con Jesús y tu devoción a Dios.

Esto no es un accidente.

Cada fuerza del infierno está trabajando a fin de distraerte de vivir para lo que más importa. Tu enemigo quiere separarte, dividir tu mente, desanimar tu fe y distraerte de lo más importante. Por eso les digo a mis hijos que el diablo no necesita destruirte si puede distraerte. Si te distrae, puede disfrutar viendo cómo tú mismo te destruyes.

En realidad es más fácil distraerte que destruirte.

¿Por qué?

Porque para destruirte el diablo tiene que lograr que hagas algo malo. Y tú puedes estar listo para eso. Pero también puede distraerte logrando que hagas algo bueno.

La batalla entre lo bueno y lo mejor

Piensa en la ocasión en que Marta y María invitaron a Jesús a comer. María «se sentó a los pies del Señor a escucharlo. Marta estaba preocupada, pues tenía mucho que hacer» (Lucas 10:39-40, NBV).

¿Qué hacía Marta?

Cosas buenas.

Estaba poniendo la mesa, comprobando si el guisado estaba terminado, preparando el pastel de frutas para meterlo en el horno, preguntando si alguien quería que le rellenaran su bebida, eligiendo una buena emisora de Spotify para crear el ambiente adecuado. ¿Estuvo mal todo eso? No, eran cosas buenas.

Estaba siendo una servidora y preocupándose por las personas. Mi madre me enseñó que eso es lo que debemos hacer.

María, por otro lado, permanecía sentada sin ayudar en nada. Mi mamá me enseñó que eso es lo que no debemos hacer.

Sin embargo, Jesús le dijo: «Marta, Marta, te preocupas demasiado por muchas cosas. Pero sólo una es necesaria. María ha escogido la mejor, y nadie se la va a quitar» (Lucas 10:41-42, NBV).

Marta estaba distraída con «muchas cosas», todas buenas.

Eran buenas.

Solo que no eran lo mejor.

Como dijo Jesús: «María ha escogido la mejor».

Muchas veces nuestras elecciones más difíciles no son entre lo bueno y lo malo, sino entre lo bueno y lo mejor.

Por eso necesitamos predecidir qué es lo mejor.

Para darle prioridad a nuestra devoción a Jesús, tenemos que minimizar nuestras distracciones.

Me encanta lo que escribe Pablo: «Les digo esto, no para ponerles restricciones, sino en bien de ustedes y para que vivan de una manera digna, sirviendo al Señor sin distracciones» (1 Corintios 7:35, DHH).

Me pregunto qué es lo que más te distrae de conectarte con Jesús.

Para muchos de nosotros, es nuestro dispositivo móvil. Los estudios revelan que la persona promedio tiene dificultades para pasar diez minutos sin mirar su teléfono, y lo toca 2.617 veces al día.[12] La humanidad pasó miles de años sin teléfonos, pero hoy nuestra trinidad se ha convertido en Padre, Hijo y Teléfono Santo. Quizá lo que más te distrae de tu teléfono son las redes sociales. Mencioné que la persona promedio pasa alrededor de diecisiete horas a la semana en las redes sociales. Eso equivale a más de siete años de tu vida.

Detente.

Vuelve a leerlo. No aceptes esa estadística como algo normal. Léela y asimílala.

Pasarás más de siete años de tu vida en las redes sociales.

¿Haciendo qué? Desplazándote por la pantalla, haciendo clic, sintiéndote excluido porque no te invitaron, comparando, sintiéndote menos, ya que no tienes lo que ellos tienen, sintiéndote poco importante porque alguien no comenta tus fotos aunque tú siempre comentas las suyas.

¿Son malas las redes sociales?

No.

A menudo son buenas. Pero no son lo mejor. No representan el mejor uso de tu tiempo.

A mí también me gustan las redes sociales, pero he decidido esto:

> Mi vida es demasiado valiosa, mi vocación demasiado grande, y mi Dios demasiado bueno para perder mi tiempo distraído con cosas que no importan.

Debido a que nuestro tiempo es tan valioso, y a que Satanás quiere destruirnos por medio de la distracción, sugeriría que necesitamos tratar las distracciones igual que tratamos al pecado.

¿Qué hacemos con el pecado? Movemos la línea, magnificamos el costo y planeamos nuestro escape.

¿Qué te distrae de conectarte con Jesús? ¿El tiempo que pasas frente a la pantalla de la televisión, los videojuegos o las redes sociales? ¿Las novelas de fantasía? ¿Sigues obsesivamente las noticias?

Magnifica el costo: si continúas dejándote distraer, eso te privará de la conexión, lo que destruirá tu devoción. Podrías ser un seguidor a tiempo parcial cuando Dios merece tu devoción a tiempo completo.

Y luego mueve la línea y planea tu huida.

¿Qué necesitas hacer?

- ¿Silenciar las notificaciones?
- ¿Eliminar esa aplicación?
- ¿Poner distancia entre tú y tu amiga chismosa?
- ¿Cancelar Netflix?
- ¿Limitar tu tiempo en las redes sociales o frente al televisor?
- ¿Apagar el celular cuando ores y leas la Biblia?
- ¿Terminar con tu novio o novia que te distrae?

Sin importar lo que sea, será difícil, pero valdrá la pena, porque Dios tiene un camino y un propósito para ti. «Miren tus ojos hacia adelante, y que tu mirada se fije en lo que está frente a ti» (Proverbios 4:25).

Tendrás que decirle que no a algunas cosas buenas, pero estarás diciéndole que sí a lo que es mejor.

Tu regla y un plan de juego

Hay «reglas» para la vida:

- Devolver un vehículo prestado con el tanque de gasolina lleno.
- Decir «por favor» y «gracias» con frecuencia.
- Cantar en la ducha.
- Dejar la tapa del sanitario bajada. (Esa parece ser la favorita de mi esposa).
- Dejar un lugar mejor de lo que lo encontraste.
- Nunca echarle salsa dos veces a tus papas fritas.
- Ofrecerte a quitarte los zapatos cuando entres a la casa de alguien.
- En una puerta, dejar que las personas salgan antes de intentar entrar tú.
- En un espacio público, no hablar en voz alta durante una llamada telefónica ni poner a alguien en el altavoz.
- (Rellena el espacio en blanco con una de las tuyas).

Estas son algunas reglas *para* la vida; sin embargo, ¿has oído hablar de una «regla *de* vida»? La existencia de una regla de vida para los cristianos se remonta al año 397, cuando Agustín escribió un conocido «libro de reglas» para ellos.

¿Qué es una regla de vida?

Es un conjunto de ritmos intencionales que nos ayudan a hacer lo siguiente:

- Permanecer conectados con Jesús.
- Conocerlo más.

- Parecernos cada vez más a él.
- Crear prácticas espirituales, relacionales o vocacionales.
- Alinear nuestras prioridades, valores y pasiones con nuestra forma de vivir la vida.
- Superar las distracciones, para no estar tan desconcentrados, apresurados, reactivos y agotados.
- Empezar a vivir para una audiencia de uno.

¿Quieres escuchar algo fascinante?

¿Recuerdas que Jesús dice que él es la vid y nosotros las ramas? Si miras una viña, verás vid y las ramas, y también un emparrado. El emparrado es la estructura de soporte. Sin un emparrado, las ramas crecerían de manera silvestre por el suelo. Sin embargo, en el suelo son más propensas a las enfermedades y más susceptibles a las plagas que quieren comerse sus frutos. Si no se dejan en el suelo y están sostenidas por un emparrado, las ramas crecerán más sanas y producirán más uvas. El emparrado también embellece el viñedo: en lugar de crecer desordenadamente a lo largo del suelo, la vid y las ramas crecen entrelazadas y en sentido vertical.

Si quieres ramas sanas y una buena cosecha de uvas, necesitas una estructura de soporte resistente.

¿Qué es lo fascinante? La palabra para «regla», como en «regla de vida», en griego es la misma palabra para «emparrado».

Al igual que un emparrado, una regla de vida crea una estructura de prácticas espirituales. Con esta estructura, en lugar de sentirte caótico, vives según un ritmo espiritual. Eres más saludable, menos vulnerable y más fructífero. Vivirás una vida más hermosa, que honra a Dios y ama a las personas.

Quiero animarte a que predecidas tu regla de vida.

Tu regla probablemente incluirá algunas prácticas que te ayuden a edificar tu relación con Dios, como la lectura de las Escrituras, la oración y el ayuno. Es posible que incluya algunas prácticas que nutran tu vida física, como el sueño, el día de descanso o el ejercicio. Puede contener algunos elementos relacionales que se centren en tus amistades y tu familia. Deberías considerar tener algunas prácticas relacionadas con tu participación en la iglesia: asistencia, compañerismo, servicio, ofrendas. Y podrías incluir una categoría de trabajo/vocación.

Hay muchos artículos en internet y libros que pueden ayudarte a desarrollar tu propia regla de vida, así que por ahora solo quiero indicarte una práctica espiritual esencial:

> Pasa tiempo con Jesús sin distraerte.

Sabemos que no pasaremos accidentalmente un tiempo valioso y significativo con Jesús. Así que decidiremos ser intencionales. Nuestra estrategia incluirá tres cosas:

- Un tiempo.
- Un lugar.
- Un plan.

En Marcos 1:35 se nos cuenta cómo Jesús pasó un tiempo sin distracciones con su Padre: «Levantándose muy de mañana, cuando todavía estaba oscuro, Jesús salió y fue a un lugar solitario, y allí oraba». ¿Su tiempo? Muy temprano, cuando aún estaba oscuro. ¿Su lugar? Alejado de los discípulos, en un lugar solitario. ¿Su plan? Soledad y oración enfocadas e intencionadas.

Con Jesús como nuestro ejemplo, y debido a que la devoción es importante, eliminaremos intencionalmente las distracciones para poder conectarnos con él de una manera significativa a través de la soledad, la oración, el estudio de la Biblia, la adoración personal, la memorización de las Escrituras, o cualquier cosa que te permita acercarte a Jesús y darle espacio para que obre en tu vida.

Un tiempo

Jesús nos invita a acercarnos a él y a vivir con él todo el tiempo. Sin embargo, la mayoría de las veces las distracciones nos impiden centrarnos realmente en él.

Es algo similar a lo que sucede en un matrimonio. Amy y yo a veces tenemos un fin de semana en el que estamos juntos la mayor parte del tiempo. Eso me encanta. Pero, al mismo tiempo, habrá todo tipo de distracciones —hay otras personas alrededor, estamos haciendo diligencias, la televisión está encendida—, así que no nos conectamos de manera significativa. Por eso necesitamos un «tiempo en el sofá» o una cita nocturna. Y no esperamos a ver cómo transcurre la semana con la esperanza de poder dedicarnos un poco de tiempo el uno al otro. Le damos prioridad a ese tiempo especial para estar juntos.

Si queremos que Dios sea lo primero, no podemos darle el tiempo que nos sobra del día. Más bien le damos el mejor tiempo de nuestro día, todos los días. Tendrás que encontrar qué momento es el mejor para ti. Para muchos, es a primera hora de la mañana. Es posible que pases tiempo con Jesús antes de que se levanten tus hijos, o mientras tomas el café. O tal vez tu mejor momento para estar con Jesús sea después de ir al gimnasio o de acostar a tus hijos.

Tu devoción a Dios es demasiado importante para que esto sea algo involuntario y errático.

¿Cuál es tu tiempo?

Ponle nombre. Dale prioridad. Planifícalo.

Determinarás un tiempo para conectarte con Jesús.

Un lugar

También vamos a elegir un lugar.

No tiene que ser siempre el mismo lugar; es posible que tengas algunos días especiales en los que puedas ir a algún sitio diferente. No obstante, en general, tener un lugar constante para buscar a Jesús probablemente te ayudará a hacerlo de manera consistente.

Puedes arrodillarte junto a tu cama, sentarte en la mesa de la cocina o salir al porche trasero. Si tienes niños pequeños, tal vez tengas que ir al baño y cerrar la puerta. O quizá a tu clóset. (Y date prisa, porque no tardarás en ver deditos deslizándose por debajo de la puerta).

¿Mi sugerencia? Elige un lugar que te guste. Hazlo lo más cómodo, funcional o atractivo posible. Es lo más importante que harás cada día, así que esfuérzate lo más posible para que en realidad desees hacerlo. Crea un entorno que no te quieras perder. Elige tu sillón favorito, colócalo junto a la ventana con las mejores vistas, ponte tu bata preferida.

Sostén una taza de tu bebida favorita en la mano. Si te gustan los colores, compra un montón de rotuladores fluorescentes o bolígrafos de colores y úsalos para marcar tu Biblia o escribir en tu diario.

¡Es el momento más importante del día, así que conviértelo en tu momento favorito!

¿Cuál es tu lugar?

Ponle nombre. Dale prioridad. Planifícalo.

Determinarás un lugar para conectarte con Jesús.

Un plan

Decide de antemano un tiempo, un lugar y también un plan.

Si algo es importante para ti, lo planeas con anticipación. Podrías planear una primera cita, unas vacaciones o una cena especial de aniversario. De ese modo, en lugar de llegar a la hora y al lugar de forma desorganizada y luego sentir que no sabes qué hacer, decidirás de antemano un plan. Tu intención es encontrarte con Jesús. Él te ha invitado a ese momento y tú serás receptivo a lo que él quiera decirte o hacer en ti. Serás flexible, pero desarrollarás un plan.

¿Cuál plan? Eso depende de ti. Podrías ensayar con uno o varios de estos:

- Elige un plan de lectura de YouVersion para estudiar la Biblia.
- Escucha un pódcast devocional que te guste.
- Ten una lista de canciones de adoración que te acerquen a Dios.
- Elige una aplicación para memorizar la Biblia que puedas usar para guardar algunos versículos estratégicos en tu corazón.

Mi esposa tiene un diario en el que anota los nombres de las personas por las que está orando y lo que Dios le está mostrando. Yo tengo un plan de lectura que disfruto junto con declaraciones espirituales diarias para renovar mi mente.

El plan depende de ti, pero te animo a que decidas uno de antemano.

¿Cuál es tu plan?

Ponle nombre. Dale prioridad. Planifícalo.

Determinarás un plan para conectarte con Jesús.

Una rama da frutos

A medida que comiences a priorizar este tiempo con Jesús, algo va a suceder. Tu tiempo con Jesús comenzará a extenderse fuera de tu tiempo con Jesús. Es posible que pases esos quince o treinta o sesenta minutos con él, pero a medida que lo hagas día tras día, tu conexión con Cristo crecerá más allá de ese tiempo. Te encontrarás a ti mismo:

- Hablándole y confiando en él, dependiendo de él y alineando tu corazón con el suyo.
- Empezando a oír su voz suave y apacible cuando te dé un empujoncito a lo largo del día.
- Recibiendo sabiduría mientras él guía tus pasos.
- Amando a los que son difíciles de amar.
- Perdonando a los que te hacen daño.
- Bendiciendo a los que te maldicen.
- Haciendo que tu corazón se rompa por lo que rompe el suyo.
- Tomando conciencia de tu pecado y apartándote de lo que está mal para poder perseguir lo que es justo y puro.
- Compartiendo generosamente a Jesús con los demás, ya que eres incapaz de guardarte su bondad.
- Viviendo por la fe y viendo cómo Dios obra en ti y a través de ti más de lo que jamás imaginaste.

Y te darás cuenta de que algo ha cambiado. ¿Recuerdas esas cincuenta y seis horas flexibles?

Dios ya no recibirá las horas que te sobran. Dios ya no se sentirá solo como si fuera una parte de tu vida.

En lugar de eso, Dios será tu vida.

¡Descubrirás que cada hora de devoción que le dediques tendrá un impacto increíble en el resto de tus 168 horas!

Empezarás a vivir la vida que estabas destinado a vivir, y te darás cuenta de que eso ha sucedido. «Seré devoto» se habrá convertido en «Soy devoto».

Estoy buscando primero a quien más importa.

Pon tus asuntos en orden

Un día recibí un mensaje de texto de un número desconocido que esencialmente decía: «Hola, soy Rhonda, la hermana de Rodney. Él está en el hospital con una extraña modalidad de cáncer progresivo. El médico no nos da muchas esperanzas».

Rodney era amigo mío desde hacía mucho tiempo, así que corrí al hospital.

Él era un tipo grande, fuerte y atlético, pero cuando entré a la habitación del hospital, el Rodney que vi estaba tan frágil que me sorprendió. Intenté actuar como si no me hubiera dado cuenta, pero pensé: *Ay, no, esto no tiene buena pinta.*

A Rodney le costaba hablar, pero empezamos haciendo lo propio de los hombres: bromeamos, nos reímos y contamos algunas viejas historias. Sin embargo, el tono de nuestra conversación se volvió serio rápidamente. Rodney me miró y empezó a hablar, esforzándose por pronunciar cada palabra. «Craig», dijo, luego hizo una pausa y respiró hondo, «cuando los médicos te digan que pongas tus asuntos en orden, mira tu vida y piensa en las cosas que desearías haber hecho».

Sus palabras me golpearon como un puñetazo en el estómago.

Le pregunté y me contó algunas de las cosas de las que se arrepentía. (Su lista era más larga de lo que esperaba y me golpeó más fuerte de lo que había previsto). Entonces unimos nuestras manos y elevamos juntos una de las oraciones más apasionadas y llenas de fe que había dicho en mucho tiempo.

Me despedí de mi amigo y me fui.

Una semana más tarde, la familia y los amigos íntimos de Rodney se reunieron para celebrar su vida y llorar nuestra pérdida.

Escuchar a Rodney y oír sus lamentos me hizo volver a mirar las 168 horas semanales que suman mi vida. Volví a preguntarme: *¿Qué es lo que importa? ¿Quién importa realmente? ¿Qué va a importar cuando esta vida se acabe?*

Pensé: *Quiero dedicar mi vida a eso. Quiero minimizar los remordimientos que tendré cuando sea yo quien esté en la cama del hospital.*

Me di cuenta una vez más:

Dios es Dios.
Él es lo primero.
Quiero vivir mi vida dedicada a él.

Mis intenciones son buenas. Pero sin intencionalidad, me distraeré. Perderé mi conexión con la vid.

No seré una rama que da frutos.

Seré solo un palo muerto.

Pensé en cómo luchar para vivir devotamente, y me comprometí de nuevo a permanecer conectado a la vid.

Solo soy una rama.

Necesito ser la rama.

Juntos, decidamos ser la rama y mantenernos comprometidos con la vid al predecidir un momento, un lugar y un plan.

Seremos devotos. Pondremos a Dios en primer lugar. Buscaremos a Dios primero.

Por cierto, es posible que te parezca que eso es mucho, que Dios te está pidiendo mucho. Si es así, hay algo que debes recordar. Sí, te está pidiendo que lo pongas a él primero. Pero Dios ya te ha puesto a ti en primer lugar. En 1 Juan 4:19 dice: «Nosotros amamos porque Él nos amó primero». Dios te está pidiendo que lo busques primero. Pero él ya te buscó primero. Te está pidiendo que le dediques tu vida, pero él entregó primero su vida por ti en la cruz.

Dios no solo decidió hacer eso.

Él decidió *previamente* hacer eso por ti: «Incluso antes de haber hecho el mundo, Dios nos amó y nos eligió en Cristo para que seamos santos e intachables a sus ojos. Dios decidió de antemano adoptarnos como miembros de su familia al acercarnos a sí mismo por medio de Jesucristo. Eso es precisamente lo que él quería hacer, y le dio gran gusto hacerlo» (Efesios 1:4-5, NTV).

En la eternidad pasada, antes de crear el mundo, antes de que tú existieras, Dios predecidió buscarte y hacer que Jesús muriera por ti.

¿Por qué?

Porque te amaba.

¿Quién es Dios?

Él es el Santo. El León de Judá. El Cordero de Dios.

Él es mi fuente. Mi fortaleza. Mi sustentador. Mi escudo.

Él es todo bueno. Él es completamente puro. Él es perfecto, sin defecto, sin mancha.

Él es el Santo.

Mi Dios es infinito, inmutable, inconmensurable, incomprensible.

Él no ha sido creado y existe por sí mismo, es autosostenible y autosuficiente. Tiene una sabiduría que no necesitó aprender. Tiene una fuerza que no necesitó adquirir. Sus caminos son más elevados. Sus planes son mejores. Su amor es más profundo de lo que nuestras mentes finitas pueden comprender.

Algunos pueden elegir ignorarlo, abandonarlo o despreciarlo. Yo elijo permanecer. Honrarlo. Atesorarlo. Amarlo.

¿Por qué?

Por lo que él es.

Soy devoto a él.

Sé que tú también quieres serlo. No a tiempo parcial, sino brindándole toda tu devoción a Aquel que lo dio todo por ti. Además, ¿quién más puede salvarte? ¿Quién más puede sanarte? ¿Quién más perdona tus pecados? ¿Quién más puede consolarte en tu dolor? ¿Quién más no te abandonará nunca, por muy mal que se pongan las cosas? ¿Quién más estará siempre para ti? Y si él está a tu favor, ¿quién puede estar en tu contra?

No vas a encontrar un amor así en ningún otro sitio.

Dios está dedicado a ti. Él te puso primero.

Pongámoslo primero a él.

Yo soy devoto.

EJERCICIOS DE LA SEGUNDA PARTE

1. ¿Qué personas, cosas o situaciones tiendes a anteponer a Dios?
2. ¿Por qué crees que las respuestas que acabas de escribir suelen ocupar el primer lugar antes que Dios?
3. ¿Te consideras un seguidor de Jesús a tiempo parcial o completo? Explica.
4. Para cada una de las cinco señales de devoción a Dios, escribe tus pensamientos, dificultades y fortalezas con el fin de evaluar honestamente cada área:
   - A dónde va tu mente.
   - A dónde va tu dinero.
   - Cómo tomas tus decisiones.
   - Cómo empleas tu tiempo.
   - Qué te rompe el corazón.
5. Considera tus respuestas anteriores y responde las siguientes preguntas:
   - ¿Cuál es tu devoción más fuerte?
   - ¿Cuál es tu punto más débil?
   - ¿Cómo puede esta percepción ayudar a que tu devoción a Dios crezca y madure?
6. ¿Qué es lo que más tiende a distraerte de pasar tiempo con Jesús? (Piensa en tus relaciones, posesiones y actividades).
7. ¿De qué distracciones necesitas deshacerte tratándolas igual que al pecado, moviendo la línea, magnificando el costo y planeando tu escape? Concreta las acciones que puedes llevar a cabo.
8. Menciona algunas «reglas de vida» que puedas decidir de antemano para darle más estructura a tu vida espiritual y producir más frutos. (Ejemplos: lectura de las Escrituras

para la salud espiritual, ejercitarse para el bienestar físico, más tiempo en familia y en la iglesia para tener relaciones de calidad).

9. A fin de priorizar y planificar un tiempo sin distracciones con Jesús, ¿cuál será tu mejor tiempo, lugar y plan?

10. ¿De qué manera has visto que tu tiempo intencional con Dios afecta el resto de tus 168 horas? Si aún no lo has experimentado, ¿cómo crees que podría afectarte ese compromiso?

11. Entendiendo que Dios está dedicado a ti y te pone en primer lugar, ¿cuál es un paso en materia de la devoción que puedes dar para ponerlo a él en primer lugar?

PARTE 3

Seré fiel

Bien, siervo bueno y fiel; en lo poco fuiste fiel, sobre mucho te pondré; entra en el gozo de tu señor.

—MATEO 25:21

Una palabra

Si pudieras elegir una palabra para describir tu vida, ¿cuál sería? Digamos que esta palabra representa tu carácter y resume lo que defiendes y has logrado.

Hay muchas opciones.

Hice una pequeña encuesta informal, y tres de las respuestas más comunes fueron estas:

- Exitoso.
- Influyente.
- Feliz.

No me sorprende. Lo entiendo.

Son buenas opciones, pero creo que hay una mucho mejor. Una palabra que debería estar en la parte delantera de nuestras mentes y en lo más alto de nuestros corazones. Una palabra que debería motivarnos cada día e inspirarnos a vivir para lo que perdura.

¿Por qué estoy tan convencido de que esta es la mejor palabra?

Porque cuando lleguemos al cielo, si hemos vivido una vida que le agrada a Dios, él no nos va a decir: «Bien hecho, mi siervo bueno y exitoso», o «Bien hecho, mi siervo bueno e influyente», o «Bien hecho, mi siervo bueno y feliz». Supongo que Dios quiere que seamos exitosos, influyentes y felices, pero no creo que esas sean sus principales prioridades. Cuando lleguemos al cielo, si hemos vivido una vida que le agrada, Dios nos dirá: «Bien, siervo bueno y *fiel*» (Mateo 25:21 énfasis añadido).

Si pudieras elegir una meta de una sola palabra para describir tu vida, ¿cuál sería? Hay muchas opciones, pero ninguna es mejor que *fiel*.

Si al final eso es lo que Dios buscará y elogiará, pensemos de antemano en ese momento tan importante y tomemos una decisión previa ahora mismo:

Seré fiel.

Cuando eras niño, tenías otras metas en la vida. Es probable que cuando crecieras quisieras ser astronauta, bailarina, atleta profesional, bombero o alguien influyente en las redes sociales. No decías: «¡Cuando sea grande quiero ser fiel!». Sin embargo, ahora que hemos crecido, es hora de reenfocar nuestras vidas.

Estamos predecidiendo ser fieles, porque nunca lo seremos por accidente. Puedes tener un día casual de fidelidad, pero nadie es fiel día tras día tras día sin una gran intencionalidad.

¿Por qué?

Porque nos gusta lo fácil. No obstante, ser fiel rara vez es fácil. ¿Verdad? Nunca es difícil tomar atajos, falsear la verdad o elegir el camino más cómodo. Sin embargo, vivir con integridad, hacer lo correcto y honrar a Dios constantemente requiere mucho trabajo (y mucha ayuda de Dios). Comprometer nuestros valores resulta conveniente, pero siempre tiene un costo. La fidelidad, por otra parte, no suele ser fácil. Es posible que la gente se ría de ti. Tal vez te sientas abandonado. Puede ser más difícil de lo que esperabas. Pero recuerda esto:

La fidelidad honra a Dios. Y Dios honra la fidelidad.

Si eres fiel, será difícil y pagarás un precio, pero valdrá la pena.

Para ser fieles tendremos que aprender a confiar en Dios en vez de confiar en nosotros mismos. Habacuc 2:4 nos dice: «¡Mira a los orgullosos! Confían en sí mismos y sus vidas están torcidas. Pero el justo vivirá por su fidelidad a Dios» (NTV). En nuestra orgullosa dependencia de nosotros mismos, a menudo confiamos en nuestra sabiduría, nuestro conocimiento, nuestra bondad, nuestras habilidades o nuestra cuenta bancaria. Pero las Escrituras dicen que quienes confían en sí mismos tienen vidas torcidas. No caminan por un sendero recto y fiel, sino que se desvían debido a decisiones infieles. Así que, como somos propensos al orgullo, predecidimos no confiar en nosotros mismos, sino confiar en Dios y vivir en fidelidad a él.

Esto plantea una pregunta: ¿qué significa ser fiel?

Si me lo hubieras preguntado hace años, te habría dicho: «Significa que no engañas. No engañas a tu cónyuge, no engañas en tus impuestos, no usas códigos de trucos en los videojuegos». Hay verdad en eso, pero al estudiar cómo Jesús hablaba de la fidelidad, me di cuenta de que tiene mucha más profundidad de lo que yo pensaba. Se trata tanto o más de lo que se debe hacer que de lo que no se debe hacer.

Si estudias los Evangelios, verás que Jesús habla de la fidelidad en tres contextos específicos. Habla de fidelidad en cómo tratas a la gente, cómo administras los recursos y cómo respondes a Dios. Así que vamos a tomar tres decisiones previas relacionadas con la fidelidad:

1. Cada interacción es una oportunidad para añadir valor.
2. Cada recurso es una oportunidad para multiplicar.
3. Cada estímulo es una oportunidad para obedecer a Dios.

Buenas noticias: es posible que no seas un astronauta, un luchador profesional o una estrella de YouTube, pero con la ayuda de Dios y algunas decisiones previas en oración, puedes ser fiel.

3.2

Cada interacción es una oportunidad para agregar valor

Si eres como yo, hay alguien en quien piensas cada vez que interactúas con otra persona. Tú mismo.

Estamos ridículamente centrados en nosotros mismos.

¿Crees que no lo estás?

¿Qué te parece esto? Si alguien te toma una foto de grupo con otras siete personas, ¿quién es la primera persona a la que miras?

Tú.

Si sales bien, ¿es una buena foto?

Sí.

¿Y si tuvieras el mejor día para peinarte y tu sonrisa resplandeciente fuera perfecta, pero todos los demás tuvieran los ojos cerrados y una persona estuviera en pleno estornudo? (El estornudo es el purgatorio de la fotografía).

Sigue siendo una gran foto. Si te ves bien, la apruebas, no importa cómo se vean los demás.

¿Y qué pasa si estás parpadeando, o tienes comida entre los dientes, o pareces seis kilos más pesado de lo que realmente eres, pero todos los demás en la foto tienen su mejor aspecto personal?

Hay que borrar la foto. En ese instante.

¿Y si tu amigo no la borra y en cambio la publica? ¡Ya no es tu amigo! Es evidente que nunca te quiso.

Si esto fuera solo un asunto de fotos, no sería un gran problema, pero adoptamos el mismo enfoque egocéntrico en la mayoría de nuestras interacciones con la gente. Tendemos a pensar así:

- *¿Qué piensa esta persona de mí? ¿Le caigo bien?*

- *¿Le gusta mi ropa? ¿Mi estilo? ¿Mi conversación? Si es así, ¿por qué no mencionó nada al respecto?*
- *¿Dije lo correcto? ¿No debería haberlo dicho?*
- *Necesito hacerle saber lo que siento sobre lo que estamos hablando. Toda esta conversación no tiene sentido sin mi opinión.*
- *¿Qué voy a lograr con esto?*

Esa es la forma natural en que piensa la gente, pero no tenemos que vivir una vida natural y egocéntrica. Debido a que el Espíritu Santo vive en nosotros, podemos vivir una vida sobrenatural, centrada en los demás.

Podemos seguir a Jesús viviendo más allá de la norma.

Y así, como nuestro deseo es ser fieles, predecidimos que cada interacción es una oportunidad para añadir valor. Eso es lo que Jesús hizo y lo que estamos llamados a hacer, tal como dice en Efesios 4:29: «No salga de la boca de ustedes ninguna palabra mala, sino solo la que sea buena para edificación, según la necesidad del momento, para que imparta gracia a los que escuchan».

¿Qué pasaría si cada vez que entras a un lugar, tu intención fuera mejorar el ambiente?

¿Y si cada vez que interactúas con una persona, tu propósito fuera ser una bendición?

Siempre buscamos satisfacer una necesidad o ser un estímulo.

Lo que hizo Jesús

¿Por qué debemos satisfacer las necesidades y animar a los demás? Porque seguimos a Jesús, y eso fue lo que él hizo.

Cuando Jesús se encontró con un leproso, no ignoró su necesidad. Tocó al hombre que todos decían que era intocable y curó su lepra.

Cuando los discípulos se preocuparon por lo que ocurría a su alrededor, Jesús no se dejó llevar por su miedo. «Por tanto, no se preocupen, diciendo: "¿Qué comeremos?" o "¿qué beberemos?" o "¿con qué nos vestiremos?". Porque los gentiles buscan ansiosamente todas estas cosas; que el Padre celestial sabe que ustedes necesitan todas estas cosas. Pero busquen primero Su reino y Su justicia, y todas estas cosas les serán añadidas. Por tanto, no se preocupen por el día de mañana; porque el día de mañana se cuidará de sí mismo. Bástenle a cada día sus propios problemas» (Mateo 6:31-34). Jesús veía cada oportunidad como una forma de animar, satisfacer las necesidades, compartir la gracia de Dios.

En Juan 6, cuando Jesús trató de alejarse, pero las multitudes hambrientas lo seguían, ¿les dio la espalda? No, les dio de comer a todos pan y pescado hasta quedar saciados.

En Juan 8, cuando llevaron ante Jesús a una mujer que había sido sorprendida en su pecado, ¿le dijo él: «¡Qué vergüenza! No puedo creer que hayas hecho tal cosa»? No, Jesús la miró con compasión y le preguntó: «"Mujer, ¿dónde están ellos? ¿Ninguno te ha condenado?". "Ninguno, Señor", respondió ella. Entonces Jesús le dijo: "Yo tampoco te condeno. Vete; y desde ahora no peques más"» (vv. 10-11). Él no le dio lo que se merecía, le dio la libertad.

En Juan 18, cuando Pedro negó conocer a Jesús, no una, ni dos, sino tres veces, ¿acaso Jesús lo rechazó? ¿Jesús le dijo: «Pedro, nunca más podré confiar en ti», o «Te perdonaré, pero nunca olvidaré lo que hiciste»? No, Jesús perdonó a Pedro, y en el capítulo 21 le dijo: «Apacienta Mis ovejas». Él restauró a Pedro como pastor espiritual y le dio un lugar de liderazgo.

Jesús amaba a Pedro.

Jesús añadió valor, animó a la gente, satisfizo necesidades y compartió su gracia con todos.

Y Jesús bendijo a Pedro con la mayor fuerza sanadora y restauradora del universo a través de la bondad incondicional de Dios.

Lo que hacemos

Eso es lo que hizo Jesús, y como seguidores suyos, nos proponemos hacer lo mismo. Vemos cada interacción como una oportunidad para añadir valor.

- Mostramos gracia.

- Satisfacemos las necesidades.
- Perdonamos.
- Edificamos.
- Bendecimos, servimos y hablamos palabras de vida.

Si sigues fielmente a Jesús, esto es lo que tú haces también.

Linda Wilson-Allen apareció en un artículo de portada en el diario *San Francisco Chronicle*. ¿Es ella una celebridad o una figura política? No, Linda Wilson-Allen es conductora de autobús.

Un reportero del *Chronicle* tomaba su autobús todos los días y estaba confundido por lo que sucedía. ¿Por qué? Porque Linda conoce a todos los clientes habituales, los llama por su nombre y los espera si se retrasan y no están en la parada cuando ella llega. Un día vio a Linda bajar del autobús para ayudar a una anciana que luchaba con sus pesadas bolsas de la compra. (Él pensó: *Los conductores de autobús no hacen eso*).

Otro día, Linda supo que una mujer era nueva en la ciudad. Así que la invitó a pasar Acción de Gracias con ella (Él pensó: *Nadie hace eso*). Observó, día tras día, cómo Linda amaba, bendecía y servía a las personas exactamente como estas lo necesitaban. El periodista solicitó una entrevista y le pidió a Linda que le explicara cómo era capaz de tener constantemente una actitud tan amorosa. Escribió en el artículo lo que descubrió: «Su estado de ánimo se establece a las dos y media de la madrugada, cuando se arrodilla y ora durante treinta minutos».[13]

El pastor John Ortberg entrevistó a Linda en su iglesia. Le preguntó sobre su tiempo de oración a las dos y media de la mañana. Linda describió cómo le pide a Dios que le muestre lo que quiere poner delante de ella. «Podría ser a alguien menos afortunado que yo para darle unos zapatos [...] Él te lo mostrará. De ahí viene mi bondad».

El pastor le preguntó si, después de orar por la mañana, ella seguía orando mientras estaba en el trabajo, conduciendo el autobús. Ella respondió: «Sí, cuando estoy afuera haciendo mi trabajo ministrando, yo lo llamo ministrar».

La mayoría de las personas lo llamarían «cobrar un sueldo», pero Linda Wilson-Allen considera que cada interacción es una oportunidad para serle fiel a Dios siendo una bendición para la gente.

Dios nos llama a hacer lo mismo. No se trata de lo que hacemos para ganarnos la vida, sino de lo que decidimos hacer mientras vivimos.

Cuando elegimos ser fieles, no tenemos ni idea de cómo Dios puede utilizar una sola palabra de aliento para cambiar la vida de alguien.

Yo soy un testimonio viviente de eso; es la razón por la que estoy en el ministerio hoy. Es posible que me hayas oído compartir esta historia antes, pero debido a que marcó un punto de inflexión en mi vida en una encrucijada tan crucial, vale la pena repetirla.

Cuando era un joven pastor, toda mi vida giraba en torno a servir a Jesús en la iglesia. En el momento en que solicité por primera vez la ordenación, estaba seguro de que reconocerían el llamado de Dios en mi vida. Sin embargo, para mi sorpresa, me rechazaron. Nunca olvidaré el instante en que el portavoz del grupo me dijo: «No estamos seguros de que tengas lo que se necesita para ser pastor».

Sentí que mi vida acababa de derrumbarse.

Es posible que haya sido la única persona en Oklahoma a la que este grupo denominacional, que yo creía equivocadamente que estaba desesperado por tener más pastores, le rechazó la ordenación. Fue humillante. Después de recibir la noticia, regresé en mi pequeño Geo Prizm rojo llorando a lágrima viva, sobre todo porque me habían rechazado (pero en parte porque conducía un Geo Prizm).

Cuando llegué a mi iglesia, me arrojé sollozando sobre el escritorio de mi pastor. Nick Harris, mi pastor, me miró (bueno, miró mi espalda, pues mi cara llena de lágrimas estaba aplastada contra su escritorio) y me dijo: «Craig, por favor, escúchame. Craig, por favor, escúchame». Dejé de berrear y me di la vuelta para escucharlo. «Craig, ningún hombre puede impedir lo que Dios te llama a hacer».

Por eso hago lo que hago hoy.

Todo el impacto que he tenido para Dios ha fluido de esas once palabras.

Nick me amaba.

Nick añadió valor.

Nick fue fiel a Dios y habló luz en medio de mi oscuridad.

Dios obró a través de Nick para darme palabras de vida y mantenerme en el camino de mi llamado.

Tú puedes ser un «Nick» para los «Craigs» que forman parte de tu vida. Con la ayuda de Dios, puedes serle fiel viendo cada interacción con los demás como una oportunidad para amar y añadir valor. Piensa en ello:

- Dios te puso en el lugar donde vives para que puedas amar a tu prójimo por él.
- Dios te dio el trabajo que tienes con el objetivo de que seas una bendición para tus compañeros, usuarios y clientes.
- Dios puede usarte en las redes sociales a fin de que los creyentes «hagan todo sin quejarse y sin discutir, para que nadie pueda criticarlos. Lleven una vida limpia e inocente como corresponde a hijos de Dios y brillen como luces radiantes en un mundo lleno de gente perversa y corrupta» (Filipenses 2:14-15, NTV), ya que ellos están «manteniendo firme el mensaje de vida» (Filipenses 2:16, DHH).
- Dios te dio amigos que necesitan esperanza.
- Dios te mostrará un padre soltero que necesita ayuda.
- Dios pondrá hoy en tu camino a alguien que necesita sanación.

Tú puedes amarlos.
Puedes añadir valor.
Si haces eso, serás fiel.
Y no tienes idea de cómo Dios puede usar tu fidelidad en la vida de otras personas.

Cada recurso es una oportunidad para multiplicar

Una palabra y su opuesto

¿Has jugado alguna vez al juego de la asociación de palabras? Alguien te da una palabra y tú respondes inmediatamente con la primera palabra en la que esta te hace pensar. Podría ser así:

Burbuja.	Baño.
Manzana.	Pastel.
Teléfono.	Aplicación.
Gallina.	Huevo.
Vaca.	Leche.
Perro.	Ladrido.
Gato.	Correr.[14]

También puedes jugar al juego de la palabra *opuesta*, en el que tratas de encontrar rápidamente el opuesto exacto de una palabra. Podría ser así:

Hermoso.	Feo.
Verdad.	Mentira.
Día.	Noche.
Gobierno.	Eficiencia.
Gato.	Inofensivo.[15]

La mayoría de las palabras que empiezan por «des» o «dis» tienen un opuesto natural. Lo contrario de *desconectado* es *conectado*. Lo contrario de *desacuerdo* es *acuerdo*. Lo contrario de *disconforme* es *conforme*. Sin embargo, curiosamente, algunas palabras que empiezan por «des» o «dis» no tienen versión opuesta.

Algo puede estar *desabrido*, que significa carente de sabor, pero no puede estar *abrido*, lo cual ni siquiera es una palabra en nuestro idioma. ¿Cierto?

Y admitiré que me he disgustado unas cuantas veces en mi vida, pero nunca he sido gustado, ni he oído a nadie decir sobre mí: «Oye, se ve tan asombroso que quisiera gustarlo».

Otra palabra que curiosamente no tiene opuesto: distraído. Alguien distraído actúa sin tener cuidado ni pensar en las consecuencias. Sí, entendido. No obstante, ¿se le puede llamar «traído» a alguien que piensa detenidamente antes de actuar? No.

Ahora te estarás diciendo: «Está bien, Craig, ¿tienes algo que decir?».

Lo creas o no, lo tengo.

Quiero hacerte pensar sobre el significado de *fiel* y lo que podría ser su opuesto.

¡Recibes una bolsa con plata! ¡Y *tú* recibes una bolsa con plata!

Si jugáramos al juego de la asociación de palabras y yo dijera *fiel*, ¿qué palabra te vendría a la mente?

¿Y si te pregunto por lo contrario de *fiel* y te digo que no puedes responder con «infiel»?

Creo que en esto nos puede ayudar una historia que Jesús contó sobre un hombre que regalaba bolsas de oro como Oprah regalaba autos a los miembros de su audiencia.

Jesús cuenta en Mateo 25 esta parábola sobre un hombre que está a punto de emprender un viaje. Antes de partir, el hombre les confía sus riquezas a sus siervos. Esto me parece interesante. Hoy en día, cuando nos vamos de viaje, no les dejamos nuestro dinero a nuestros amigos. Supongo que el equivalente en nuestros días sería dejarle el perro a un amigo o pedirle a alguien que nos cuide la casa (que no es lo mismo que entregarle a alguien cuatrocientos dólares y decir: «Oye, cuídame esto mientras voy a la playa»).

Este hombre rico le da a un siervo cinco bolsas de plata, a otro dos bolsas de plata y a un tercero solo una bolsa. (Esto me recuerda a Rico McPato. Si los tres siervos se llamaran Hugo, Paco y Luis, me volvería loco).

Los dos primeros siervos se ponen a trabajar, invirtiendo estratégicamente el dinero para tener más que darle al Tipo Rico cuando regrese.

Puedes imaginártelos:

- Viendo *Dragons' Den* (ya sabes, el precursor de *Shark Tank*) para buscar nuevas empresas y poder lanzarse a su ingreso en la bolsa.
- Examinando algunas opciones de bonos y anualidades.
- Comprando un poco de Dogecoin y esperando otra gran operación.
- Analizando la relación costo-beneficios de varias acciones.
- Debatiendo si Apple seguirá subiendo o si ese enjambre de langostas pronosticado podría provocar una mala cosecha de manzanas y bajar el valor de Apple.
- Preguntándose si deberían invertir en Olive Garden, que en aquel momento no tenía ensalada y pan ilimitados (por aquel entonces, Olive Garden era solo un jardín de olivos).

Decidan lo que decidan, hacen sabias inversiones y los dos primeros duplican lo que les dieron.

Cuando el Tipo Rico regresa, le dice a cada uno: «Bien, siervo bueno y fiel; en lo poco fuiste fiel, sobre mucho te pondré; entra en el gozo de tu señor» (Mateo 25:21).

Observa que ellos multiplican los recursos del amo, y la palabra que Jesús utiliza para describirlos es *fieles*.

> Multiplicar lo que se te ha dado en el reino
> de Dios es *fidelidad*.

La palabra griega traducida como «fiel» es *pistos*, la cual describe a alguien que es fiel en la transacción de negocios, la ejecución de órdenes o el cumplimiento de deberes oficiales.

Observa la progresión:

- El amo les confía bienes a sus siervos.
- Los siervos multiplican lo que les dieron.
- El amo los llama fieles.
- El amo recompensa su fidelidad con más recursos.
- Los siervos fieles participan del gozo del amo.

Antes de todas las bendiciones, los siervos tenían que ser fieles. Y este es también el plan de Dios para ti. Una forma de serle fiel a Dios es cuidando y multiplicando lo que él te ha dado. *Eso es* fidelidad.

¿Dios te dio un terreno? Mejóralo.

¿Dios te dio un cacharro como auto? Asegúrate de tener el cacharro más limpio de la carretera.

¿Dios te dio un cuerpo? Cuida tu cuerpo lo mejor que puedas.

¿Dios te dio tiempo? Úsalo para bendecir y servir a los demás.

¿Dios te dio dinero? ¿Cómo puedes administrarlo mejor y multiplicar el impacto para su reino?

Eso es fidelidad.

He notado que algunos seguidores de Jesús que tienen negocios pueden sentirse como cristianos de segunda clase porque no están en el ministerio. Sin embargo, ser bueno en los negocios es una de las cosas que más honran a Dios. Estás siendo fiel si:

- Provees un producto o servicio que añade valor y bendice a la gente.
- Eres un gerente eficaz que dirige con integridad.
- Creas empleos que mantienen a las personas y a sus familias.
- Tratas bien a la gente.

Yo diría que eres tan fiel cuando haces eso como cuando lees la Biblia, ayunas o das una clase para niños en la iglesia. ¿Recuerdas a

Linda, la conductora del autobús? ¡No les digas a los que van en su autobús que ella no está en el ministerio!

> Estás siendo fiel cuando multiplicas los recursos
> que Dios te ha dado.

Jesús dice que *eso es* fidelidad.

Asociación de palabras: Tú dices «multiplicar» y Jesús dice «fiel».

Entonces, ¿qué es lo opuesto a ser fiel?

Recuerda que el Tipo Rico les confió su riqueza a tres siervos. Hemos visto la fidelidad de los dos primeros; sin embargo, ¿qué pasó con el tercero?

Se nos dice que tuvo miedo. Temió invertir el dinero, porque podría perderlo.

Es fácil juzgarlo, pero lo siento por él. Puedo pensar en ocasiones en las que he tenido miedo de cometer un error, en especial con algo que sabía que no me pertenecía realmente.

Él tiene miedo, así que lo esconde en la tierra. Cuando el amo vuelve, el siervo desentierra el dinero y se acerca al Tipo Rico. Después de tanto cavar, probablemente estaba despeinado. (Desde luego que no estaba peinado después de haber paleado recientemente). Entonces le devuelve todo el dinero, tal y como lo recibió.

¿Qué debería decirle el amo? Tal vez: «Bien hecho, siervo bueno y fiel, has jugado sobre seguro. Sabías que no era tu dinero, así que no te arriesgaste a perderlo».

No.

El Tipo Rico no está contento. Está disgustado, desilusionado y descontento.

Le dice al tercer siervo: «Siervo malo y perezoso».

Los otros dos eran fieles. ¿Por qué? Porque multiplicaron lo que se les dio.

A este siervo lo llama malo y perezoso. ¿Por qué? Porque no multiplicó lo que se le dio. Nota: él no perdió nada ni robó un poco; no hubo malversación de fondos. El amo lo llama malo y perezoso simplemente porque no multiplicó lo que se le dio.

Cuando pregunté por lo contrario de «fiel», es posible que me viniera a la mente la palabra «malo». No obstante, aquí aprendemos que para Jesús lo contrario de fiel es perezoso. Cuando somos perezosos con los recursos que Dios nos ha dado, no somos fieles. Somos malos.

Por lo tanto, ¿qué te ha dado Dios? ¿Cómo puedes serle fiel multiplicando cada uno de esos recursos?

3.4

Cada estímulo es una oportunidad para obedecer a Dios

Obligados por el Espíritu

Mi esposa, Amy, tiene una mirada.

Cuando digo «una mirada», lo que quiero decir es que Amy tiene un lenguaje visual secreto muy específico en código que usa en público para decirme privadamente lo que estoy haciendo mal sin que nadie más sepa que me lo está diciendo.

Como he dicho, Amy tiene una mirada.

Desafortunadamente, cuando nos casamos, yo no hablaba su lenguaje secreto con la mirada. ¿Por qué? Porque soy un hombre. Y los hombres podemos ser despistados.

La primera vez que me percaté de su mirada fue cuando estábamos organizando una cena para un grupo pequeño en nuestra primera casa. Yo acababa de contar un chiste bastante gracioso que pareció gustarle a todo el mundo. Y cuando digo a todos, quiero decir a todos menos a Amy.

Ella me dirigió esa mirada.

Me sentí confundido. ¿Tenía algo en el ojo? ¿Ella se había sentado sobre una tachuela? ¿No le cayó bien la cena?

Así que sonreí torpemente y conté otro chiste que podría haber sido incluso mejor que el primero. De nuevo, a todos les hizo gracia. Y con todos me refiero a todos menos a Amy.

Ella me miró de nuevo.

Ahora bien, es posible que yo sea lento, pero no soy estúpido. Me di cuenta: *Tal vez, solo tal vez, a ella no le gustó mi chiste*. Así que cambié de tema. Amy dejó de mirarme y volvió a su alegría habitual como si nada hubiera pasado.

Actualmente, después de más de tres décadas de matrimonio con Amy, he aprendido a descifrar sus mensajes codificados. Aunque no puedo revelar todos nuestros secretos, puedo decirte que no solo tiene una mirada, sino también un codazo, un golpecito bajo la mesa, un apretón, un apretón más fuerte y un apretón del tipo «si vuelves a hacer eso, te arrepentirás por el resto de tu vida». Digamos que he aprendido a discernir lo que ella quiere que yo sepa.

Lo mismo puede ocurrir con Dios. Nuestro Dios es un Dios relacional. Y como es relacional, le encanta hablarnos. Nos habla de diferentes maneras:

- A través de su Palabra.
- A través de las circunstancias.
- A través de las personas.
- A través de su Espíritu.

La buena noticia es que puedes madurar y aprender a reconocer la voz de Dios que te habla. Al igual que en un nuevo matrimonio, tal vez tome un poco de tiempo discernir cuándo es Dios quien te incita o te habla. Sin embargo, mientras más tiempo pases con él, más sentirás su dirección. Y cuando Dios te incita, dirige o habla, te prometo una cosa: tu respuesta requerirá fe.

Lo vemos en Hechos 20. Pablo se encontraba en Éfeso y se sentía feliz de estar allí. Pero entonces anunció que se iba a Jerusalén, diciendo que temía que allí le esperaran «cárcel y sufrimientos». Dejó a sus amigos llorando. ¿Por qué se fue Pablo? Afirmó que se sentía «obligado por el Espíritu» (Hechos 20:22, NTV). Las palabras en el griego original son *dedemenos ego to pneumati*. Aunque suena como lo que casi pediste en el restaurante tailandés el otro día, literalmente significa estar envuelto, como atado con cuerdas. Vaya. Pablo dijo algo así como: «No puedo explicarlo, pero es una instrucción de Dios, y tengo que hacerlo».

Si te comprometes a seguir a Jesús, él te guiará. Él te impulsará, y la fidelidad significa sentirte obligado a obedecer, incluso cuando no sabes lo que va a pasar después.

Obediencia y resultados

Hace años, Amy y yo estábamos en otra parte del mundo. Llevamos a cabo durante varios días la obra del ministerio y luego tuvimos un día y medio libre. Había una playa a unos treinta minutos a pie de nuestro hotel. En nuestra primera tarde libre, caminamos hasta la playa y nos sentamos en la arena. Por alguna razón, de repente me sentí impulsado a llamar a un amigo, al que llamaré Dave. Le dije a Amy: «Siento que debo llamar a Dave».

Ella respondió: «Pues llámalo».

Sin embargo, había un problema. Le expliqué: «Mi teléfono está en la habitación».

Amy sonrió y contestó: «Bueno, supongo que tendrás que volver a la habitación».

Caminé treinta minutos de regreso a la habitación y llamé a Dave. Me había olvidado por completo de la diferencia horaria, pero era medianoche cuando el teléfono de Dave sonó. Él contestó y, en lugar de saludar, preguntó bruscamente: «¿Por qué me llamas ahora?». Fue entonces cuando me di cuenta. «Ah, Dave, lo siento mucho. Es medianoche allá. Solo sentí la necesidad de llamarte».

Su voz temblaba mientras preguntaba: «¿Por qué ahora?».

Yo sabía que él había estado luchando contra una depresión severa mientras pasaba por un momento extraordinariamente difícil. Así que le pregunté lo más amablemente que pude: «Dave, ¿estás pensando en quitarte la vida?».

«Sí, lo estoy», dijo. «Voy a hacerlo».

Le pregunté: «¿Tienes un arma? ¿Tienes algo en la mano ahora mismo?».

Él susurró: «Sí, tengo una pistola y voy a usarla».

Reconociendo la importancia del impulso que me condujo a la llamada, le dije: «¿Te das cuenta de que estoy en otra parte del mundo y Dios te ama tanto que me incitó a llamarte en el momento justo?».

Dave se quedó totalmente callado.

Oré para que se diera cuenta de cuánto lo amaba. Más aún, de cuánto lo amaba Dios.

«Dios me hizo llamarte en el momento en que más lo necesitabas. Eso muestra lo mucho que él te ama. Baja el arma, Dave. No vas a hacer esto».

Dave empezó a llorar.

Por la gracia de Dios, Dave no se quitó la vida (y hoy le cuenta a todo el mundo la milagrosa historia de la perfecta sincronización de Dios). Quedé atónito, una vez más, ante la capacidad de Dios para utilizarme si estoy dispuesto a seguir su guía.

> No tienes ni idea de lo que Dios puede hacer cuando sigues fielmente una indicación suya.

Como he decidido de antemano ser fiel, intento estar siempre preparado para seguir las indicaciones de Dios. Sin embargo, probablemente como la mayoría de las personas, me distraigo con facilidad de la intimidad diaria con él y puedo quedarme atascado en rutinas que tienen que ver más conmigo mismo. Por eso suelo decirle a Dios: «Haré todo lo que me pidas. Simplemente dilo».

Algún tiempo después, sentí la impresión de que debía orar con mi hijo Stephen la próxima vez que lo viera. Fui a casa más tarde ese día y Stephen estaba allí pasando el rato con un grupo de sus malolientes amigos adolescentes. (No estoy siendo grosero. Ellos acababan de salir a correr y olían como Lázaro después de cuatro días de estar muerto). No queriendo avergonzar a Stephen o hacer que se sintiera incómodo, le dije a Dios: «Oraré por él cuando sus amigos se vayan». No obstante, sentí que Dios me daba un codazo y me decía: «No, ve a orar por él ahora». Dudé. Sí, soy pastor, pero me parecía muy raro. ¿Qué pensarían sus amigos? ¿Por qué ahora? ¿Así de súbito? Sin embargo, quería ser fiel, de modo que puse mis manos sobre él, justo delante de sus amigos. Me miró raro. Sus amigos me miraron muy raro. Empecé a orar por él y me emocioné un poco, luego él se emocionó un poco.

Finalmente, dejé de orar. Él me miró. *Ellos* me miraron. Me fui caminando torpemente. No hemos vuelto a hablar de ello desde entonces.

Entonces, ¿cuál es el milagro?

No hay ninguno.

¿Y por qué te cuento la historia? Por esto:

La obediencia es nuestra responsabilidad. El resultado es de Dios.

Queremos ser fieles, y eso significa predecidir que obedeceremos a cada impulso. A veces veremos la razón de la exhortación, pero otras veces no.

De cualquier manera, seremos fieles.

Cuando Dios pone a alguien o algo en tu corazón, rara vez estarás seguro. *¿Es obra de Dios? ¿Por qué me pediría que hiciera esto?* Pero lo hemos decidido de antemano. Así que avanzas con fe. Le dices a la persona, muy humildemente: «Creo que debo decírtelo», o «Sentí que debía enviarte un mensaje de texto», o «Simplemente me sentí guiado a bendecirte». La única manera de aprender a seguir las indicaciones de Dios y crecer en la fe es salir y seguir su voz.

Podemos ser lentos, pero no estúpidos. Así que predecidimos: seré fiel en obedecer cada una de las indicaciones de Dios.

Libres para arriesgar

La fe exige riesgo

¿Por qué habríamos de decirle que no a Dios?

Tenemos tres imágenes de ser fieles:

1. Añadir valor a la vida de los demás.
2. Multiplicar los recursos que se nos han dado.
3. Seguir a Jesús mientras te guía con su Espíritu Santo.

Todo eso suena genial, aventurado, divertido, especial. ¿Verdad?

Entonces, ¿por qué alguien diría que no?

Por el riesgo.

Si buscas añadir valor a la vida de alguien, significará poner sus necesidades por encima de las tuyas. Cuando haces eso, se siente como un riesgo.

Con la multiplicación de los recursos, no subestimemos lo que supuso la fidelidad de los dos siervos de la parábola de Jesús. Estaban invirtiendo el dinero de otra persona con la posibilidad de perderlo. Debieron agonizar en oración, buscar la sabiduría de otros, analizar sus oportunidades. Después de hacer la inversión, tenían que esperar a ver qué pasaba, atormentados por si habían tomado la decisión correcta. Todo eso les parecía un riesgo.

Cuando Pablo partió de Éfeso hacia Jerusalén, donde esperaba cárcel y sufrimientos, y cuando yo caminé hacia el grupo de amigos de mi hijo para orar por él, eso se sintió como un riesgo.

¿Qué te impedirá ser fiel? El riesgo.

Sin embargo, la fe en un Dios grande te permite correr grandes riesgos.

Es más que eso. La fe no solo te permite correr riesgos, la fe es riesgo.

La fe *exige* riesgo.

Permíteme ilustrarlo. Si te gritara: «Salta del techo. Yo te agarraré. Puedes confiar en mí», ¿qué sentirías? ¡Riesgo! ¿Por qué? Porque eso *es* un riesgo. Y es así debido a que te están pidiendo que pongas tu fe en alguien.

O si te dijera: «Comparte tus secretos conmigo. Sé que muchas personas te han herido en el pasado, pero puedes poner tu fe en mí», eso se sentiría como un riesgo. Porque es un riesgo. Es un riesgo debido a que te están pidiendo que pongas tu fe en alguien.

La fe es un riesgo. Exige riesgo.

Y Dios está buscando gente fiel. Personas que asuman riesgos. Se nos dice: «Sin fe es imposible agradar a Dios» (Hebreos 11:6). Eso significa que no puedes ir a lo seguro y complacer a Dios. Contrariamente a la teología de la calcomanía, seguir a Jesús no hace que mi vida sea segura. Como dice mi amigo Mark Batterson: «Jesús no murió para darnos seguridad. Murió para hacernos peligrosos».

El siervo malo y perezoso jugó a lo seguro.

Los dos siervos fieles jugaron de forma peligrosa.

Una vida de fe es una vida de riesgo. Lo vemos en cada persona de la Biblia que vivió una vida de gran fe. Dale un vistazo al Salón de la Fama de Dios en Hebreos 11. Cada persona es elogiada por su fe, y la fe de cada persona requirió grandes riesgos. Es imposible ir a lo seguro y complacer a Dios.

¿Por qué quiere Dios que nos arriesguemos? Porque quiere que tengamos una confianza vital en él, y que formemos un fuerte vínculo con él a través de esa dependencia. Pero si vamos a lo seguro, en realidad no necesitamos a Dios.

Sin embargo, repito, el problema es que el riesgo conduce al miedo. Me pregunto si es por eso que uno de los mandamientos más repetidos en la Biblia es «no temas».

Queremos vivir libres de riesgo, pero Dios quiere que vivamos libres para arriesgarnos.

Aun así, preferimos ir a lo seguro. ¿Por qué? Por el miedo. El riesgo causa miedo. Y el miedo es algo difícil de superar. No obstante, tenemos que hacerlo si queremos ser fieles.

Cómo vencer el miedo

Quiero enseñarte la clave para vencer el miedo y poder honrar a Dios con fidelidad. Asumir o no un riesgo generalmente se basa en la cantidad de miedo que produce, pero si aprendes este secreto, puede ayudarte a ser fiel dándote el valor para enfrentar riesgos que normalmente no correrías. ¿Preparado?

Tu disposición a arriesgar se basa en el beneficio potencial.

Por ejemplo, ¿correrías hacia una casa en llamas? No, no lo harías. ¿Por qué? Porque eso es un riesgo, y el miedo a asumirlo sería demasiado grande.

Ensayemos con otro escenario. ¿Correrías hacia una casa en llamas si te dieras cuenta de que tu pez de colores está adentro? No, seguirías sin hacerlo. ¿Por qué? Porque es un riesgo, y el miedo a asumir ese riesgo es mayor que el beneficio potencial de salvar a tu pez de colores.

Sin embargo, ¿y si tu hijo estuviera adentro? ¿Correrías hacia la casa en llamas? Sí, sin dudarlo. Se trata *exactamente* del mismo riesgo y te produciría el mismo miedo, pero lo harías porque el beneficio vale la pena.

La razón por la que la mayoría de los cristianos no asumen los riesgos necesarios para ser fieles es porque se quedan mirando fijamente el riesgo y los detiene el miedo.

- ¿Por qué podría un seguidor de Jesús no seguirlo cuando lo lleva a llamar a un amigo a medianoche? Por el miedo a parecer estúpido.
- ¿Por qué tantos feligreses nunca hacen voluntariado en sus iglesias? Por el riesgo de no ser lo suficientemente buenos o de sentirse abrumados por el compromiso de tiempo extra.
- ¿Por qué la mayoría de los cristianos no diezman? Porque les parece un riesgo vivir con solo el noventa por ciento de su salario.

- ¿Por qué el noventa y cinco por ciento de los cristianos nunca comparte su fe? Por miedo a ser rechazados por sus amigos.

Cuando miramos fijamente el riesgo, nos detiene el miedo. Sin embargo, podemos afrontar el riesgo si nos mantenemos enfocados en el beneficio potencial. Las vidas cambian para siempre cuando somos generosos con nuestro dinero, cuando seguimos la guía del Espíritu, cuando somos voluntarios, cuando compartimos nuestra fe. Y cuando hacemos estas cosas, estamos siendo fieles.

El riesgo que todo esto conlleva no cambia, pero podemos superar nuestro miedo porque nos damos cuenta de que el beneficio vale la pena el riesgo.

¿Has visto alguna vez el programa *Chopped* en Food Network? Cada episodio comienza con cuatro chefs que son eliminados uno a uno hasta que el último que queda gana diez mil dólares.

Hace unos años hubo un episodio en el que uno de los chefs concursantes se llamaba Lance.

Desde el principio, Lance anunció que era cristiano. Mencionó repetidamente que era un seguidor de Jesús y cómo Dios había cambiado su vida, que cocinaba para Dios y que iba al programa por Dios.

Otra concursante explicó que su abuela vivía en Francia y que siempre había estado muy unida a ella, pero que hacía mucho tiempo que no podía verla. Ahora su abuela estaba a punto de morir. Les dijo a todos que si ganaba, utilizaría el dinero para ir a Francia a verla una vez más y poder despedirse. Se podía ver que estaba angustiada por todo el asunto, y en un momento dado, Lance, el cristiano, se ofreció a orar por ella.

A medida que el drama aumentaba, el concurso se redujo a ellos dos. Y al final ganó Lance, el cristiano.

La otra concursante parecía totalmente abatida y se dispuso a irse. Lance le gritó: «¡Espera!». Ella se detuvo y él le dijo: «Mereces ver a tu abuela. Voy a darte el tiquete aéreo».

La chica se quedó mirándolo, con los ojos muy abiertos, como preguntando: «¿Hablas en serio?».

Lance sonrió y dijo que sí, y los jueces comenzaron a llorar. (Y a mí se me ponen los ojos llorosos solo de escribir sobre su fiel sacrificio).

Utilizó sus ganancias para pagarle a la chica un viaje a Francia y que pudiera estar con su abuela.

Lance fue fiel y siguió las indicaciones de Jesús. Hizo que Jesús pareciera asombroso, lo cual es perfecto, porque Jesús es asombroso.

¿Por qué lo hizo?

- Era una oportunidad de añadir valor a la vida de alguien.
- Era una oportunidad de multiplicar los diez mil dólares que Dios le había dado. En realidad no perdió el dinero, porque hizo que Jesús les pareciera asombroso a los millones de personas que veían el programa. ¡Yo le llamaría a eso multiplicación!
- Era una oportunidad de obedecer a Dios después de haber sido impulsado por él.

Supongo que Lance sintió un poco de miedo y tragó en seco antes de decir: «¡Espera!».

Pero él sabía que el beneficio valía la pena el riesgo.

Subestimación extrema

A veces me preguntan: «¿Pensaste alguna vez que influirías en tantas personas cuando fundaste Life.Church?».

La respuesta es que de ninguna manera. En absoluto.

Cuando estábamos planeando iniciar la iglesia, me reuní en Denny's con un mentor mío, Gary Walter, para desayunar. Mirando fijamente su desayuno «All-American Slam», me dijo casi proféticamente: «Craig, te prometo que vas a sobrestimar lo que puedes hacer a corto plazo».

Lo miré un poco extrañado, pero acabó siendo cierto. Después de un año, nuestra iglesia contaba con ciento veinte personas y yo estaba decepcionado. Quería llegar a muchas más. Había orado para que tuviéramos un gran impacto en nuestra ciudad, pero no estaba sucediendo como yo esperaba.

Gary repitió su primera frase para producir un impacto mientras continuaba: «Vas a sobreestimar lo que puedes hacer a corto plazo. Pero vas a subestimar enormemente lo que Dios puede hacer a través de toda una vida de fidelidad».

Nunca olvidaré esas palabras. Y nada de lo que nadie me ha dicho ha sido más cierto.

¿Puedo compartir esa misma sabiduría contigo? Sobrevalorarás lo que puedes hacer a corto plazo, pero no te desanimes:

> Subestimarás enormemente lo que Dios puede hacer a través de toda una vida de fidelidad.

Entonces, ¿por qué finalmente Life.Church ha tenido un impacto en tanta gente?

Todo es obra de Dios. Pero se trata de Dios usando mis miles de decisiones para ser fiel, casi siempre en las cosas pequeñas. Porque cuando eres fiel con poco, Dios te confía mucho (Lucas 16:10). Te daré algunos ejemplos.

Comencé a salir con Amy y decidimos de antemano ser fieles en la pureza y esperar hasta estar casados para involucrarnos en el regalo de hacer el amor. Fue increíblemente difícil para Amy. (Bueno, no, fue difícil para mí. *Realmente* difícil). Sin embargo, honramos a Dios con fidelidad.

Entonces, el 25 de mayo de 1991, le hice una promesa a Dios y a Amy de serle fiel mientras ambos viviéramos. Hasta el día de hoy he mantenido esa promesa.

Cuando nos casamos, Amy y yo tomamos una clase sobre cómo honrar a Dios con nuestras finanzas. Aunque no teníamos mucho que administrar, hicimos tres compromisos con Dios. Primero, prometimos darle prioridad a Dios en nuestras finanzas devolviéndole el diez por ciento. Segundo, escogimos invertir el diez por ciento (lo cual no fue fácil, porque no ganábamos mucho). Tercero, hicimos el compromiso de nunca pedir dinero prestado para ninguna compra excepto una casa. Decir que vivimos modestamente en los primeros años es quedarme corto. No obstante, Dios usó lo que aprendí personalmente para prepararme y comportarme de una forma más espiritual en los años venideros.

En 1996, Amy y yo nos sentimos impulsados a fundar una iglesia diferente, creyendo que algún día Dios podría hacer algo especial a través de ella. Estábamos muertos de miedo por el riesgo que corríamos, pero pronto tuvimos a cuarenta personas reunidas en un garaje y un retroproyector ungido. (¿Un retroproyector? Búscalo en Google).

En aquella época conocí a un joven de diecinueve años llamado Brian Bruss. «Brussman», como yo le decía, era uno de los mejores meseros del Macaroni Grill que hubiera visto nunca. Había algo especial en él, y me sentí honrado de poder discipularlo espiritualmente y ayudarlo a crecer en su liderazgo. Ahora añade valor a la ciudad de Norman, Oklahoma, porque es el pastor de nuestro campus allí.

En el 2008, uno de nuestros pastores, Bobby Gruenewald, me dijo: «Oye, Apple está sacando aplicaciones». Le pregunté: «¿Qué es una aplicación?». Me lo explicó y añadió: «¿Por qué no creamos una aplicación de la Biblia? ¡Podríamos ofrecerla gratis!». Me aterraba el riesgo. ¿Cómo íbamos a crear una aplicación? ¿Cómo íbamos a pagar por ella sin cobrar? Pero sentimos que el Espíritu de Dios nos obligaba. Esa era la aplicación bíblica YouVersion, y nunca habríamos imaginado que acabaríamos regalándola a más de quinientos millones de personas.

Durante la pandemia, las iglesias cerraron y no sabíamos si la gente volvería. Daba miedo. Habíamos planeado poner la primera piedra de un edificio para una nueva sede en Colorado Springs. No tenía sentido gastar el dinero para construir un edificio en medio de un cierre sin tener ni idea de lo que podría pasar en el futuro. Sin embargo, nos sentamos en un pequeño salón, oramos y nos sentimos llamados por Dios a dar un paso de fe y poner la primera piedra. Hoy, mientras escribo esto, más de dos mil personas asisten a nuestra iglesia en Colorado Springs y cientos de personas han llegado a la fe en Cristo.

¿Cuál es el punto?

> Cuando eres fiel con poco, Dios te confiará mucho.

Sé fiel en cada cosa pequeña. Dios confiará en ti con más.

1. Cada interacción es una oportunidad para añadir valor.
2. Cada recurso es una oportunidad para multiplicar.
3. Cada estímulo es una oportunidad para obedecer a Dios.

Tu responsabilidad es ser obediente. Confíale a Dios el resultado. Sobreestimarás lo que él puede hacer a corto plazo, pero subestimarás enormemente lo que Dios puede hacer a través de toda una vida de tu fidelidad.

EJERCICIOS DE LA TERCERA PARTE

1. ¿Cuál es tu meta en una sola palabra para describir tu vida? Explica.

2. ¿A qué lugares entras regularmente en los que Dios podría estar llamándote a mejorar el ambiente? Descríbelos y explica.

3. Teniendo en cuenta las personas con las que te relacionas habitualmente, ¿para quién podría estar llamándote Dios a ser una bendición? Escribe sus nombres y explica.

4. Piensa en la conductora de autobús cristiana de San Francisco. ¿Cuáles son algunas de las formas prácticas en que podrías enfocar tu trabajo o tu labor como ministerio, igual que lo hizo ella?

5. Piensa en tu familia, amigos, vecinos y compañeros de trabajo y haz una pequeña lista de personas a las que puedes amar más proactivamente, como lo hace Jesús. Considera de qué manera añadir valor a estas relaciones.

6. ¿Qué recurso te viene a la mente que sabes que Dios te está llamando a multiplicar para él?

7. ¿Alguna vez te has sentido obligado a hablarle a alguien o a actuar, y has visto a Dios obrar a través de tu fidelidad? Explica.

8. ¿Cuál es el mayor riesgo de fe que has asumido? ¿Por qué te pareció tan arriesgado?

9. ¿Hay algún riesgo que sabes que Dios te está llamando a asumir en este momento?

10. ¿Dónde podrías estar subestimando lo que Dios puede hacer en tu vida? Explica.

PARTE 4

Seré una persona influyente

Ustedes son la sal de la tierra [...]
Ustedes son la luz del mundo.

—MATEO 5:13–14

¿Eres alguien influente?

Sadie Robertson lo es. Millones de personas la vieron en *Duck Dynasty* y en *Dancing with the Stars*. Al momento de escribir estas líneas, ella tiene 5 millones de seguidores en Instagram y 1,7 millones en X.

En un discurso de convocatoria, Sadie le preguntó a una multitud de unos doce mil estudiantes universitarios: «¿Cuántos de ustedes dirían que son personas con influencia?».

Solo unos pocos levantaron las manos.

Ella explicó que la definición de influencia es tener un efecto sobre el comportamiento o el carácter de alguien. Argumentó: «Creo que todo el mundo es influyente. No todo el mundo es famoso. Pero todo el mundo es una persona con influencia [...] Hemos tergiversado la palabra *influyente* en nuestra generación».

Le dijo a la multitud que a ella le gusta utilizar cualquier influencia que Dios le dé para llevar a la gente a Jesús. «Eso es lo más influyente que puedes hacer en la vida de alguien».

Sadie les enseñó a los estudiantes que «es el enemigo quien te dice que no eres una persona influyente», porque la verdad es que puedes tener más influencia de la que te atreves a imaginar.

Ella señaló: «La Palabra de Dios dice que estás llamado a ser una luz en la oscuridad. No a ser una lucecita que está escondida debajo de un mostrador, o cubierta por una manta. No, no escondas tu luz. Sé una luz como la de "una ciudad situada sobre un monte" [...] Vayamos a la oscuridad y hagámosla brillar».[16]

Pasa la sal. Haz brillar la luz.

Cuando Sadie compartió ese pensamiento, se estaba haciendo eco de las palabras de Jesús, que dice:

Ustedes son la sal de la tierra; pero si la sal se ha vuelto insípida, ¿con qué se hará salada otra vez? Ya no sirve para nada, sino para ser echada fuera y pisoteada por los hombres.

Ustedes son la luz del mundo. Una ciudad situada sobre un monte no se puede ocultar; ni se enciende una lámpara y se pone debajo de una vasija, sino sobre el candelero, y alumbra a todos los que están en la casa. Así brille la luz de ustedes delante de los hombres, para que vean sus buenas acciones y glorifiquen a su Padre que está en los cielos (Mateo 5:13-16).

¿Quién eres tú? Eres sal. Eres luz.

¿Qué hace la sal? Le da sabor a la comida.

¿Qué hace la luz? Disipa la oscuridad.

Toma nota: la sal y la luz encuentran su propósito cuando entran en contacto con la comida y la oscuridad.

Por eso Jesús nos dice: «Vayan por todo el mundo y prediquen la Buena Noticia a todos» (Marcos 16:15, NTV). Vayan.

En el año 2021, Lifeway Research publicó los resultados de una encuesta realizada a dos mil estadounidenses que no asistían a la iglesia; en ella se informaba que solo el veintinueve por ciento (tres de cada diez) había tenido la oportunidad de que alguna vez un cristiano compartiera su fe con ellos. Sin embargo, el setenta y nueve por ciento de los entrevistados dijo que no les molestaba que sus amigos hablaran de la fe, y el cuarenta y siete por ciento estaría dispuesto a tener una conversación.[17]

Este estudio muestra que a ocho de cada diez personas que necesitan el evangelio no les molesta oír hablar de él, ¡y la mitad de ellas están dispuestas a escuchar sobre el tema! Esto echa por tierra el argumento de que «no quieren oírlo» o «no están abiertas a Jesús».

Demasiados cristianos hoy en día ignoran la misión que Jesús nos dio de compartir nuestra fe. En lugar de acercarse con amor a los que están alejados de Dios, mantienen la distancia. Pero Jesús dijo: «Vayan al mundo y brillen», y no «Enciérrense en sus casas y escóndanse».

Comer con pecadores

Hace años me pidieron que dirigiera un funeral, al que asistió un conocido hombre de negocios de mi ciudad. Él tenía bastante éxito, pero resultaba más conocido por su estilo de vida fiestero. Era muy desenfrenado. Fue evidente que el funeral lo tocó espiritualmente, porque llamó a mi oficina y le dijo a mi ayudante: «No voy a su iglesia y no soy un tipo religioso, pero tengo algunas preguntas y quería saber si Craig podría reunirse conmigo». Por supuesto, le dije que sí.

Nos encontramos al mediodía en un restaurante que estaba tan lleno que nos preguntaron si nos importaría sentarnos en la barra. Mi nuevo amigo dijo: «Estaremos encantados de sentarnos en el bar».

La idea de que allí estaba el pastor Craig reuniéndose con un conocido pecador en un bar me pasó por la cabeza. Sentí que la gente nos miraba fijo, pensando exactamente eso. Sin embargo, como había decidido de antemano vivir mi vida para una audiencia de uno, reajusté mi mente, recordando que Jesús fue criticado a menudo porque «comía con pecadores» y que él dice: «Los que están sanos no tienen necesidad de médico, sino los que están enfermos; no he venido a llamar a justos, sino a pecadores» (Marcos 2:16-17).

Así que me senté con este hombre, tuvimos una gran conversación, y pude verlo progresar espiritualmente, acercándose a la fe en Jesús.

¿No es genial? ¡*Esa es* nuestra misión!

No obstante, cuando regresé a mi oficina, ya habíamos recibido dos llamadas de miembros de otras iglesias que se sentían obligados a informarle a alguien que el pastor Craig Groeschel estaba sentado en un bar... ¡con un pecador! Más bien, deberían haber llamado para decir: «¡Acabamos de ver a su pastor actuando como Jesús!».

Por alguna razón, es fácil para nosotros como cristianos perder nuestra identidad y encerrarnos en nosotros mismos. Pero como dijo Sadie, somos influentes. Lo sabemos. Así que tenemos que ser sal y luz para influir en las personas que Dios ama y necesitan a Jesús. (Incluso si eso significa arriesgarnos a hacer el ridículo por ser vistos en un bar). Decidiremos de antemano:

Seré alguien influente.

Sin embargo, no será fácil. Así que vamos a decidir de antemano influenciar a otros con:

1. Nuestras oraciones.
2. Nuestro ejemplo.
3. Nuestras palabras.

4.2

Influiré con mis oraciones

A medida que perdemos nuestra identidad y nos encerramos en nosotros mismos, tendemos a elevar oraciones benévolas, seguras y pequeñas.

- «Que Dios bendiga a la abuela Ethel».
- «Señor, dame un buen día».
- «Mantenme a salvo mientras hago el viaje de kilómetro y medio a la tienda de comestibles».

Luego está la siempre popular oración «alimenta nuestros cuerpos». Ya sabes: «Querido Señor Dios, te ruego que bendigas esta comida para nutrir nuestros cuerpos». ¿Una mala oración? No. ¿Pero qué tal cuando la dices sobre una grasienta hamburguesa doble con queso, tocino y papas fritas con chile? ¿O sobre Twinkies fritos en la feria estatal? ¿Estás orando para que *eso* alimente tu cuerpo? Lo siento si esto te ofende, pero eso requiere más fe que orar para que Dios separe el mar Rojo.

Creo que podemos y debemos orar por todo, pero tal vez deberíamos elevar algunas oraciones más importantes. Quiero animarte a que hagas de tus oraciones una parte estratégica de tu influencia.

Queremos influir en los que están alejados de Jesús para que se acerquen a él. Dios ama a esas personas, y quiere que acudan a él incluso más que nosotros. No tenemos un poder disponible mayor que el de Dios, así que queremos invitarlo a que nos dé poder.

Tenemos que orar por nuestros amigos que están alejados de Jesús, y tenemos que orar por nosotros mismos para estar dispuestos a aprovechar al máximo cada oportunidad.

Eso es lo que aconseja Pablo: «Perseveren en la oración, velando en ella con acción de gracias. Oren al mismo tiempo también por nosotros, para que Dios nos abra una puerta para la palabra, a fin de dar a conocer el misterio de Cristo, por el cual también he sido encarcelado, para manifestarlo como debo hacerlo. Anden sabiamente para con los de afuera, aprovechando bien el tiempo. Que su conversación sea siempre con gracia, sazonada como con sal, para que sepan cómo deben responder a cada persona» (Colosenses 4:2-6).

La oración de Pablo es poderosa. Fíjate que él dice que debemos *dedicarnos* a la oración. (Recuerda, hemos decidido de antemano que seremos devotos). No dice: «Oigan, tal vez quieran acordarse de orar sobre esto si se les ocurre». No, él nos instruye a predecidir que oraremos constantemente. ¿Orar para qué? Como aconseja Pablo, a fin de:

- Estar atento a las puertas abiertas para proclamar a Cristo.
- Ser prudente en tu manera de actuar con los que están fuera de la fe.
- Aprovechar todas las ocasiones para compartir a Jesús, estando siempre dispuesto a dar respuestas llenas de gracia a todos.

Esto es lo que Pablo nos exhorta a hacer:

Hablarle *a* Dios acerca de las personas que están alejadas de él. Hablarles *de* Dios a las personas que están alejadas de él.

Es posible que quieras releer atentamente estas dos frases y pensar en cómo funcionan juntas.

Esto nos lleva a tres maneras en las que podemos tener influencia con nuestras oraciones:

1. Orar para que Dios te dé puertas abiertas a fin de compartir a Cristo con las personas que están alejadas de él.
2. Orar para que otros que están cerca de Dios compartan a Cristo con las personas que están alejadas de él.
3. Orar para que las personas que están alejadas de Dios reciban el mensaje de Cristo y atraviesen esas puertas abiertas.

Ora por ti

Cuando oras por ti, ¿por qué lo haces?

¿Por un aumento de sueldo? ¿Por tiempo libre en el trabajo? ¿Para que tus hijos se porten bien? ¿Para que baje el precio de la gasolina? ¿Para tener unos abdominales tonificados? (¡Ellos tienen que estar por ahí debajo en alguna parte!)

¿Oras para que Dios te abra puertas a fin de compartir a Cristo con las personas que están alejadas de él? ¿Le pides a Dios que te dé ojos para ver y palabras para hablar cuando surjan esas oportunidades?

Vivir así le daría propósito y significado a tu vida al unirte a Jesús en su misión. Serías realmente un influente y dejarías un legado de vidas cambiadas cuando tu vida en la tierra haya terminado.

Si eso es verdad, y lo *es*, entonces necesitamos orar por puertas abiertas.

Cuando oramos por puertas abiertas, Dios abrirá algunas.

He compartido muchas veces cómo, durante más de veinte años, me encontraba varios días a la semana con mi amigo Paco en el gimnasio y hacíamos ejercicio juntos. Un día tuvimos un problema de comunicación y no apareció. Yo estaba un poco molesto, pero tenía que, ya sabes, ejercer la gracia. Así que hice ejercicios solo y luego me dirigí a la sauna. Siempre voy allí porque te hace sudar de verdad, y luego cuando caminas por el gimnasio la gente piensa: *¡Vaya, hiciste un entrenamiento fuerte!* Y entonces yo los miro como diciendo: *Sí, los entrenamientos fuertes son lo mío.*

Así que estaba sentado en la sauna solo por primera vez en veinte años cuando entró un sujeto. No pronunció ni una palabra, pero su lenguaje corporal lo decía todo. Me di cuenta de que algo le preocupaba. Le dije: «Oye, parece obvio que estás teniendo un mal día. No deseo entrometerme, pero si quieres hablar, te escucharé». Se quedó pensativo unos instantes, probablemente decidiendo si debía hablar con un completo desconocido.

Mientras hacía una pausa, dije una oración en silencio.

Entonces se sinceró.

No entró en detalles, pero me confió que había engañado a su mujer y que se habían peleado. Suponiendo que su matrimonio había terminado, se había ido de su casa el día anterior. Se derrumbó y me dijo: «Nunca olvidaré a mi hija de tres años gritando mientras yo salía en mi auto: "¡Papá, no nos dejes, no nos dejes!". Sin embargo, seguí conduciendo calle abajo».

En ese momento comprendí que no era una equivocación el hecho de que Paco no apareciera. Acostumbro orar por puertas abiertas para compartir el mensaje de Cristo con las personas alejadas de Dios, y él me había dado una.

Le dije, de la manera más normal y no pastoral que pude: «Amigo... no quiero sonar demasiado religioso y no sé cuál es tu situación con Dios, pero creo que él quiere que sepas que tu matrimonio no tiene por qué acabarse».

Me miró con sus ojos llorosos, como si quisiera creer a toda costa que aún había esperanzas de mantener unida a su familia.

Sintiéndome guiado por el Espíritu, dejé que mis palabras fluyeran como si no fueran mías. «Creo que Dios quiere que seas un padre para tu hija y un marido fiel para tu mujer. ¿Qué pasaría si condujeras a casa, te pusieras de rodillas, te disculparas sinceramente y le pidieras perdón a tu mujer?», le pregunté con amabilidad.

El hombre se vino abajo. Me dijo: «No soy un tipo religioso ni de iglesia, pero creo que Dios te envió aquí para decirme eso hoy».

Qué genial.

Una influencia.

¿Por qué?

Porque oré por ello. Oré para que Dios me abriera una puerta a fin de compartir el mensaje de Cristo con alguien que estaba alejado de él. La «equivocación» que causó que Paco no apareciera ese día me permitió tener la oportunidad de fijarme en mi nuevo amigo.

El hombre salió del gimnasio. Se puso de rodillas. Se arrepintió de su pecado. Lo último que supe es que su matrimonio está mejor que nunca y que rara vez faltan a la iglesia para darle gloria al Dios que salvó a su familia.

¿Oras por esos momentos que Dios promueve? Él te creó para marcar la diferencia y amar a las personas que aún no creen. Si oras por ello, Dios te dará oportunidades para compartir el amor y la esperanza de Jesús. Tal vez parezca intimidante, pero puedes hacerlo porque él te ayudará y porque eres una persona influyente.

Orar por las personas que están cerca de Dios

Poco después de acudir a Cristo, la primera vez que escuché a alguien hablar del libro de Filemón, pensé que se trataba de *filet mignon*. Pues no.

Filemón es un pequeño libro del Nuevo Testamento. (¿Cuán pequeño? No tiene capítulos, solo versículos). Es una carta personal que Pablo le escribió a su amigo Filemón, que parece haber sido un exitoso hombre de negocios y anfitrión de una pequeña iglesia en casa. Filemón poseía algunos esclavos, lo cual era una práctica común en la época y se basaba usualmente en el endeudamiento personal, no en la raza. Uno de sus esclavos, Onésimo, huyó a Roma.

Después de llegar allí, Onésimo conoció a Pablo, quien condujo a este esclavo a tener una relación con Jesús. Él fue transformado radicalmente y decidió: «Tengo que hablar de nuevo con Filemón y arreglar las cosas».

Pablo le escribió una sentida carta a Filemón, responsabilizándose por Onésimo. Instó a Filemón a que recibiera a Onésimo como a un hermano en el Señor, algo que ya ahora era. Pablo escribió: «Doy gracias a mi Dios siempre, haciendo mención de ti en mis oraciones, porque oigo de tu amor y de la fe que tienes hacia el Señor Jesús y hacia todos los santos» (vv. 4-5). Pablo le dio gracias a Dios por la manera en que Filemón amaba a los demás cristianos.

Luego escribió: «Ruego que la comunión de tu fe llegue a ser eficaz por el conocimiento de todo lo bueno que hay en ustedes mediante Cristo» (v. 6).

Pablo quería que Filemón comprendiera plenamente todas las bendiciones que tenemos en Jesús. ¿Cómo logramos eso?

Compartiendo de manera activa nuestra fe.

¿Quieres que las personas que amas comprendan plenamente todo lo bueno que tienen en Cristo? Por supuesto. Todos queremos eso.

Entonces debemos orar por ellos para que sean continuamente activos en cuanto a compartir su fe.

Tengo una teoría. No está documentada. Pero aplicando el contexto, aquí está:

Recuerden, el esclavo de Filemón huyó a Roma, donde conoció a Pablo. Es probable que Onésimo estuviera sufriendo. Estaba espiritualmente perdido. Pablo hizo buenas migas con él. Pablo compartió su historia de cómo conoció a Cristo resucitado y eso lo cambió. Le dijo a Onésimo: «Necesitas conocer a Jesús». Onésimo dijo que sí. Estaba transformado.

Pablo lo fue conociendo más y le preguntó: «¿De dónde vienes?». Onésimo respondió: «Trabajo para un hombre llamado Filemón». Pablo dijo: «¿Filemón? ¡Amigo, lo conozco! Es increíble. ¡Tiene una iglesia en su casa! Y espera. Espera. ¿Trabajaste para Filemón? ¿Y no eres seguidor de Jesús? ¿No te habló Filemón de Jesús? ¿No? ¿No lo hizo?».

Entonces Pablo le dijo a Filemón: «Me encanta tu amor por todos los santos. Oye, hermano, eres genial amando a los cristianos». Pero escribió: «Oro para que seas activo en compartir tu fe». ¡No olvides nuestra misión!

Hemos sido llamados a salir.

A ser sal y luz.

A sazonar.

A brillar.

A hablar de Jesús.

Creo que Pablo sabía que para los cristianos es peligrosamente fácil caer en una versión egocéntrica e introvertida del cristianismo. Amamos a nuestros hermanos y hermanas en Cristo, pero en lugar de amar también a los que están alejados de Dios, podemos ser críticos o apáticos con ellos. En lugar de tender la mano, nos retiramos. En lugar de unirnos a la conversación, juzgamos la conducta.

Eso es inaceptable, por eso Pablo ora para que compartamos continuamente nuestra fe en Jesús. Es entonces cuando abrazamos nuestra identidad como personas influyentes, que tienen un impacto en la vida de los demás. Sin embargo, ocurre algo más. Pablo dice que al compartir tu fe obtienes una comprensión plena de todo lo bueno que tienes en Cristo.

Al final de su legendario pasaje sobre la «armadura de Dios» en Efesios 6, Pablo concluye diciendo: «Oren también por mí, para que me sea dada palabra al abrir mi boca, a fin de dar a conocer sin temor el misterio del evangelio, por el cual soy embajador en cadenas; que al proclamarlo hable sin temor, como debo hablar» (vv. 19-20). Fíjate que Pablo pide dos veces no tener miedo al compartir su fe.

Es muy fácil para los cristianos encerrarse en sí mismos y aislarse, por eso necesitamos orar para que otros que están cerca de Dios compartan el mensaje de Cristo con las personas que están alejadas de Dios.

Y ora para que Dios te abra puertas a fin de compartir a Cristo con las personas que están alejadas de Dios.

Y ora para que las personas que están alejadas de Dios reciban el mensaje de Cristo y atraviesen esas puertas abiertas.

Ora por las personas que están alejadas de Dios

Si quieres lograr un cambio eficaz en la vida de las personas señalándoles a Jesús, comienza orando por ellas. Predecide orar por las personas que están alejadas de Dios.

¿Qué oras con respecto a ellas?

- Ora para que Dios abra sus corazones. Lidia llegó a la fe porque «el Señor abrió su corazón para que recibiera lo que Pablo decía» (Hechos 16:14).
- Ora para que Dios les dé visión espiritual a fin de entender y aceptar el evangelio. Le pedimos a Dios «abrir sus ojos, para que se conviertan de las tinieblas a la luz y del poder de Satanás a Dios» (Hechos 26:18, RVA2015).
- Ora para que Dios los guíe al arrepentimiento. Pide que él «les cambie el corazón, y aprendan la verdad. Entonces entrarán en razón y escaparán de la trampa del diablo» (2 Timoteo 2:25-26, NTV).
- Ora para que Dios te dé las palabras que debes decirles. Repitiendo la súplica de Pablo: «Oren también por mí, para que me sea dada palabra al abrir mi boca, a fin de dar a conocer sin temor el misterio del evangelio» (Efesios 6:19).

¿Conoces a algunas personas que están alejadas de Dios? ¿Oras a diario por ellas? Esa conexión es poderosa. Es parte de cómo llegué a la fe.

Había una película en la década de 1980 que se llamaba *La venganza de los nerds*, pero quiero hablarte de «la oración de los *nerds*». Después de convertirme al cristianismo en la universidad, tres chicos se me acercaron con calculadoras científicas cuidadosamente guardadas en sus protectores de bolsillo. Se presentaron y me dijeron que habían ido a una gran fiesta el primer fin de semana del primer año de la universidad, cuando todos éramos novatos. Dijeron que yo era el tipo más borracho y odioso de la fiesta. Aquella noche decidieron convertirme en su proyecto de oración, y desde entonces han orado por mí todos los días. Ahora que me había convertido en cristiano, solo querían saludarme.

¡Vaya!

¿Por qué llegué a la fe? Creo que debo darle crédito a «La cuadrilla de los chiflados devotos» (quienes también se convirtieron en amigos cercanos míos).

Sus oraciones cambiaron mi vida.

Tú puedes influir en los demás con tus oraciones.

¿Conoces a algunas personas que estén alejadas de Dios por las que podrías orar a diario?

Decídete a orar por ellas.

Influiré con mi ejemplo

Cuando sepas quién eres, sabrás qué hacer.

¿Verdad?

Si eres Superman y Lois Lane está en peligro, nadie tiene que decirte: «Ahora es el momento de entrar a la cabina telefónica y quitarte el traje y las gafas, luego salir volando en tu traje de licra hacia ella (recuerdas que puedes volar, ¿verdad?) y rescatarla». No, Superman sabe hacer todo eso porque es *Superman*.

Un ejemplo más pertinente: como soy pastor, la gente siempre me pide que ore cuando hay un momento para hacerlo. «¿Vamos a comer? ¡Craig está aquí! Craig, ¿quieres orar?». «Alguien está enfermo. Craig, deberías orar». «¿Nuestro equipo de fútbol va perdiendo por dos puntos cuando falta menos de un minuto? ¡Craig está aquí! Craig, ora por una remontada milagrosa». No estoy seguro de que siempre deba ser yo a quien le pidan que ore, pero nunca he dicho: «¿Orar? Espera, espera. ¿Qué? ¡¿Ahora?!».

Sé quién soy, así que sé qué hacer.

Me imagino que si un plomero está en una fiesta y alguien sale gritando del baño: «¡El sanitario se está desbordando! ¡El sanitario se está desbordando!», ese plomero entrará en acción. ¿Por qué?

Cuando sabes quién eres, sabes qué hacer.

Entonces, ¿quién eres tú?

Recuerda que Jesús dice que eres la sal de la tierra y la luz del mundo.

Eso es lo que eres. Eres sal. Eres luz.

Cuando él dijo esas palabras, la gente consideraba que la sal era el segundo bien más importante de la tierra. El sol era el número uno, ya que era la fuente de luz. La sal era el número dos por todo lo que podía hacer, especialmente en una época anterior a la refrigeración y otras comodidades modernas.

En la antigua Roma se les pagaba a los trabajadores con sal. De ahí viene la frase «No vale su sal».

Jesús dice: «Ustedes son la sal».

¿Qué hace la sal?

Primero, la sal preserva. Evita que la carne se pudra. Como cristianos debemos tener una influencia preservadora en el mundo. Representamos el reino de Dios y su santidad con nuestras vidas buenas y puras.

Segundo, la sal cura. Tal vez has tenido una llaga en la boca y has hecho gárgaras con agua salada para que mejorara. La sal acelera el proceso de curación. Del mismo modo, Dios nos envía a traer curación a las personas que han sido heridas en la vida o lastimadas por la religión.

En tercer lugar, la sal provoca sed. Los bares a menudo sirven maní o *pretzels* gratis, ya que su sal da sed, y así, en teoría, pedirás más bebida, lo que aumentará tu cuenta. El agua embotellada Dasani contiene sal. Claro, es un mineral, pero también hace que quieras más agua. La sal produce sed. Como cristiano, cuando estás lleno del amor de Dios, crearás una sed divina en otras personas. Te preguntarán: «¿Qué sucede contigo? ¿Por qué estás tan lleno de alegría? Quiero eso que tú tienes». La sal produce sed. Jesús dice: «Ustedes son la sal».

También dice: «Ustedes son la luz del mundo. Una ciudad situada sobre un monte no se puede ocultar; ni se enciende una lámpara y se pone debajo de una vasija, sino sobre el candelero, y alumbra a todos los que están en la casa. Así brille la luz de ustedes delante de los hombres, para que vean sus buenas acciones y glorifiquen a su Padre que está en los cielos» (Mateo 5:14-16).

Jesús dijo esas palabras mucho antes del descubrimiento de la electricidad. Por la noche, en plena oscuridad, las personas encendían una vela. Sin encendedores ni fósforos, no era fácil. Si la familia salía de casa, colocaban una vasija boca abajo sobre la vela para evitar que se apagara. Un pequeño agujero en el fondo de la vasija dejaba respirar al fuego para que siguiera ardiendo. Pero nunca se ponía la vasija encima de una vela cuando se estaba en casa. Necesitabas la luz.

Jesús les estaba diciendo a sus seguidores, quienes siempre vivían en un mundo oscuro, que nunca taparan su luz. Les estaba ayudando a entender que podían vivir una vida que otros quisieran.

Como luz, eres una persona con influencia.

> Dios quiere que produzcas cambios en las personas cuando las diriges a Jesús.

Eso sucede cuando eres sal y luz. El mundo necesita sal, porque es impuro. El mundo necesita luz, porque está oscuro.

Debido a que eres luz, no huyes de la oscuridad, brillas en ella. Recuerda que la oscuridad solo existe en ausencia de la luz. Cuando llega la hora de dormir, nadie dice: «¿Te importaría encender la oscuridad?». No, decimos: «Por favor, apaga la luz».

Debido a que eres sal, no huyes de las impurezas, las limpias, y Dios te utiliza como agente de cambio al dar ejemplo de pureza, lo cual crea sed en los demás.

A veces los cristianos dicen: «No me siento sal. Y no me siento luz». Lo entiendo, pero no importa. Porque si sigues a Jesús, *eres* sal y *eres* luz.

Es posible que respondan: «Bueno, supongo que si yo aprendiera mejor la Biblia, sería capaz de responder las preguntas de las personas...».

No. A la mayoría de la gente no le importa cuánto sabes. Solo quieren saber qué tanto te importan a ti.

Jesús lo explicó en la parábola del Buen Samaritano, cuando el sacerdote y el levita ignoraron y evitaron al hombre herido. El «tipo normal», el hombre al que el sacerdote y el levita habían despreciado, fue el único que se preocupó lo suficiente como para detenerse y ayudar (Lucas 10:25-37).

Tú eres sal. Eres luz. Y cuando sepas quién eres, sabrás qué hacer. La forma en que amas y te preocupas por las personas fluye a partir de quién eres.

Es hora de ser sal y de hacer brillar tu luz. Cuando lo hagas, la gente se dará cuenta y podrá ver tus buenas acciones y glorificar al Padre que está en los cielos (Mateo 5:16).

Las personas se darán cuenta

Pablo y Silas fueron dos de los primeros seguidores de Jesús. Cuando le entregaron sus vidas a Cristo, él los transformó radicalmente. Ellos sabían que eran sal y luz, y cuando sabes quién eres, sabes qué hacer.

A dondequiera que iban, le hablaban a la gente de Jesús. A las autoridades religiosas no les gustaba eso y les decían que dejaran de hacerlo. Sin embargo, ellos no se detuvieron. ¿Cómo podrían hacerlo? Eran sal y luz.

Las autoridades los arrestaron y los golpearon, pero ellos le siguieron contando a todo el mundo lo que Jesús había hecho en sus vidas. En Hechos 16 vemos cómo las autoridades los arrestan y rasgan sus ropas, los golpean con varas, los azotan y los encarcelan (Hechos 16:22-24).

Vuelve a leer la última frase y detente un momento.

Fueron desnudados en público.

Fueron golpeados con varas.

Fueron azotados, lo que probablemente significa que fueron golpeados treinta y nueve veces por la espalda con un látigo que tenía pequeños pedazos de vidrio y piedras incrustadas. El mismo estaba diseñado para desgarrar tu cuerpo hasta que tus órganos internos quedaran expuestos y llevarte al punto de la muerte, o al punto de desear morir, sin matarte realmente.

Luego los metieron en un calabozo y les pusieron las piernas en el cepo. Para aumentar la tortura, el carcelero agarraba las piernas del prisionero y las abría todo lo posible antes de sujetarlas.

Todos hemos tenido días malos. Como cuando intentaste escalar el exterior de una antigua iglesia, te encontraste cara a cara con un gato montés potencialmente rabioso, o tu mujer te lanzó «esa mirada» en una fiesta cuando estabas arrasando con tu comedia.

No obstante, Pablo y Silas tuvieron algo más que un mal día. ¿Cómo respondieron al hecho de ser torturados y encarcelados por hablar de

Jesús? «Como a medianoche, Pablo y Silas oraban y cantaban himnos a Dios, y los presos los escuchaban» (Hechos 16:25).

¿Qué hacían? Ser sal y luz.

Estaban siendo lo que eran.

Ellos no tuvieron una reunión de emergencia en la que Pablo dijo: «De acuerdo, hemos tenido un día realmente malo. Ahora aquí estamos y mira quiénes más están acá. Otros prisioneros. Y se supone que somos cristianos. Así que pienso que será mejor hacer una representación. ¿Qué crees que deberíamos hacer?».

No. No pensaron en qué hacer. Oraron y alabaron a Dios porque estaban siendo lo que eran. Eran sal y luz. Eran personas influyentes.

Cuando eres sal y luz, la gente se da cuenta.

Recuerdo cuando el esposo de una empleada sufrió un infarto gravísimo. Tenía apenas treinta y ocho años. Su corazón no latió durante más de noventa minutos. Los paramédicos lo mantuvieron vivo manualmente golpeándole repetidas veces el pecho y devolviéndolo a la vida. Cuando llegué al hospital, me enteré de que era poco probable que sobreviviera, y si lo hacía, tendría muerte cerebral.

Cientos de personas de nuestra iglesia fueron al hospital durante los días siguientes y oramos y adoramos. No intentábamos ser buenos testigos, simplemente estábamos siendo lo que éramos, sal y luz, y las personas se dieron cuenta.

Algunos miembros del personal del hospital escribieron sobre ello en internet, diciendo que nunca habían visto nada igual. Un enfermero, llamado Dan, volvió en su día libre solo para estar allí y averiguar qué estaba pasando. Al final preguntó: «Deben ser gente de iglesia, ¿no?». Cuando le dijimos que sí, quiso saber: «¿A qué iglesia van?». Se lo dijimos y entonces preguntó: «¿Puedo ir? Nunca he visto nada igual. Quiero decir, bueno, ¿puedo ir?». ¡Y lo hizo!

¿Sabes quién más estaba en nuestro servicio religioso a la semana siguiente? La víctima del infarto, viva, sin ningún daño cerebral.

Fue un milagro.

Lo mismo sucedió en la celda de la cárcel de Pablo y Silas. Ellos estaban cantando alabanzas y entonces se produjo un violento terremoto que abrió las puertas de la cárcel y las cadenas se les soltaron de sus piernas (Hechos 16:26-27).

Dios apareció y se manifestó.

Se nos dice que el carcelero se despertó. ¿Durmiendo en el trabajo, señor carcelero? «Al despertar el carcelero y ver abiertas todas las puertas de la cárcel, sacó su espada y se iba a matar, creyendo que los prisioneros se habían escapado» (Hechos 16:27).

Sabía que si los presos escapaban, él sería ejecutado. Así que debió pensar: «Prefiero hacerlo yo mismo y ahorrarme la humillación pública».

«Pero Pablo clamó a gran voz, diciendo: "No te hagas ningún mal, pues todos estamos aquí"» (Hechos 16:28).

Pablo y Silas tuvieron la oportunidad de escapar, pero decidieron no hacerlo.

¡Eso es asombroso!

La celda de la prisión se sentía como un lugar donde no estaba Dios. Era la oscuridad.

Hay muchos cristianos hoy que quieren huir de la oscuridad. Ven a personas que escuchan música convencional, toman alcohol, tienen tatuajes y ven *Juego de Tronos*, y entonces quieren huir de todo eso.

La oscuridad no es algo de lo que huyes. Tú eres la luz, así que la iluminas. Eso es lo que hace la luz.

Pablo y Silas no se fueron porque sabían quiénes eran. Como un increíble acto de amor, permanecieron en la oscuridad y le dieron esperanza al carcelero.

Por eso decidimos de antemano: «Influiré con mi ejemplo y veré la oscuridad como una oportunidad para brillar».

Después de mi último año de universidad, me sentí llamado al ministerio, pero nadie me llamó. Así que acepté el único trabajo que pude conseguir, vendiendo sistemas de seguridad para el hogar. Estaba entusiasmado, porque salía de un ambiente universitario desenfrenado y pensé que habría menos tentaciones en un trabajo del mundo real. Me equivocaba. La gente que trabajaba en mi nueva empresa hacía que mis hermanos de la fraternidad universitaria parecieran un grupo de niños exploradores.

En mi primer día, algunos compañeros de trabajo me preguntaron: «¿Quieres ir a almorzar con nosotros?». Me hizo mucha ilusión que me invitaran. «¡Claro! ¿Adónde vamos?». Ellos dijeron: «¡Al club de *striptease*!». Pensé: *No. No voy a arriesgarme en mi primer día de trabajo.*

Así que mentí. No se me ocurrió qué más hacer. Dije: «Bueno, eh, ah sí, lo olvidé, yo... traje algo. Tengo un sándwich en mi fiambrera que está en el auto».

¿En serio? ¿Tengo un sándwich en una fiambrera en el auto? Afortunadamente, no hicieron preguntas. «¿Qué tipo de fiambrera tienes, hermano? ¿Una de Bob Esponja? ¿Por qué dejaste un sándwich en un auto caliente? ¿Eres así de tonto?».

Ese mismo día, la chica de la recepción me sonrió y bromeó conmigo. «No te eches loción Polo. Porque si un tipo se echa Polo, me voy con él». ¿Eh? Se rio y me dijo que muchísimos hombres le habían hecho daño y «quería conquistar a todos los que pudiera».

Luego, otra nueva compañera de trabajo me contó que le habían hecho daño en una relación y que estaba intentando salir del dolor.

También conocí a un instalador, un buen chico que parecía tan desinteresado por Dios como cualquier otra persona.

Después del primer día, me fui a casa y le dije a Amy: «¡Quieren llevarme a un club de *striptease*! ¡Y... loción Polo! ¡Deberías oír las cosas que dice esa gente! No puedo trabajar allí. ¡Es demasiado oscuro!».

Amy me miró a los ojos y me preguntó: «Craig, ¿no crees que Dios te envió allí para marcar la diferencia?».

Yo dije: «Ah, sí, había olvidado eso».

Amy me estaba pidiendo que me librara de mi decepción en el momento y pensara en el futuro, en el impacto que podría causar en estas personas para Jesús.

Y decidí, decidí de antemano, que influenciaría a esas personas con mis oraciones, mi ejemplo y mis palabras.

Amy y yo empezamos a orar como locos por todas esas personas y a amarlas de todas las maneras posibles. Sabíamos que la sal solo funciona si hay contacto con la comida, y que la luz solo tiene impacto cuando entra en contacto con la oscuridad. Así que nos comprometimos a pasar tiempo con ellos y a cultivar nuestras relaciones. Fuimos a sus fiestas. Tomábamos agua mientras ellos se emborrachaban. Los invitábamos a cenar a nuestra casa. Llegamos a conocer a sus cónyuges e hijos.

Eso es lo que hacemos.

Somos sal y luz, y cuando vivimos eso, la gente lo notará.

Las personas se darán cuenta, y cambiarán.

Las personas cambiarán

Cuando el guardia de la prisión se dio cuenta de que seguían allí, «se precipitó adentro, y temblando, se postró ante Pablo y Silas» (Hechos 16:29). Él había sido testigo de la fe de ellos y experimentado su amor, así que les preguntó: «Señores, ¿qué debo hacer para ser salvo?» (Hechos 16:30).

Los había oído predicar cuando les habían dicho que dejaran de hacerlo, y adorar cuando no debían. Había visto a Dios obrar, y eso había producido una sed en él.

Quería lo que ellos tenían.

Le dijeron: «Cree en el Señor Jesús, y serás salvo, tú y toda tu casa» (Hechos 16:31), y eso fue exactamente lo que sucedió. El carcelero y su familia fueron bautizados esa noche, y sus vidas cambiaron.

Eso es lo que ocurre cuando permanecemos en la oscuridad y brillamos con la luz de Jesús.

Eso es lo que sucedió en mi trabajo también. Trabajé allí solo diez meses antes de dedicarme al ministerio a tiempo completo, pero Amy y yo pudimos llevar a Cristo a un tercio de mis compañeros.

La recepcionista que hizo el comentario sobre la loción Polo le entregó su vida a Cristo y se unió a la iglesia de la que yo formaba parte en ese momento. Ella tenía una hermosa voz y cantaba en el coro, permaneciendo en esa iglesia años después de que yo me fuera, hasta que se mudó a otra ciudad.

La otra compañera de trabajo puso su fe en Jesús y fue parte de nuestra iglesia en los primeros años hasta que murió de cáncer.

Perdí la pista de mi instalador favorito hasta que visité nuestra iglesia del sur de Oklahoma City. Después del servicio alguien se me

acercó y dijo: «¡Pastor Craig, lo amo! ¡Me encanta nuestra iglesia!».
Levanté la vista y exclamé: «¡No puede ser! ¿Qué estás haciendo aquí?».

Todo eso sucedió como resultado de diez cortos meses de ser sal y luz. Y nada de eso lo hizo el pastor Craig. Todo fue obra de Craig, el vendedor de alarmas de seguridad. Y todo porque, sin importar el lugar o la vocación, yo sabía quién era.

Sal y luz.

Y cuando sabes quién eres, sabes qué hacer.

Influiré con mis palabras

Un día, me fijé en un sujeto en el gimnasio. Lo noté porque era enorme. Sus músculos tenían músculos, que a su vez tenían músculos. Aunque se veía confiado por fuera, me di cuenta de que tenía problemas por dentro. Tras verlo constantemente, empecé a preocuparme por mi nuevo amigo y a orar por él.

Un día se me acercó y me dijo: «Quiero lo que tú tienes».

Yo estaba mirando sus músculos (bueno, mejor dicho, los músculos de sus músculos) y pensé: *No, yo quiero lo que tú tienes.*

Él continuó. «Lo digo en serio. Hay algo diferente en ti. Quiero lo que tú tienes».

¿Por qué sucedió eso?

Porque yo había predecidido influir en él con mis oraciones y mi ejemplo. Eso me dio la oportunidad de influenciarlo con mis palabras, ¡y es ahí cuando las cosas se vuelven divertidas!

Eso me recuerda cuando Jesús se acercó a una mujer samaritana en un pozo.

La conversación que estaban a punto de tener nunca debería haber ocurrido. En aquel entonces, los judíos no viajaban a Samaria. Los samaritanos eran mitad judíos, mitad gentiles, y los judíos los odiaban. Los judíos no se relacionaban con los samaritanos.

Además, los hombres no se relacionaban con las mujeres. Y no se trataba de cualquier mujer. Solo digamos que nadie había quedado impresionado con su ejemplo. Ella había pasado de hombre en hombre. Iba al pozo al mediodía, cuando hacía más calor y no había nadie más, para evitar las miradas de las personas que la juzgaban por su estilo de vida.

Jesús dijo una vez: «Yo soy la Luz del mundo; el que me sigue no andará en tinieblas, sino que tendrá la Luz de la vida» (Juan 8:12), y estaba a punto de hacer brillar su luz en las tinieblas de esta mujer. Él dijo que había venido a proclamar las buenas nuevas (Lucas 4:18), y estaba a punto de compartirlas con ella. Veamos cómo influyó Jesús en esta mujer samaritana con sus palabras, porque, como siempre, podemos aprender mucho de él.

Empezando por lo superficial

Jesús le dijo primero: «Dame de beber» (Juan 4:7). Fíjate que empezó la conversación a un nivel superficial, basándose en las circunstancias inmediatas de ambos.

No empezó diciendo «Yo soy el Mesías, enviado por Dios: arrepiéntete ahora de tus pecados». Algunos cristianos que tienen conversaciones espirituales saltan más rápido y furioso que Vin Diesel en una película de carreras callejeras. Deberías ir más despacio, Speedy Gonzáles.

Por otro lado, algunos cristianos dudan de tener conversaciones espirituales porque no saben cómo iniciar una. Puedes comenzar con un nivel superficial basado en tu situación inmediata. Ya sabes, alguna charla trivial. Habla de tu trabajo con un colega, del barrio con tu vecino, o del partido con tu amigo aficionado al deporte. Entabla la conversación con algo que te parezca natural. Eso le permite a Dios abrir la puerta espiritual.

De lo superficial a lo espiritual

Pronto, Jesús le dijo: «Todo el que beba de esta agua volverá a tener sed, pero el que beba del agua que Yo le daré, no tendrá sed jamás, sino que el agua que Yo le daré se convertirá en él en una fuente de agua que brota para vida eterna» (Juan 4:13-14).

Jesús pasó de lo superficial a lo espiritual, y en algún momento tenemos que hacer lo mismo en nuestras conversaciones con las personas que están alejadas de Dios. Me gusta cómo Jesús utilizó algo importante de la vida cotidiana para revelar la necesidad de Dios que tenía esta mujer. Nosotros también podemos hacerlo.

Jesús le dio la oportunidad de hablar, compartir sus opiniones y hacer preguntas. Ella hablaba tanto como Jesús. Desgraciadamente, hoy en día algunos cristianos pueden tener fama de hablar y hablar, pero nunca de escuchar. Necesitamos seguir el ejemplo de Jesús y tener diálogos amables con las personas en lugar de enfrascarnos en monólogos.

De lo espiritual a lo personal

Esa mujer notó algo diferente en este hombre, así que le preguntó: «Señor [...] dame esa agua, para que no tenga sed ni venga hasta aquí a sacarla» (Juan 4:15).

Jesús le respondió: «Ve, llama a tu marido y ven acá» (Juan 4:16). Ella le dijo que no tenía marido, y Jesús le contestó: «Bien has dicho: "No tengo marido", porque cinco maridos has tenido, y el que ahora tienes no es tu marido; en eso has dicho la verdad» (Juan 4:17-18).

La mujer acababa de enterarse de que el ser más importante sabía todo lo que ella había hecho, pero aún así la dignificaba con su respeto.

Jesús no la trató como a una mujer inmoral, sino como a un milagro a punto de suceder. Podemos hacer lo mismo con las personas que Dios pone en nuestro camino. Llevamos la conversación de lo superficial a lo espiritual y a lo personal.

Cuando hablamos de cosas personales, sobre la necesidad que tiene la persona de Jesús, lo hacemos de la manera más respetuosa y amable posible.

Me encanta cómo Jesús utilizó sus palabras para influir en ella. Y me encanta cómo ella, alguien que podría haber sido elegida como la persona con menos probabilidades de influir en todo el Nuevo Testamento, utilizó sus palabras para influir en los demás: «La mujer dejó su cántaro junto al pozo y volvió corriendo a la aldea mientras les decía a todos: "¡Vengan a ver a un hombre que me dijo todo lo que he hecho en mi vida! ¿No será este el Mesías?". Así que la gente salió de la aldea para verlo» (Juan 4:28-30, NTV).

Ella utilizó sus palabras para recordarle a la gente su historia, una historia de la que se había avergonzado apenas una hora antes. Y nosotros podemos compartir nuestras historias y cómo cambiamos cuando conocimos a Jesús.

También utilizó sus palabras para invitar a la gente a conocer a Jesús, y resulta poderoso cuando invitamos a nuestros compañeros de trabajo, vecinos y amigos a asistir a un servicio de la iglesia o un grupo pequeño donde tienen la oportunidad de encontrar a Jesús.

De esta mujer aprendemos que no necesitas tener una vida ideal a fin de influenciar a alguien para Jesús. Ella tenía un trasfondo lascivo y no conocía ningún versículo de la Biblia. ¡Ni siquiera estaba totalmente convencida de Jesús! Fíjate que le preguntó a la gente del pueblo: «¿No será este el Mesías?». No obstante, si sigues leyendo, descubrirás que se produce un avivamiento, ya que muchos samaritanos llegan a creer en Jesús.

¿A quién utilizó Dios para influir en toda una ciudad? No a una estrella de Instagram, ni a un deportista profesional, ni a una celebridad, ni a un pastor.

Dios utilizó a una mujer común, quebrantada y pecadora que había sido transformada por Jesús.

Tú eres una persona influyente y Dios quiere utilizarte.

Él puede usar tus oraciones, tu ejemplo y tus palabras.

Cuando el hermano gemelo perdido de Dwayne Johnson se me acercó en el gimnasio y me dijo: «Quiero lo que tú tienes», le respondí en un lenguaje normal y no religioso: «Lo que ves de especial, lo que tengo, no es autodisciplina. No es pensamiento positivo. Es Jesús. Jesús es lo que tengo. Y tú también puedes tenerlo».

Si dejas que tu luz brille, las personas se sentirán atraídas a la luz. Querrán lo que tú tienes. Y podrás compartir tu mayor tesoro. Podrás ayudarlas a conocer el amor incondicional de Dios mostrado a través de su Hijo sin pecado, Jesús.

Comprometido a largo plazo

En la universidad había un gran atleta a quien yo respetaba. Teníamos grupos de amigos diferentes y no nos conocíamos bien. Pero solíamos ir juntos a las fiestas y siempre teníamos buenas interacciones.

Cuando me hice cristiano, fue una gran noticia en nuestra pequeña escuela, porque como ya dije me conocían por ser un fiestero desaforado. Un día, este chico se me acercó y me preguntó: «¿Qué pasa con esto de la religión? ¡Antes eras divertido!».

Yo me reí. «Lo sé. Lo sé».

Él estaba confundido. «Es que no lo entiendo».

«No espero que lo entiendas», le dije. «Yo tampoco lo habría entendido antes. Pero este es el trato. Un día, cuando estés listo para hablar de cosas espirituales, quiero que me llames. No me importa cuándo sea, llámame. ¡Quiero ser yo quien te hable sobre esto!».

Él insistió: «Bueno, te haré una promesa. Eso nunca ocurrirá».

No era exactamente la conversación que yo esperaba tener.

Si has tratado de hablarle de Jesús a la gente, probablemente hubo algunas ocasiones en las que fuiste rechazado y te alejaste abatido.

¿Qué haces entonces?

Comprométete a largo plazo.

He descubierto que la sal y la luz a menudo funcionan mejor con el paso del tiempo.

Sabiendo lo paciente y persistente que Dios ha sido con nosotros, necesitamos mostrarles esa misma paciencia y persistencia a las personas que Dios ama. Tenemos que amar a la gente lo suficiente como para comprometernos a largo plazo.

Décadas para marcar la diferencia

Mi amigo no tan cercano y yo nos graduamos y seguimos adelante. Pasaron más de dos décadas y un día me encontré con él. Me di cuenta por su semblante de que estaba pasando por una época muy difícil.

Le dije: «Estás listo para hablar, ¿no?».

Parecía un poco avergonzado cuando me contestó: «Sí, lo estoy».

Tras un largo silencio, me contó los detalles de sus angustias personales y sus trágicas pérdidas. Este chico fuerte y atlético que yo apenas conocía comenzó a llorar. Sin saber qué decir, le di un abrazo torpe, tratando por todos los medios de demostrarle que me importaba.

Por fin logró recomponerse y dijo: «De acuerdo, iré a tu estúpida iglesia».

Me reí. «Yo no te he invitado a mi estúpida iglesia».

«Lo sé», replicó, «pero ibas a hacerlo, ¿no?».

«¡Iba a hacerlo!».

Entonces dijo: «¡Iré!».

Él y su hija de trece años fueron ese domingo, y ella le entregó su vida a Cristo. Me llamó unos días después y me dijo: «No lo entiendo, pero lo mismo que te pasó a ti le pasó a ella. Craig, probablemente también me va a pasar a mí, ¿no?».

Yo le contesté: «¡Sí, así es!».

Él dijo: «¡Bueno, entonces, reunámonos y acabemos con esto!».

Nos reunimos y elevó una oración que transformó su vida, poniendo su fe en Jesús y comprometiéndose a seguirlo para siempre.

Fue muy parecido a lo que sucedió con el carcelero de Pablo y Silas, excepto que no hubo terremoto, y en lugar de unas pocas horas, ¡tardó más de veinte años en hacerlo!

Más. De. Veinte. Años.

Comprometido a largo plazo, nunca me di por vencido con él, porque Dios lo ama y porque Dios nunca se ha dado por vencido conmigo.

Tal vez estés tentado a renunciar con respecto a alguien. No dejes de orar. No dejes de creer. Y no te rindas. Eres sal y luz. Corres hacia la oscuridad y haces brillar el amor de Jesús en ella. Dios te hizo para marcar la diferencia y tienes que ser quien eres. Eres alguien con influencia.

Así que decide de antemano: soy una persona influyente.

EJERCICIOS DE LA CUARTA PARTE

1. Enumera las áreas de tu vida en las que te relacionas con otras personas y en las que puedes influir en ellas. Piensa en interacciones diarias, semanales y mensuales para abarcar todas las que sean posibles.
2. ¿Tiendes a ser alguien que «come con pecadores», o a ser el que critica a quienes lo hacen? ¿Por qué eliges hacer eso?
3. ¿Por qué crees que tantos cristianos acaban perdiendo su identidad y se encierran en sí mismos a la hora de expresar y compartir su fe?
4. ¿Has llevado alguna vez a alguien a Cristo? Escribe lo que sucedió.
5. Aquí tienes una pregunta en tres partes:
   - Escribe el nombre de una persona que conozcas que esté alejada de Dios en este momento.
   - ¿Cómo puedes orar para que esa persona conozca a Jesús? Sé específico.
   - ¿Cómo puedes hablar de Dios con esa persona? Sé específico.
6. Escribe una oración pidiéndole a Dios que te abra las puertas para hablar de él, ojos para ver esas oportunidades, y palabras que decir cuando lleguen esos momentos. Considera hacer de esto una oración continua.
7. ¿Eres la única luz dentro de tus círculos de influencia, tal como lo era yo en mi primer trabajo? ¿Qué pasos puedes dar para brillar más y ser una influencia más fuerte para Cristo?
8. Dentro de tus círculos de influencia, ¿hay alguien que muestre interés en las cosas espirituales con quien simplemente necesitas comprometerte? Planifica cómo puedes dar los siguientes pasos con esa persona.
9. ¿Hay alguna relación en tu vida en la que necesites comprometerte a largo plazo? ¿Necesitas volver a comprometerte a orar por alguien?

PARTE 5

Seré generoso

Pero los generosos proponen hacer lo que es generoso,
y se mantienen firmes en su generosidad.

—ISAÍAS 32:8 (NTV)

Cómo ser más dichoso

En un avión, ¿prefieres el asiento de la ventanilla o el del pasillo?

Si es el de la ventanilla, ¿adivinas qué? Eres más egoísta que los demás. ¿Te parece una tontería? Estoy de acuerdo, pero mi opinión es parcial, porque yo también prefiero el asiento de la ventanilla. Sin embargo, esa es la conclusión a la que llegaron los científicos sociales tras estudiar quién opta por cuáles asientos.[18]

Si ahora mismo te sientes un poco a la defensiva, puede ser señal de que eres egoísta. Sin embargo, no te preocupes, también resulta que las personas que crecieron en la iglesia tienden a ser más egoístas.[19] Los que tienen menor inteligencia emocional también son más egoístas,[20] al igual que los que van al gimnasio,[21] los que tardan más tiempo en tomar decisiones,[22] los que estudian economía,[23] o los que son ricos.[24] Hay investigaciones que nos dicen que los hombres son más egoístas.[25] Pero antes de celebrar, señoritas, hay otras investigaciones que sugieren que en realidad son las mujeres las que son más egoístas, especialmente cuando se trata del chocolate.[26]

¿Cuál es la conclusión?

Que todos somos egoístas.

Todos, excepto las mujeres que eligen el asiento del medio en un vuelo, no crecieron en la iglesia, nunca hacen ejercicio, toman decisiones precipitadas, son pobres, tienen aversión a estudiar economía y no les gusta el chocolate. ¿Cuál es la población de ese grupo? Ocho. Sí, he investigado un poco y hay ocho personas en el mundo que se ajustan a esa descripción.

¿Y las demás?

Son egoístas.

Todos somos egoístas por naturaleza.

Es posible que estés pensando: «Yo no. A mí me importa mucho la gente. Soy un dador. Pregúntale a mi madre. ¡Ella te dirá que soy el mejor!».

Tal vez quieras contenerte antes de que te concedas el Premio Madre Teresa a la Persona Más Abnegada del Planeta, porque resulta que no eres tan desinteresado como crees.

Todos somos egoístas, pero nadie se considera egoísta.

Estamos programados para no detectar el egoísmo en nosotros mismos. Eso también está demostrado.[27] Dr. Molly Crockett, profesora asociada de la Universidad de Princeton, explica que la investigación demuestra que «cuando la gente se comporta de una manera que no está a la altura de sus normas personales, una forma de mantener su autoimagen moral es recordando mal sus faltas éticas».

¿Eh?

¡Ella está diciendo que te mientes a ti mismo! Te mientes a ti mismo para mantener tu valiosa imagen de no ser egoísta. Como Creador, Dios nos reveló esto miles de años antes de que los científicos sociales pudieran probarlo: «Más engañoso que todo es el corazón, y sin remedio» (Jeremías 17:9).

Somos egoístas por naturaleza. No obstante, hay otra cosa incluso peor: algo aviva nuestro egoísmo miles de veces al día.

Leí un artículo escrito en 2007, antes de Instagram. Antes de los originales de Netflix. Antes de Cash App. Antes de que hubiéramos oído hablar de las tostadas con aguacate. ¡¿Cómo vivíamos?! En el año 2007, una persona promedio estaba expuesta a unos cinco mil anuncios al día. Quizá no tu primo raro que vive aislado en una cabaña en el bosque. Pero a menos que tú seas ese primo raro (y si es así, ¿cómo oíste hablar entonces de este libro?), estabas expuesto a cinco mil anuncios al día, todos los días.

Una locura, ¿verdad?

El mundo ha cambiado. Tenemos redes sociales, influentes, juegos en nuestros teléfonos y tostadas con aguacate disponibles en muchos restaurantes de moda. Ahora bien, ¿cuántos anuncios vemos al día?

¡Unos diez mil!

Ah, vaya. No son buenas noticias para nosotros.

¿Por qué? Porque los estudios demuestran que mientras más anuncios vemos, más desdichados somos. Todos esos anuncios nos recuerdan lo que no tenemos, pero creemos necesitar para ser felices. (Los anuncios deberían empezar con un descargo de responsabilidad: «¡Y ahora, treinta segundos para ser desdichado!»). Nos dicen diez mil veces al día que no se puede tener una buena vida sin el nuevo iPhone, el auto, las zapatillas deportivas o las mallas deportivas Lululemon. Los anuncios insisten: «Necesitas conseguir para ser feliz». ¿Conseguir qué? Consigue eso, y eso, y eso, y eso. Consigue más».

Estamos condicionados a creer que nuestras vidas estarán incompletas hasta que adquiramos y acumulemos más cosas.

Nuestra cultura nos dice que es más dichoso conseguir.

Jesús ofrece un mensaje contracultural. Él dice: «Hay más dicha en dar que en recibir» (Hechos 20:35, DHH).

¿Entendiste?

> Serás más dichoso cuando des.

La palabra griega original traducida como «dicha» significa felicidad. Así que si quieres ser feliz, da en lugar de recibir. En lugar de ser esclavo de tus instintos y comprar lo que te parece bien en el momento, piensa en el futuro, en la vida dichosa que quieres vivir. Tendrás más felicidad cuando seas más generoso.

Lo que Jesús dijo hace dos mil años se ha demostrado hoy. Los estudios han encontrado lo siguiente:

- Las personas que daban dinero para obras benéficas tenían un cuarenta y tres por ciento más de probabilidades de decir que eran «muy felices» que aquellas que no lo daban.
- Las personas que dieron dinero tenían un treinta y cuatro por ciento menos de probabilidades de haberse sentido «tan tristes que nada podía animarlas» que aquellas que no lo daban, y un sesenta y ocho por ciento menos de probabilidades de haberse sentido desesperanzadas.

- Las personas que dedicaron su tiempo al voluntariado tenían un cuarenta y dos por ciento más de probabilidades de sentirse muy felices que aquellas que no lo hicieron.[28]

Estos estudios nos informan que si quieres ser feliz, si no quieres sentirte triste y desesperanzado, deberías dar. Jesús tenía razón, realmente es más dichoso dar que recibir.

Nuestra cultura seguirá intentando lavarnos el cerebro con la mentira embriagadora de que es más dichoso consumir. No obstante, tenemos que aceptar la verdad que Jesús nos dice: es más dichoso dar.

Haz una pausa para pensar en lo que sientes cuando das y entenderás por qué es más dichoso.

Compara los actos de recibir y dar. *Es* divertido recibir algo nuevo. Pero dar es algo más que divertido. También es espiritual. Es satisfactorio. Es gratificante. Es dichoso. Supongo que tienes algunas historias emocionales de donaciones en las que Dios te impulsó a sacrificarte para dar. Cuando lo hiciste, probablemente te sentiste invadido de satisfacción emocional.

Fuiste bendecido para ser una bendición.

Así es como puedes ser más dichoso.

Vivir una vida marcada por la generosidad intencional resulta significativo más allá de la medida monetaria. Sientes la alegría de Dios cuando él te utiliza para mostrarles su amor a los demás. Es emotivo dar. Sin embargo, es poco probable que tengas muchas historias emocionales de «consumo».

- Puede que te haya emocionado actualizar tu iPhone, pero apuesto a que no te sentiste lleno de satisfacción espiritual.
- Es posible que hayas experimentado una ráfaga momentánea de emoción al vestir ropa nueva en una cita, pero supongo que no te sentiste abrumado con la presencia y el gozo del Señor cuando usaste tu tarjeta de crédito para hacer tu compra.
- Sentiste un zumbido de adrenalina mientras conducías el auto que acababas de comprar, pero dudo que te llevara a adorar a Dios sabiendo que usó tu compra para cambiar la vida de otra persona.

¿Por qué? Porque consumir o recibir puede ser divertido, pero dar es emocional. Dar es algo bendecido por Dios.

El comportamiento impulsivo o las emociones negativas pueden inducirnos a consumir, pero la descarga de endorfinas se desvanece rápidamente. La generosidad crea un efecto duradero que nos hace sentir bien cada vez que pensamos en ello.

Es posible que hayas visto alguno de los increíbles videos de YouTube sobre el momento en que un niño sordo oye por primera vez. (Si no lo has hecho, deberías ver uno. Eso sí, no lo hagas cuando haya alguien cerca, a menos que no te importe que te vea feo llorando). Es difícil saber quién se emociona más durante ese momento tan milagroso. Yo vi varios para comprender la profundidad de las emociones experimentadas.

Vi el de un niño que nunca había escuchado un sonido. Ni a su madre decirle «te quiero». Ni a su padre cantarle una canción de cuna. Ni las olas del océano. Ni la belleza de la música. El niño nunca había oído nada.

Gracias al milagro de la medicina moderna, un pequeño aparato le permite oír. Sentado en el regazo de su madre, la escucha decir suavemente su nombre. Por primera vez, él oye.

El niño abre los ojos de par en par. Se queda con la boca abierta. Levanta las manos emocionado. Esboza la mayor sonrisa de su vida.

Por otra parte, están papá y mamá mirándolo. Por primera vez su hijo puede oír sus voces. Estallan en una sonora carcajada lagrimosa. ¿Qué es una carcajada lagrimosa? Es cuando alguien se ríe y llora tan fuerte que no se le puede llamar a esto risa o llanto. Es ambas cosas. Es alegría inconmensurable. Es gratitud exuberante. Es un milagro.

Aquí va una pregunta: ¿quién es la persona más dichosa en esa sala? Si has visto uno de estos videos, puede que te cueste decidirte.

El niño que acaba de escuchar las palabras de su madre se siente dichoso por primera vez, ¿verdad?

Pero también están la madre y el padre. Sus oraciones fueron escuchadas. Su hijo puede oír. De nuevo, eso es una bendición, ¿verdad?

Sin embargo, hay una persona más en la sala: la audióloga, la doctora que se sacrificó y estudió durante años para poder graduarse. Sin su dedicación y sus habilidades, este momento milagroso no se habría producido.

¿Quién se siente más dichoso? Probablemente el niño es el más sorprendido. Los padres, los más agradecidos. No obstante, supongo que es la doctora quien se siente más realizada y dichosa. ¿Por qué? Porque Dios la usó para cambiar la vida de una familia.

Jesús lo dijo muy claramente. Es más dichoso dar que recibir.

Y por eso queremos ser dadores, dadores generosos.

Tal vez pienses que eres generoso, pero no estás seguro. En este capítulo intentaré ayudarte a averiguarlo.

O es posible que te des cuenta de que no eres generoso, pero quieres serlo. Creo que es ahí donde muchos se encuentran hoy.

- Quieren ser generosos, pero sienten que no pueden.
- Quieren más bendiciones y tal vez necesiten darse cuenta de que Jesús dijo que esto viene de dar, no de recibir.
- Quieren ser generosos y esperan serlo algún día.

Ese es un gran sentimiento, pero hay un problema con él:

Nadie se vuelve generoso por accidente.

Piensa en las personas que conoces. Estoy seguro de que nunca has conocido a nadie que diezme por error. Nunca has sido amigo de alguien que da accidentalmente más allá de su diezmo para financiar ministerios y viajes misioneros y ayudar a los necesitados. Nunca oirás el testimonio de alguien que diga: «No sé cómo, pero cada año doy un porcentaje mayor de mis ingresos que el año anterior».

Nadie se vuelve generoso por accidente.

Sin embargo, generosos es exactamente lo que queremos ser. Queremos obedecer a Dios, queremos recibir su bendición, queremos marcar la diferencia y dejar un legado. Queremos vivir conforme a lo que dice 2 Corintios 9:6-8,11:

Pero esto digo: el que siembra escasamente, escasamente también segará; y el que siembra abundantemente, abundantemente también segará. Que cada uno dé como propuso en su corazón, no de mala gana ni por obligación, porque Dios ama al que da con alegría. Y Dios puede hacer que toda gracia abunde para ustedes, a fin de que teniendo siempre todo lo suficiente en todas las cosas, abunden para toda buena obra [...] Ustedes serán enriquecidos en todo para toda liberalidad, la cual por medio de nosotros produce acción de gracias a Dios.

¡Eso es lo que queremos! Queremos:

- Sembrar generosamente para poder cosechar generosamente.
- Ver que la gracia de Dios abunda para nosotros.
- Ser enriquecidos en todos los sentidos.
- Ser tan generosos que la gente dé gracias a Dios por nosotros.

Queremos ser generosos, pero creemos que no podemos serlo. Sí, tú puedes. Puedes si te decides de antemano.

Deja de contenerte

Las personas que no son generosas, pero quieren serlo, suelen pensar: *Cuando tenga más, daré más. Algún día podré permitirme ser generoso.*
No.
No es así como esto funciona, para nadie.
La generosidad no se relaciona con lo que tienes o no tienes. La generosidad tiene que ver con tu corazón.
Tú lo sabes. Has visto a gente pobre que es tacaña y a otra gente pobre que da de forma abundante y sacrificada. También conoces a personas ricas que están cambiando el mundo con una generosidad estratégica y plena, y a personas ricas que no están dispuestas a dar ni un centavo.
La generosidad no tiene que ver con cuánto tienes, sino con tu corazón.

> Si no eres generoso ahora, no lo serás después.

Si tuvieras más dinero, lo más probable es que no dieras más: tal vez darías menos (según Stacy Palmer, editora del *Chronicle of Philanthropy*) y tendrías más problemas (según Biggie). Lo sabemos por las investigaciones. Recientemente, en Estados Unidos, las personas que ganaron:

- menos de 25.000 dólares al año donaron el 7,7 % de sus ingresos;
- entre 25.000 y 50.000 dólares donaron el 4,6 %;
- entre 50.000 y 75.000 dólares donaron el 3,5 %;
- entre 75.000 y 100.000 dólares donaron el 3 %;
- entre 100.000 y 200.000 dólares donaron el 2,6 %; y
- 200.000 dólares o más, incluso millones, donaron el 2,8 %.

La gente cree que daría más si ganara más. Sin embargo, no es así. Los que ganan más gastan más. Cada vez compran cosas más caras. O destinan aún más dinero a los ahorros y la jubilación. No dan más cuando ganan más porque nunca se trató de la cantidad que ganaban. Siempre se trató de sus corazones.

Si no eres generoso ahora, no lo serás después.

Jesús cuenta una parábola en Lucas 12 sobre un hombre rico que tiene una gran cosecha. Su problema: no tiene espacio suficiente para almacenar todas sus cosas. ¿Qué haces en ese momento? Te das cuenta de que tienes suficiente, así que puedes regalar lo que te sobra. ¿Verdad? Te equivocas. El hombre rico hace lo que siempre ha hecho. Dice: «Ya sé. Tiraré abajo mis graneros y construiré unos más grandes. Así tendré lugar suficiente para almacenar todo mi trigo y mis otros bienes. Luego me pondré cómodo y me diré a mí mismo: "Amigo mío, tienes almacenado para muchos años. ¡Relájate! ¡Come y bebe y diviértete!"» (Lucas 12:18-19, NTV).

¿Por qué él hace lo que siempre ha hecho? Porque más dinero no te hace más generoso. Más dinero te hace más de lo que ya eres. Más dinero no cambia quién eres, solo revela quién eres.

> Si quieres ser generoso cuando tengas más, aprende a ser generoso cuando tengas menos.

Para ser generoso después debes ser generoso ahora.

Probablemente estés de acuerdo, pero es posible que sientas que no sabes cómo hacerlo o no puedes. Ahí es donde entra en juego el poder de la decisión.

Vamos a predecidir:

> Seré generoso.

Adoro a un Dios generoso. «Porque de tal manera amó Dios al mundo, que dio».

Sigo a un Salvador generoso. Es tan generoso que dio su vida por mí.

Como mi identidad está arraigada en Jesús, seré generoso.

> Dar no es solo lo que hago. Generoso es lo que soy.

Tú *eres* generoso, así que es hora de que empieces a actuar de esa manera. Es hora de tomar dos decisiones que toda persona generosa toma.

Las personas generosas
planean ser generosas

La primera decisión:

Las personas generosas planean ser generosas.

Tú podrías decir: «Pero yo pensaba que la generosidad era bendecir a la gente al azar. Ya sabes, ver una necesidad y satisfacer una necesidad».

- Ves al tipo a un lado de la calle con un cartel y le das un poco de dinero.
- Le compras la comida a alguien porque sientes un impulso.
- Pagas espontáneamente por la persona que está detrás de ti en el autoservicio.
- Vas a una recaudación de fondos y el orador es inspirador, y hay un gran termómetro, y grita: «¡Tenemos que llenarlo! ¡A nadie le gusta un termómetro medio lleno!». Así que empiezas a sentirte triste. *Ese termómetro parece patético.* Y culpable. *¿Cómo no voy a dar? Quiero decir, ese pobre termómetro.* Y escribes un cheque.
- Estás viendo la televisión por la noche y sale ese anuncio con los tristes perros hambrientos y la canción de Sarah McLachlan sobre los ángeles, y dices: «No. ¡Esto no puede ser! ¡Tenemos que ayudar a esos perros! ¿Y qué pasa con los ángeles? ¡¿Quién está conmigo y con Sarah?!», así que envías algo de dinero.

¿No es eso generosidad?

No. Eso no es generosidad, es dar.

Para ser claros, dar es bueno. Dar honra a Dios. Dar satisface necesidades. Dar bendice a las personas. Sí, quieres dar. Pero dar no es lo mismo que la generosidad.

Las personas generosas no tienen que ver una necesidad. No tienen que sentirse inspiradas o culpables. No son reactivas. No dan solo cuando tienen algo extra.

¿Qué hacen las personas generosas?

Un plan

Las personas generosas tienen un plan. Las Escrituras nos dicen: «Pero los generosos proponen hacer lo que es generoso y se mantienen firmes en su generosidad» (Isaías 32:8, NTV).

Las personas generosas planifican su generosidad y se mantienen firmes.

La mayoría de las personas tienen un plan para sus finanzas. Sin embargo, su plan no es para dar, sino para consumir, gastar y comprar. Planificamos nuestra próxima gran compra o nuestras próximas vacaciones. Si hay algo que realmente queremos, incluso investigamos. ¿Cuál es el mejor modelo? ¿Cuál tiene las mejores calificaciones? ¿Vale la pena gastar cien dólares más para obtener la calificación de 5 estrellas en lugar de la de 4,5? Investigamos y planificamos cuando se trata de recibir.

Por ejemplo, me puse manos a la obra a investigar cuando decidí que necesitaba un pequeño remolque. Mi objetivo no declarado era conocer todos los detalles de cada modelo de remolque. Estudié todas las valoraciones y reseñas y las reduje a cuatro opciones.

Luego pasé a buscar la mejor oferta. Algunas en otros estados eran más baratas, pero tendría que conducir para recogerlas, así que tuve que tener en cuenta los gastos de viaje. Las opciones de la categoría intermedia parecían estar bien de precio. Pero encontré un remolque de calidad superior con un gran descuento. Estuve debatiéndome durante unos días y entonces llamé al propietario, pero me dijo que ya lo había vendido.

Semanas más tarde, finalmente compré uno en la zona. Lo enganché a mi Honda Pilot y puse la reversa: el remolque chocó de inmediato contra mi vehículo y le causó unos daños a mi pequeño todoterreno que excedieron el valor de todo el remolque que acababa de comprar. (¿Acaso dije que puedo ser colosalmente estúpido?).

La cuestión es que investigamos y planificamos cuando se trata de recibir. Algunos lo hacen más que otros.

Sin embargo, las personas que saben que es más dichoso dar que recibir planifican su generosidad. Elaboran estrategias para dar. Le preguntan a Dios estas cosas:

- «¿Cómo puedo dar más?».
- «¿Dónde puedo causar un mayor impacto?».
- «¿A quién puedo bendecir?».
- «¿Cómo maximizo lo que me has dado?».

La generosidad no es espontánea ni fortuita, ni está impulsada por las emociones.

Es intencional y estratégica, y está impulsada por el deseo de honrar a Dios y vivir el tipo de vida que él bendice.

> Las personas generosas tienen un plan.

Tal vez pienses: *Pero yo no soy un planificador.*

Yo diría que ya tienes un plan financiero. Es posible que no esté escrito, pero tienes un plan. Puede que no sea un buen plan, pero lo tienes.

He aquí un plan típico para la mayoría de las personas hoy en día. Le llamaremos a la mayoría de las personas «Bob».

Dios le provee dinero a Bob (recibe un pago), y Bob lo gasta. En realidad, probablemente gasta más de lo que le corresponde, razón por la cual el hogar estadounidense promedio tiene una deuda de 101.915 dólares.[29] Si Dios le da a Bob un incremento de dinero —tal vez un aumento de sueldo, o una devolución de impuestos, o un ingreso extra de su negocio secundario de venta de tostadas con aguacate (Bob está atento a la última moda)— también gastará esa cantidad. Es su oportunidad de comprarse por fin ese auto más rápido, o esa olla de cocción lenta, o ese televisor de pantalla más grande, o ese estómago más pequeño (¿alguien quiere una liposucción?).

Bob gasta todo lo que recibe, o más de lo que recibe, lo que crea una falta de margen financiero, lo cual es la razón por la que Bob se preocupa tanto por el dinero. Bob oirá hablar de llevar una vida generosa, pero piensa: *Yo no puedo. Mis finanzas ya están demasiado ajustadas.* Y su falta de generosidad conduce a una falta de bendiciones.

Bob te diría que no tiene un plan financiero, pero *sí* lo tiene. Solo que no está escrito. Además, no es muy bueno.

Bob se quejaría de que tiene un problema de dinero. Pero no lo tiene. Tiene un problema espiritual. Él está buscando cosas que le den la satisfacción que solo pueden encontrarse en Jesús. Está confiando en el dinero en vez de poner su fe en Dios.

Ese es Bob, pero me pregunto: ¿Bob se parece en algo a ti?

¿Vives ese mismo ciclo?

El problema es más profundo, porque al gastar en vez de dar estás invirtiendo tu dinero (corrección, el dinero *de Dios*) en cosas que no duran. Sin embargo, Jesús dice: «No acumulen para sí tesoros en la tierra, donde la polilla y la herrumbre destruyen, y donde ladrones penetran y roban; sino acumulen tesoros en el cielo, donde ni la polilla ni la herrumbre destruyen, y donde ladrones no penetran ni roban; porque donde esté tu tesoro, allí estará también tu corazón» (Mateo 6:19-21).

Estás atrapado en un ciclo que te lleva a la falta de margen, a mucha preocupación, a la falta de impacto en la tierra y a la falta de tesoros en el cielo.

Puede que eso te resulte frustrante. Si es así, podrías describir lo que tienes como un problema de dinero. Pero no lo es. Se trata de un problema espiritual.

Es hora de romper el ciclo. ¿Cómo? Te das cuenta de que las finanzas *son* algo espiritual y eliges, como alguien devoto, poner primero a Dios.

Poner primero a Dios con tus finanzas rompe el ciclo.

Recuerda que Jesús dice: «Pero busquen primero Su reino y Su justicia, y todas estas cosas les serán añadidas» (Mateo 6:33). Él no dijo busquen primero la suscripción a Apple TV+, o busquen primero las nuevas encimeras de cuarzo, o busquen primero las últimas zapatillas deportivas Jordans, o busquen primero las entradas para el juego. No, buscamos a Dios primero en todos los sentidos, incluso con nuestro dinero. Adoramos y honramos a Dios decidiendo de antemano ser generosos, y confiamos en que Dios proveerá lo que realmente necesitamos.

Entonces, ¿cuál es un buen plan para la generosidad?

Dios nos da uno que es poderoso y cambia la vida: el diezmo. Leemos en Malaquías 3:10: «Traigan todo el diezmo al alfolí, para que haya alimento en Mi casa».

La palabra hebrea traducida como «diezmo» es *hamma'aser*. La misma significa un décimo, o diez por ciento. Devuélvele a Dios el diez por ciento de aquello con lo que te bendice como una forma de ponerlo primero en tus finanzas, como un acto de adoración y obediencia.

Podrías estar pensando: *¡Vaya! ¿Dar el diez por ciento de todo el dinero que gano? Es imposible que pueda vivir con el noventa por ciento. ¡Escasamente puedo hacerlo con el cien por ciento!*

Lo entiendo. La primera vez que oí hablar de darle el diez por ciento a Dios, pensé: *¿Qué? Es imposible. No puedo permitirme hacer eso. Tendría que reorganizar mi vida. Tendría que hacer algunos cambios significativos para darle la prioridad a Dios y ponerlo en primer lugar.* Parecía imposible.

Una promesa

Creo que Dios pudo prever nuestra reacción y nuestras objeciones, porque esta es la única vez en las Escrituras que nos dice que podemos ponerlo a prueba. En todas partes se nos dice que no pongamos a prueba a Dios, pero aquí Dios nos anima a hacerlo si estamos indecisos o tenemos dudas. «"Traigan todo el diezmo al alfolí, para que haya alimento en Mi casa; y pónganme ahora a prueba en esto", dice el Señor de los ejércitos, "si no les abro las ventanas de los cielos, y derramo para ustedes bendición hasta que sobreabunde"» (Malaquías 3:10).

Dios promete que nos proveerá si lo ponemos a él en primer lugar.

Algunos dicen que el diezmo es solo un principio del Antiguo Testamento. Sin embargo, quinientos años después Jesús confirmó el diezmo y respaldó la garantía de Dios con otra promesa de derramar bendiciones sobre los que diezman.

Los fariseos estaban siendo hipócritas (sorpresa, sorpresa), y Jesús les dijo que *debían* diezmar, pero que también necesitaban acogerse a la justicia, mostrar misericordia y vivir por la fe. Mientras los corregía por su falta de amor, les dijo: «Es cierto que deben diezmar, pero sin descuidar las cosas más importantes» (Mateo 23:23, NTV).

Jesús ratificó el diezmo. También confirmó la promesa de Dios de bendecir a los que dan generosamente: «Den, y les será dado; medida buena, apretada, remecida y rebosante, vaciarán en sus regazos. Porque con la medida con que midan, se les volverá a medir» (Lucas 6:38).

¡Vaya! ¡Yo quiero eso! ¿No quieres participar en el plan de Dios para la generosidad?

La prioridad

Su plan es que le devolvamos el diez por ciento, el *primer* diez por ciento. En Proverbios 3:9-10 se nos dice: «Honra al Señor con tus bienes y con las primicias de todos tus frutos; entonces tus graneros se llenarán con abundancia y tus lagares rebosarán de vino nuevo».

¿Notaste que dice *primicias*? Las personas generosas ponen primero a Dios. Eso requiere fe. No se necesita fe para darle a Dios lo que te sobra. *La recogida de la ofrenda está llegando. Veamos cuánto tengo en mi billetera. Ah, tengo veinte dólares. Sí, puedo echarlos.* Eso no es generosidad, porque no está planeado y no requiere fe. Lo que requiere fe es darle a Dios el primer diez por ciento. «El propósito de los diezmos es que aprendas a poner a Dios siempre en el primer lugar de tu vida» (Deuteronomio 14:23, NBV).

¿Cómo le damos el primer diez por ciento, utilizamos nuestra fe y nos aseguramos de que no es lo que nos sobra? Cuando te pagan, el diezmo es la primera transacción financiera que haces, no la última. Si esperamos hasta lo último, miraremos cuánto sobra, y entonces el diez por ciento rápidamente se convierte en cinco por ciento, o tres por ciento, o uno por ciento, o nada. Es por eso que darle primero a Dios es una parte tan crucial de tu decisión de ser generoso.

¿Y notaste, en Proverbios 3:9-10, que Dios promete una vez más bendecir con abundancia a aquellos que primero le dan generosamente?

Algunos se preguntarán: «¿No es eso una especie de evangelio de la prosperidad en el que se le promete a las personas que se harán ricas si dan?». No, este no es un evangelio de la prosperidad, este es el evangelio de la generosidad. Hay una diferencia.

Los que abrazan el evangelio de la prosperidad dan para recibir.

Los que abrazan el evangelio de la generosidad dan para dar.

¿Bendecirá Dios a los que dan? ¡Sí! Él promete que lo hará. ¿Significa eso que todos los que den conducirán un Rolls Royce, se irán de vacaciones a Italia o serán criptomillonarios? Por supuesto que no. Pero Dios bendice a los generosos.

Debido a que las bendiciones de Dios son eternas, él tiene un sistema de valores totalmente diferente al del mundo. En Isaías 55:9, él dice: «Porque como los cielos son más altos que la tierra, así Mis caminos son más altos que sus caminos, y Mis pensamientos más que sus pensamientos». Sus caminos y pensamientos redefinen lo que es la bendición y la generosidad.

Cuando decides de antemano poner primero a Dios en tus finanzas, él promete abrir las compuertas y derramar bendiciones sobre ti. Y afortunadamente, lo que Dios provee es mucho más grande y mucho mejor que solo bendiciones monetarias. Sus bendiciones pueden ser económicas o no, pero Dios es el dador supremo y nos asegura que se mostrará fiel.

Como Jesús dijo, es más dichoso dar que recibir.

El giro

Si haces los cambios necesarios con el fin de poner a Dios en primer lugar, decidiendo vivir según su plan para la generosidad, cambiarás el ciclo. ¿Recuerdas el ciclo típico?

Gastar todo o más de lo que ganamos, estar apretados financieramente, vivir de cheque en cheque, enloquecernos y preocuparnos más y más, y siempre desear tener dinero para dar no está funcionando para nadie. Es hora de romper el ciclo.

Cuando ponemos a Dios en primer lugar, decidiendo de antemano darle a él primero, creamos un ciclo diferente.

Decidimos confiar en Dios, así que le devolvemos nuestro primer diez por ciento.

> Le damos a Dios lo primero y lo mejor. Confiamos en que Dios bendecirá el resto.

Dios entonces demuestra ser fiel, y eso fortalece nuestra fe. Aquí es cuando todo se vuelve poderoso, porque en el lugar del miedo, Dios forja nuestra fe. Cuando la fe sustituye a la preocupación, experimentamos la bendición de la generosidad y nos encontramos pensando en dar aún más (en lugar de desear poder dar algo).

> La generosidad permite que la fe sustituya al miedo. La generosidad permite que la dicha reemplace a la preocupación.

El ciclo de la fe cambia tu vida y te permite cambiar el mundo.

Déjame contarte sobre algunos de mis amigos que decidieron previamente poner a Dios primero diezmando, y luego, a medida que su fe crecía, hicieron que su generosidad planificada aumentara.

- Tengo un amigo que predecidió dar, por encima de su diezmo, cincuenta dólares al mes según lo guíe el Espíritu. Él siempre está atento a las oportunidades que Dios le da para bendecir a alguien y ha presupuestado cincuenta dólares al mes para hacerlo.
- Conozco a otra persona que predecidió aumentar continuamente su nivel de generosidad en un uno por ciento cada año, partiendo del diez por ciento.
- Tengo otro amigo que predecidió donar una parte específica de su declaración de impuestos cada año a la aplicación bíblica YouVersion para ayudar a financiar que la Palabra de Dios llegue al mundo.
- También conozco a una pareja que ha sido tan estratégica con el dinero que Dios les ha dado, y que cree tan apasionadamente que es mejor dar que recibir, que dona el cincuenta por ciento de las ganancias de sus negocios a ministerios alrededor del mundo.

¿Sabes qué tienen en común todas esas personas? Son más dichosas. Son más alegres. Se sienten más realizadas. Y están marcando una gran diferencia en este mundo.

¿Cómo sucede eso?

No por accidente.

Las personas generosas planean ser generosas.

¿Qué pasaría si pusieras diez dólares, quizá veinte, en tu bolsillo y luego le pidieras a Dios que te mostrara quién los necesita más que tú?

Puedes averiguarlo por ti mismo si lo decides de antemano.

5.4

Las personas generosas redondean por exceso

Hace años fui a un restaurante y la mesera no fue amable. Cuando digo que «no fue amable», quiero decir que *no* fue amable.

Cuando llegó el momento de pagar la cuenta, sentí que el Espíritu me impulsaba a redondear y bendecirla con una gran propina. No era una cantidad enorme, pero seguí esa dirección y le di una propina más grande que de costumbre. Pagué, me fui y me olvidé del asunto.

Un tiempo después, un amigo de la iglesia me contó que había conocido a una mesera que me había atendido en un restaurante. Esta mesera reconoció que no había sido amable conmigo, porque sabía quién era yo y no le gustaba Dios ni nuestra iglesia. Ella hizo un mal trabajo intencionalmente, así que cuando vio que le di una gran propina, se sintió confundida. Dijo que le ablandó el corazón que yo la bendijera a pesar de su mala educación. Poco después, algunas cosas dolorosas ocurrieron en su vida. Dolida, pensó: *Bueno, supongo que podría intentar ir a esa iglesia.* Lo hizo, y su vida cambió.

Y todo comenzó con un pequeño y simple redondeo.

La segunda decisión previa que toman las personas generosas es redondear por exceso.

Me encanta Proverbios 21:26, en el que Salomón compara al perezoso con el justo: «Todo el día se lo pasa codiciando, pero el justo da con generosidad» (NBV). Para ser honesto, no estoy exactamente seguro de cómo es un perezoso, pero es una palabra que no suena agradable y no quiero ser uno. Quiero ser justo, lo que significa que necesito dar y no retener.

Nosotros redondeamos por exceso.

Jesús nos enseña a redondear. En Mateo 5:41 él dice: «Y cualquiera que te obligue a ir un kilómetro, ve con él dos». Y «al que quiera quitarte la camisa, dale también tu chaqueta de Members Only». (Esa es mi paráfrasis personal de 1987 del versículo 40).

No te limites a dar lo que se espera de ti. Da más. Haz más. Redondea por exceso.

Esto se ve una y otra vez en la Biblia.

El Buen Samaritano iba caminando cuando vio a un hombre golpeado y dado por muerto. Curó sus heridas con aceite, lo vendó y lo llevó a un hotel. En ese momento no dijo: «Está bien, hice lo que pude. Buena suerte». No. «Al día siguiente, sacando dos denarios se los dio al mesonero, y dijo: "Cuídelo, y todo lo demás que gaste, cuando yo regrese se lo pagaré"» (Lucas 10:35).

Él redondeó por exceso.

Zaqueo era un recaudador de impuestos para los romanos —no muy diferente a un mafioso— que obligaba a los lugareños a darle su dinero. Entonces se encontró con Jesús y su vida fue transformada por la gracia. Él anunció que iba a enmendar las cosas con las personas a las que les había hecho daño. ¿Así que les devolvió lo que les había quitado? No. Zaqueo redondeó. «Señor, la mitad de mis bienes daré a los pobres, y si en algo he defraudado a alguien, se lo restituiré cuadruplicado» (Lucas 19:8).

¡Piensa en eso! *Cuatro* veces más. Estaba tan abrumado por las bendiciones de la gracia de Dios que se sintió obligado a darles a los demás de una forma extravagante.

Las personas generosas predeciden redondear, porque ser generosas no es solo algo que hacen, es lo que son. Así que planean ser generosas. Se mantienen firmes en su generosidad. Orientan estratégicamente sus vidas en torno al valor de bendecir a los demás. Cuando Dios bendice a los generosos con más, estos dicen:

> No solo elevaremos nuestro nivel de vida.
> Elevaremos nuestro nivel de dar.

La próxima vez que estés calculando cuánta propina dar, bendice a tu mesera o mesero redondeando por exceso. Si preparas una comida para alguien, prepara también un aperitivo y un postre. Si le das a alguien una tarjeta con dinero para que pueda salir a cenar, ofrécete también a cuidar a sus hijos.

Vi una impresionante muestra de generosidad en un viaje misionero a un país empobrecido. Si nunca has estado allí, imagínate casas con piso de tierra y sin electricidad, agua corriente ni tuberías interiores. Estábamos en la casa de una mujer, sentados afuera sobre troncos, cuando ella me dio un poco de carne que había cocinado. Le dije: «Muchas gracias», y entonces nuestro traductor me comentó: «Deja que te cuente la historia que hay detrás de esto». Por aquel entonces, mi mujer no comía carne, así que yo había bromeado en un sermón en nuestra iglesia sobre la necesidad de la carne. *¡Un hombre necesita carne! ¡Que alguien me traiga carne!* Bueno, de alguna manera esta mujer había oído hablar de eso antes de que llegáramos a su país. Nuestro traductor me explicó: «Ella misma no ha comido carne desde hace varios meses. Pero cuando se enteró de que tú venías y realmente necesitabas carne, ahorró para poder bendecirte».

¡Vaya!

Permítete asimilar bien eso. Una mujer que no tenía casi nada se sacrificó para bendecirme a mí, un hombre que lo tiene casi todo. Apenas pude dormir aquella noche y todavía me emociono al recordar su extravagante regalo.

Esto me recuerda a los cristianos macedonios de los que leemos en la Biblia. «Ahora quiero que sepan, amados hermanos, lo que Dios, en su bondad, ha hecho por medio de las iglesias de Macedonia. Estas iglesias están siendo puestas a prueba con muchas aflicciones y además son muy pobres; pero a la vez rebosan de abundante alegría, la cual se desbordó en gran generosidad. Pues puedo dar fe de que dieron no solo lo que podían, sino aún mucho más. Y lo hicieron por voluntad propia. Nos suplicaron una y otra vez tener el privilegio de participar en la ofrenda para los creyentes de Jerusalén» (2 Corintios 8:1-4, NTV).

¿Entendiste eso? No pensaron: *Cuando tengamos más, daremos más. Algún día esperamos ser generosos.* No, ellos dieron más cuando menos tenían.

Las personas generosas redondean por exceso.

Había un caballero en nuestra iglesia que daba su diezmo —él adoraba a Dios dándole el primer diez por ciento de sus ingresos—, pero escuchó algunas enseñanzas sobre la generosidad y pensó: *¿Por qué paré en el diez por ciento? Podría dar más.* Así que decidió redondear dando el quince por ciento de sus ingresos en lugar del diez por ciento. Dios lo había bendecido y quería ser una bendición.

A la semana siguiente, asistió a nuestro servicio religioso del sábado por la noche, que estaba dirigido por una líder de alabanza invitada llamada Mindy. Después de llegar a casa, lo asaltó el pensamiento: *Se supone que debo darle a esa señora que dirigió el culto esta noche.* Lo intentó, pero no pudo deshacerse de la idea. Sintió como si esto viniera de Dios.

Volvió a la iglesia al día siguiente y le entregó a un pastor un sobre lleno de dinero en efectivo, explicándole que sentía que había escuchado a Dios y necesitaba darle el dinero a la adoradora de la noche anterior. Lo que no sabía era que el esposo de Mindy, Bryce, padecía una enfermedad sanguínea muy rara. Debido a esto, Mindy le dedicaba toda su atención y no podía trabajar a tiempo completo. Ellos tenían varios hijos. El fin de semana en que ella dirigió el culto, su familia pasaba por un momento muy difícil. Bryce estaba a punto de recibir un trasplante de células madre.

Cuando Mindy y Bryce recibieron el dinero, lloraron. Esta fue una confirmación directa, inmediata y personal de que Dios vio su dolor y se preocupó por su necesidad. Dios amaba tanto a esta familia que incitó a un completo desconocido a dar lo que parecía un regalo extravagante al azar. Dios satisfizo su necesidad. ¡Él es tan bueno!

Sin embargo, Mindy y Bryce no fueron los únicos bendecidos en este momento milagroso. Cuando el hombre que había dado el dinero escuchó la historia sobre su necesidad financiera, se quedó absolutamente asombrado de que Dios le hubiera hablado de una manera tan específica. Él sabía sin lugar a dudas que Dios le había hablado. Lloró de alegría al saber que el Señor lo había utilizado para cambiar la vida de alguien. Y esto sucedió porque fue generoso. Porque tenía un plan, y redondeó por exceso.

Mantente firme en la generosidad

Si te cuesta imaginarte a ti mismo viviendo con generosidad, lo comprendo. No soy una persona generosa por naturaleza. Cuando se trata de dinero, me educaron para guardar a toda costa, y no para dar.

En mi libro *Gana la guerra en tu mente*, escribí en detalle sobre cómo crecí con una mentalidad de escasez extrema. Después de aprender sobre la Gran Depresión, viví con un miedo irracional y abrumador de que la economía volviera a derrumbarse. Mientras otros niños se preocupaban tras perder los exámenes de ortografía, yo me pasaba la noche en vela preocupado por si mi familia se quedaba en la calle y tenía que buscar comida en las canecas de la basura.

Cuando me daban dinero en mi cumpleaños o me pagaban por hacer de niñero o cortar el césped, me sentía un poco más seguro. Como sospechaba que los bancos no eran de fiar (un temor que aprendí de mi abuela, que sobrevivió a la Gran Depresión), escondía el dinero debajo de la alfombra en mi escondite secreto, el rincón trasero del armario. Mi pequeño botín enterrado detrás de la ropa sucia me daba la ilusión de seguridad. Si la economía colapsaba, al menos tendría suficiente dinero para sobrevivir unas semanas.

De modo que cuando me convertí al cristianismo en la universidad, Dios tenía mucho que hacer en cuanto a mi relación disfuncional con el dinero. Mi primer gran obstáculo llegó cuando aprendí sobre el diezmo y leí versículos exigentes como Lucas 16:13, donde Jesús dice: «No pueden servir a Dios y a las riquezas». Dar el diez por ciento se sentía como perder una porción significativa de mi seguridad. Fue entonces cuando él me mostró algo claramente:

Estaba poniendo mi confianza en el dinero y no en Dios.

Dios estaba a punto de enseñarme algo nuevo.

Después de trabajar todo el verano enseñando tenis, había ganado lo que parecía mucho dinero para un veinteañero. Convencido por primera vez de que debía confiarle mis finanzas a Dios, recuerdo con claridad que me tembló la mano cuando escribí nervioso mi primer cheque del diezmo. (Si no sabes lo que es un cheque, no te preocupes, un par de mis hijos mayores tampoco lo sabían. Saca un momento y dale gracias a Dios por la tecnología moderna).

Después de adorar y honrar a Dios con mi primer diezmo, me sorprendió sentir una paz inexplicable en mi corazón que el dinero no podía comprar. Y tal como lo había prometido, Dios demostró su fidelidad proveyéndome de una manera que podía solo provenir de él. Treinta y seis años después, nunca he dejado de diezmar.

Sin embargo, quiero ser honesto y decirte que superar mi mentalidad de miedo con respecto al dinero ha sido extremadamente difícil. Mirando hacia atrás, ahora me doy cuenta de que mi problema no estaba relacionado con el dinero. Mi problema era un problema espiritual.

> Estaba confiando en lo que podía ver en lugar de confiar en lo que Dios había dicho.

A medida que he confiado en Dios y he dado generosamente, he descubierto que lo que Jesús promete es más cierto de lo que jamás hubiera imaginado. He aprendido la verdad detrás de versículos como Mateo 7:24, donde Jesús dice: «Por tanto, cualquiera que oye estas palabras Mías y las pone en práctica, será semejante a un hombre sabio que edificó su casa sobre la roca».

Realmente es más dichoso dar que recibir.

Al poco tiempo empecé a redondear por exceso dando algunas ofrendas además de mi diezmo. Luego me casé con Amy, y ella era más generosa por naturaleza. Aunque nuestros ingresos eran limitados y nuestras finanzas escasas en los primeros años, ella me ayudó a crecer aún más en el gozo de la generosidad.

Cuando estábamos comenzando, utilizábamos el sistema de sobres para presupuestar nuestro dinero. Al principio de cada mes, poníamos el dinero para comprar alimentos en un sobre, el dinero para la gasolina en otro, y el dinero para imprevistos en otro. Teníamos un sobre para cada gasto.

Un mes, cuando aún nos faltaban diez días para cobrar, fuimos a la tienda de comestibles con solo sesenta dólares. Estábamos comprando en el pasillo de los cereales, inspirados por mis héroes de la infancia —el Conejo Trix, el Oso Azucarero y Cap'n Crunch[30]— cuando vimos a una señora con cuatro niños pequeños que obviamente estaba atravesando un tiempo muy difícil. De repente, sentí que debíamos darle el dinero de la compra. Sabiendo que necesitábamos comida, intenté deshacerme de esa sensación. Fue entonces cuando Amy me miró, luego a la madre soltera, y preguntó: «¿Estás pensando lo mismo que yo?».

Me acerqué a la mujer. «Señora», le dije, haciendo todo lo posible para que no resultara incómodo, «yo... realmente siento que... no puedo explicarlo, pero... bueno, siento que se supone que debemos darle esto». Le di el resto del dinero para la comida de nuestro mes.

Cuando le dimos el dinero, intentó negarse. Insistimos y comenzó a llorar. Nos abrazó. Lloró más. Volvió a abrazarnos. Lloró un poco más.

Dios utilizó nuestro pequeño regalo para bendecirla.

Dios utilizó nuestro pequeño regalo para bendecirnos *a nosotros* aún más.

Cuando llegué a casa, lloré y lloré. Mis lágrimas no eran por ella. Eran por mí. ¿Por qué había sido tan egoísta durante tantos años? ¿De cuáles bendiciones me había perdido? Dios estaba haciendo una obra en mí. Y decidimos no solo diezmar, sino reorientar nuestras vidas en torno a la generosidad.

Un par de años después, cuando Amy y yo fundamos Life.Church, nos sentimos impulsados por Dios a hacer una donación económica realmente grande. En esencia, Dios nos indujo a redondear. Vaciamos nuestras cuentas corrientes y de ahorros, dando con alegría todo lo que pudimos.

Mientras seguíamos creciendo en el deseo de ser generosos, iniciamos lo que llamamos «recibe uno, da uno». Todo empezó con las camisetas. Si compras una camiseta nueva, regala una que tengas. Luego añadimos la norma de comprar un par de pantalones, y regalar un par de pantalones. De ahí pasamos a los muebles. Obtén una silla, regala una silla. Luego incluimos los electrodomésticos. Obtén un refrigerador, regala un refrigerador. Luego íbamos a comprar un auto. Pensé: *¿Compra un auto y regala un auto? No. Compra un auto y véndele un auto a alguien por un precio justo.* Sentía que era demasiado para regalar, pero Dios obró en mí. Era como si me dijera: *Regala tu auto, Craig. Y redondea. Llena el tanque. Ponle atención a todos los detalles. Entrégaselo a la persona en lugar de que vaya a recogerlo.* Una parte de mí pensaba que era una locura, pero la otra parte de mí no podía negarse a la idea. ¿Estoy seguro de que ese pensamiento venía de Dios? No, pero era seguro que sonaba como él. Recuerda, el Señor dice que es más dichoso dar que recibir.

He aprendido que Dios es fiel y que el viejo cliché es cierto:

No puedes dar más que Dios.

Hasta el día de hoy, tenemos cuidado de vivir por debajo de nuestras posibilidades, no porque me siga moviendo el miedo, sino porque queremos dar lo máximo posible. Citando a mi amigo Dave Ramsey:[31]

Vamos a vivir como nadie para poder dar como nadie.

Si quieres ser generoso algún día, empieza a serlo hoy. Si quieres ser generoso cuando tengas más, aprende a serlo cuando tengas menos.

Predecide: seré generoso.

Ser generosos no es solo lo que hacemos, es lo que somos. Fuimos creados a imagen de un Dios generoso que dio a su Hijo por nosotros. Nuestro Dios generoso nos dice que es más dichoso dar que recibir. Seremos más felices. Representaremos mejor a nuestro Dios. Tendremos un mayor impacto y dejaremos un mejor legado.

Sabiendo que la generosidad nunca ocurre por accidente, planificamos y nos mantenemos firmes en nuestra generosidad.

Predecidimos: seré generoso.

EJERCICIOS DE LA QUINTA PARTE

1. En una escala del 1 al 10, ¿cómo calificarías tu egoísmo hoy? Explica tu puntuación.
2. ¿Cuál es la acción más generosa que has llevado a cabo? (No tiene que ser económica). ¿Cómo te hizo sentir tu generosidad?
3. En una escala del 1 al 10, ¿cómo calificarías tu generosidad hoy? Explica tu puntuación.
4. ¿Ves alguna relación entre tus puntuaciones en cuanto al egoísmo y la generosidad? Explica.
5. Considera esta afirmación de la p. 155: «Queremos ser generosos, pero creemos que no podemos serlo». ¿Es cierto esto en tu caso? ¿Hay algo que te impide ser más generoso?
6. ¿Estás de acuerdo con esta afirmación de la p. 157: «Más dinero no cambia quién eres, solo revela quién eres»? ¿Por qué sí o por qué no?
7. ¿Hay alguna situación en la que te sientas impulsado a ser generoso o satisfacer una necesidad, pero aún no lo has hecho? ¿Qué pasos puedes dar para seguir ese impulso?
8. Reflexiona sobre la diferencia entre dar y ser generoso. ¿Sientes que hay un abismo entre tu dar y tu generosidad? Explica.
9. Describe brevemente tu plan financiero.
10. ¿Cuál de estos dos ciclos financieros se adapta mejor a ti? Explica.

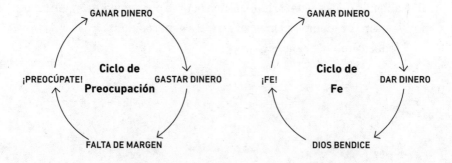

11. ¿Qué medidas podrías tomar para darle a Dios tu *primer* diez por ciento?
12. ¿Cuál es una situación recurrente en la que sabes que puedes redondear por exceso?
13. Hablé de mi mentalidad y los miedos acerca del dinero que me transmitieron de niño. ¿Tienes algún patrón de pensamiento no saludable sobre el dinero del que necesites desprenderte? Explica.
14. Dedica unos minutos a orar y pedirle a Dios que te ayude a desarrollar tu propio plan para la generosidad. Considera la posibilidad de planear metas pequeñas a la vez que estableces grandes objetivos. Escribe tus pensamientos.

PARTE 6

Seré constante

Por tanto, mis amados hermanos, estén firmes, constantes, abundando siempre en la obra del Señor, sabiendo que su trabajo en el Señor no es en vano.

—1 CORINTIOS 15:58

6.1

Inconstante anónimo

Hola, me llamo Craig y soy inconstante.

Es un poco vergonzoso (aunque no tanto como quedarse atascado intentando escalar los muros de la iglesia), y me encantaría que fuera anónimo, pero voy a decirlo.

¿Te gustaría tomar asiento en esta reunión de Inconstantes (no tan) Anónimos?

Si luchas contra la falta de constancia, probablemente tengas buenas intenciones. El verdadero problema es el seguimiento, acabar lo que comenzamos. Puede que seas inconstante en alguna de estas áreas:

- alimentación
- hacer ejercicio
- crianza de los hijos
- ahorrar dinero
- llamar a tu madre
- orar
- leer la Biblia
- escribir un diario
- llegar a tiempo

Es posible que estés pensando: *¡En lo único que soy constante es en ser inconstante!*

Lo siento, bromear sobre esto es probablemente demasiado doloroso para ser gracioso. La verdad es que nuestra inconstancia es insidiosa. Leemos en la Sagrada Escritura: «Una persona sin control propio es como una ciudad con las murallas destruidas» (Proverbios 25:28, NTV). Sin autocontrol, sin constancia, somos vulnerables a las tentaciones, las adicciones dañinas, el comportamiento destructivo y los ataques espirituales de nuestro enemigo. La falta de constancia abre la puerta a todo tipo de problemas tóxicos. Infecta tu vida, daña tu salud, arruina tus finanzas, mata tu confianza, e interrumpe la intimidad que deberías tener *con* otros y la influencia que podrías tener *en* otros.

Si tu vida no es lo que quieres, probablemente se deba a que has sido infectado por la inconstancia.

Te entiendo.

Hay muchas áreas de mi vida en las que he sido vergonzosamente inconstante. Por ahora, hablaré solo de una.

Orar juntos *suena* fácil

Hola, me llamo Craig y siempre he creído que es importante orar con mi esposa.

Está comprobado que orar juntos es bueno para la salud de tu matrimonio. En Estados Unidos, cerca del cincuenta por ciento de los primeros matrimonios acaban en divorcio, y el setenta y ocho por ciento de los segundos matrimonios acaban en divorcio también. Sin embargo, menos del uno por ciento de las parejas que oran juntas a diario le ponen fin a su matrimonio.[32] Haz una pausa para asimilar esto. Orar juntos puede ser la mejor protección posible para un matrimonio. No obstante, solo el once por ciento de las parejas oran juntas.

Además, soy pastor. Hay cosas que los pastores no deben hacer y otras que sí.

Los pastores no deben decir en un funeral: «¡Cenizas a las cenizas, polvo al polvo, iy espero que este ataúd no se oxide!». (Puede que lo sepa por experiencia. En mi defensa, solo tenía veintidós años entonces).

Los pastores deberían orar con sus cónyuges.

¿No es cierto? Parece lo mínimo.

Debido a que deberíamos, siempre quise orar con Amy, pero durante años y años fuimos increíblemente inconstantes. («Inconstantes» es una forma generosa de decir que casi nunca orábamos juntos).

Me sentía culpable y le decía a Amy: «Te amo. Y amo a Dios. Y soy un *pastor* que te ama y ama a Dios. Deberíamos orar juntos. ¡Esta vez lo haremos de verdad!». Y lo hacíamos... durante tres días. Luego parábamos. Pasaban unos meses, y mi culpa volvía a surgir, así que anunciaba de nuevo: «¡Amy, prepárate para orar juntos, porque vamos a hacerlo!». Y empezábamos de nuevo, y luego parábamos.

¿Por qué?

Aunque podría darte una larga lista de excusas, te daré solo tres.

1. *Amy tarda mucho en empezar a orar.* Cuando estoy listo para comenzar, ella todavía está haciendo una especie de ejercicio de respiración previo a la oración que le toma una eternidad. Le digo: «Amy, ¿podemos empezar? Amy, tu respiración está bien. Estamos intentando mejorar en orar juntos, no en respirar juntos». Una vez creo que escuché la voz de Dios decir: «Amy, él tiene razón. Comencemos con esta oración». (Amy niega haber oído algo. Creo que estaba demasiado ocupada respirando).

2. *A Amy le gusta orar más tiempo que a mí.* Cuando le digo: «Amy, vamos a hacerlo», doy por descontado que vamos a orar juntos durante unos minutos. Ella pone algo en el horno y me dice que tenemos que haber terminado de orar para cuando esté listo.

3. *Cada vez que empezamos a orar, sucede algo.* Con seis niños, siempre ocurre algo. «Algo» puede significar la salida de líquido del cuerpo de un niño, o que la cabeza de un niño se quede atascada entre las barandillas de la escalera, o que una muñeca Polly Pocket se vaya por el inodoro, o que se trague exactamente 1,25 dólares en monedas de cinco centavos justo cuando el niño necesita que le devuelvan las monedas de su alcancía para comprar un helado.

Para ser justos, si estás leyendo entre líneas, sí, Amy siempre estaba dispuesta a que oráramos juntos. Pero también seguía mi ejemplo. Yo sabía que debíamos orar juntos, pero rara vez o nunca lo hacíamos.

He sido inconstante.

¿Por qué no hago lo que quiero?

¿Has sido inconstante? Es posible que hayas querido practicar ciertas disciplinas espirituales, o que desees a toda costa cuidar mejor tu salud, o que hayas decidido discipular a tu hijo, o hacer estiramientos regularmente, o llevar un diario de gratitud, y sin embargo, has sido increíblemente inconstante.

Repito, te entiendo.

Me reconforta saber que uno de los héroes de nuestra fe, un hombre que escribió gran parte del Nuevo Testamento, también luchó contra la inconstancia. El apóstol Pablo confiesa: «Realmente no me entiendo a mí mismo, porque quiero hacer lo que es correcto pero no lo hago. En cambio, hago lo que odio [...] Quiero hacer lo que es correcto, pero no puedo. Quiero hacer lo que es bueno, pero no lo hago. No quiero hacer lo que está mal, pero igual lo hago» (Romanos 7:15, 18-19, NTV).

Pablo nos comprende.

¿Cuántas veces has pensado: *No me entiendo a mí mismo. No sé por qué hago lo que hago. ¿Por qué no hago el bien que quiero hacer? ¿Por qué sigo haciendo lo malo que no quiero hacer?*

¿Quieres saber quién más ha pensado eso?

¡Todo el mundo!

Nuestra reunión de Inconstantes Anónimos está llena de participantes que no quieren estar allí, pero saben que tienen que estar.

Intentamos no preocuparnos al respecto, pero, sinceramente, las consecuencias de nuestra inconstancia pueden ser catastróficas.

Si sabes que tu constancia es importante, pero descubres que estás siendo inconstante; si estás cansado de tener buenas intenciones, pero te quedas corto una y otra vez, es hora de tomar una decisión de antemano:

Seré constante.

Hablando de constancia, si has leído algunos de mis libros más recientes, notarás una ligera coincidencia con respecto a algunos temas de los próximos capítulos. Recuerdo con mucha frecuencia que estas áreas de la mentalidad, la actitud y las decisiones son algunos de nuestros mayores desafíos en la vida y la fe. Zig Ziglar enseña sobre el poder de la repetición: «Tenemos que oír algo dieciséis veces para captar el mensaje completo. Oírlo una y otra vez puede hacer que las decisiones se conviertan en compromisos».[33] Yo también creo eso, así que mi elección de repetir algunas verdades es intencional.

Como dice Zig, es hora de «hacer que las decisiones se conviertan en compromisos», y luego aprender a vivir ese compromiso.

Tú puedes hacerlo.

Y cuando lo hagas, tu constancia lo cambiará todo.

El poder de la constancia

¿Cuál es la cualidad que necesitas para vivir tus decisiones de estar preparado, ser devoto, fiel influente y generoso?

Si hay una cualidad que es la más importante para la trayectoria del resto de tu vida, para tu fortaleza espiritual, impacto ministerial, salud física, intimidad relacional, éxito laboral y potencial financiero, ¿cuál crees que es?

Tengo buenas noticias.

No es ninguna de estas:

- *Genética*. Eso ya lo sabes. Puedes pensar en hermanos con la misma genética que han tenido vidas diferentes.
- *Origen*. Sabes de personas que superaron entornos difíciles y tuvieron éxito.
- *Apariencia*. ¿Podrías nombrar a una persona no tan atractiva y sin sentido de la moda que esté arrasando en la vida? Pues sí. (Pero quizá no deberías mencionar nombres).
- *Inteligencia o educación*. Todos conocemos a personas inteligentes con muchos títulos que siguen luchando en la vida.

Esta es una buena noticia debido a que no puedes cambiar tu genética ni tu origen, no hay mucho que puedas hacer con tu apariencia, y no hay una píldora mágica que aumente la inteligencia en venta en las farmacias.

Entonces, ¿cuál *es* la cualidad esencial?

La constancia.

Y ahora mismo estarás pensando: *Bueno, pues estoy en problemas*.

¿Tengo razón? Como ya hemos establecido, no vas a ganar ninguna medalla de oro cuando se trata de la constancia.

Muchos de nosotros somos increíblemente inconstantes y necesitamos ayuda para ser constantes, para convertir nuestras buenas intenciones en hechos eficaces.

¿Por qué?

Porque las personas con buenas intenciones hacen promesas, pero las personas con constancia hacen progresos.

Nadie es innato

¿No te encantaría ser increíble en algo? ¿Impresionante como nadie?

He hablado muchas veces a lo largo de los años sobre Malcolm Gladwell, un periodista que pasó años estudiando a las personas exitosas. Él quería saber: ¿Por qué tienen éxito? ¿Están dotadas por naturaleza? ¿Heredaron supergenes de sus padres? ¿Tienen suerte?

¿Qué descubrió?

Diez mil horas.

En su libro *Fuera de serie: Por qué unas personas tienen éxito y otras no*, Gladwell escribe que, en general, las personas que son excelentes en algo le dedican diez mil horas de práctica. Su grandeza es el resultado de la constancia.

Nosotros no suponemos eso. Tendemos a pensar que algunas personas son simplemente mejores que el resto de nosotros.

Hay un libro de béisbol titulado *The Boys of Summer* [Los chicos de verano] sobre los Brooklyn Dodgers de 1955. El autor describe a George Shuba, jugador de los Dodgers, con un *swing* «tan natural como una sonrisa». Vaya. ¡Qué suerte tener un *swing* natural! Excepto que George Shuba hacía oscilar un bate con peso adicional en casa seiscientas veces al día todos los días. Eso es más de dieciséis mil *swings* de práctica al mes.[34] ¿El talento de Shuba era innato? No.

Él era constante.

> Las personas exitosas hacen constantemente lo que otras personas hacen ocasionalmente.

Las personas exitosas hacen una y otra vez lo que otras personas hacen de vez en cuando. Las acciones constantes generan resultados constantes.

Lo que marca la diferencia no es lo que hacemos de vez en cuando, sino lo que hacemos de manera sistemática. Somos lo que hacemos con constancia.

Hay un gran ejemplo en la Biblia.

Alrededor del 605 a. C., unos dieciocho años después de invadir y destruir Jerusalén, los babilonios secuestraron a muchos niños judíos. Escogieron a los mejores y más brillantes, normalmente de unos doce años, con el objetivo de adoctrinarlos. Educaron a estos muchachos y les enseñaron sus valores para que pudieran convertirse en futuros líderes en Babilonia.

Entre el grupo se destacaba Daniel. El rey Darío se fijó en su inusual constancia y decidió ascenderlo. «El rey hizo planes para ponerlo frente al gobierno de todo el imperio» (Daniel 6:3, NTV).

Algunos líderes se sintieron amenazados por el ascenso de Daniel, así que intentaron descubrirlo cometiendo alguna falta y hacer que lo inhabilitaran. Hablaron con sus anteriores parejas y revisaron sus antiguos mensajes en las redes sociales. «Veamos lo que publicó en Twitter hace siete años». «A ver si puso alguna foto suya en Instagram mientras estaba de juerga». «¿¿Votó mal? ¿Cometió ciberacoso? ¿Abusó emocionalmente de alguien? ¿Dijo algo racista o políticamente incorrecto? ¿Practicó el nepotismo o el canibalismo?».

Intentaron encontrar defectos en su carácter, «pero no encontraron nada que pudieran criticar o condenar. Era fiel, siempre responsable y totalmente digno de confianza» (Daniel 6:4, NTV). No podían encontrar ninguna falla, porque Daniel era una persona constante.

Al darse cuenta de que la única manera de atrapar en falta a Daniel era a través de su devoción a Dios, urdieron un plan. Fueron a ver al rey y le dijeron: «Oye, Darío. Tenemos una idea para ti. Y por cierto, ¿mencionamos acaso que eres el hombre? ¿Que eres el mejor de todos los tiempos? ¿Que te quedan geniales esos zapatos? ¿Que eres el más rápido resolviendo el cubo de Rubik? ¡Ah, sí, y siempre hueles bien! En fin, tenemos una idea. Ya que personificas lo increíble, la gente debería alabarte solo a ti. ¿No es cierto? ¿Por qué no decretas que si alguien alaba a otro dios que no seas tú en los próximos treinta días, será arrojado al foso de los leones?».

El rey respondió: «Gracias. Tienen razón. Soy increíble, me quedan bien estos zapatos y la gente debería alabarme solo a mí. Así que decretemos la ley: cualquiera que alabe a otro dios que no sea yo en los próximos treinta días será arrojado al foso de los leones».

Recuerda que Daniel era devoto a Dios y constante. Entonces, ¿qué hizo Daniel cuando descubrió que ahora tenía prohibido orar a su Dios? «Cuando Daniel oyó que se había firmado la ley, fue a su casa y se arrodilló como de costumbre en la habitación de la planta alta, con las ventanas abiertas que se orientaban hacia Jerusalén. Oraba tres veces al día, tal como siempre lo había hecho, dando gracias a su Dios» (Daniel 6:10, NTV).

Daniel hizo lo que siempre hacía. No algo diferente. No algo nuevo. No algo impulsado por el miedo. Daniel continuó buscando constantemente el corazón de Dios, tres veces al día, tal como siempre lo había hecho. Pensó en el futuro y continuó impulsando su vida en la dirección que quería, sin dejar que las fuerzas externas lo detuvieran.

Los líderes no habían podido encontrar defectos en Daniel porque era un hombre constante. Ahora *podían* acusarlo de ser constante. Fueron a ver al rey y le dijeron: «Su majestad, maestro del cubo de Rubik, Daniel desobedeció su ley. Tiene que arrojarlo al foso de los leones».

Recuerden, el rey era un fanático de Daniel, pero tenía que mantener su palabra, así que arrojó a Daniel a un foso con leones hambrientos.

Ay. Fin de la historia. Fin del juego. No hay avanza a la Salida y cobra $200. Clávale una horquilla, está acabado.

Podrías pensar eso.

Sin embargo, Dios envió a un ángel para cerrarles la boca a los leones. «Cuando Daniel fue sacado del foso, no se encontró en él lesión alguna, porque había confiado en su Dios» (Daniel 6:23).

Me impactan esas palabras: «Porque había confiado en su Dios». Siento que confío en Dios, mucho, pero no estoy seguro de tener ese tipo de confianza. (¡Me puse muy nervioso cuando me encontré con un gato montés en la entrada de mi casa! ¿Qué confianza tendría yo en una guarida de leones?).

Quiero parecerme más a Daniel. Es posible que tú también. Esta pregunta es para nosotros: ¿cuándo aprendió Daniel a confiar en Dios?

No fue en el foso de los leones. Fue arrodillándose a orar tres veces al día, «como de costumbre», en su habitación de la planta alta con la ventana abierta de par en par, «tal como siempre lo había hecho».

¿Por qué Daniel tenía una relación increíblemente vibrante y estrecha con Dios? ¿Por qué era tan exitoso, confiado y audaz en su liderazgo? ¿Por qué mostró una fe tan firme, inflexible e inquebrantable, hasta el punto de ser un héroe de la Biblia?

¿Y qué hay en su historia que nos hace desear una relación más profunda con Dios y más fe y éxito?

Daniel oraba constantemente.

Nosotros oramos de vez en cuando.

No es lo que hacemos de vez en cuando lo que marca la diferencia. Es lo que hacemos constantemente lo que importa.

Si vamos a mantener nuestras decisiones, honrar a Dios, llegar a ser todo lo que estamos destinados a ser, y vivir la vida que él tiene para nosotros, tenemos que crecer en nuestra constancia.

Y podemos hacerlo.

Mi esposa y yo oramos juntos casi todos los días. Hay cosas que yo solía hacer de manera poco constante, pero que hoy hago constantemente.

¿Qué ocurrió?

Aprendí tres principios que cambiaron mi vida, y estoy muy emocionado de compartirlos contigo.

6.3

Empieza con el porqué

Quiero que pienses en tu *qué*. Pero lo más importante es que primero hablemos de tu *porqué*. Un *qué* débil puede desviarte de tu objetivo. Un *porqué* débil te impedirá perseguirlo en primer lugar.

> Un *qué* débil es un problema. Un *porqué* débil arruina cualquier cosa.

Tu *porqué* es tu primera y más importante ficha de dominó. Tienes que empezar con el *porqué*.

Ahora mismo, te estarás preguntando: *¿Quéééé?*

Te lo explicaré con un ejemplo.

Muchas personas quieren estar en forma, pero no tienen suficiente motivación. Ese es solo uno de sus obstáculos. ¿Otro? Su objetivo (o su *qué*) no está claro. ¿Qué significa siquiera estar en mejor forma?

- Para una futura esposa, significa estar linda con su vestido de novia.
- Para su futuro esposo, puede significar verse apuesto con ella junto a la piscina en su luna de miel.
- Para el padrino del novio, podría significar unos bíceps más grandes.
- Para la dama de honor de la novia, unos muslos más delgados.
- Para la madre de la novia, podría ser alinear sus hormonas.
- Para el padre del novio, podría significar reducir su colesterol.

No solo tienes que tener claro lo que quieres conseguir, sino también por qué es importante. Es posible que tengas un *qué*, pero no un *porqué* claro.

Lo entiendo.

Hace unos quince años estaba haciendo ejercicio en el gimnasio cuando entró mi amigo Bart. Bart tiene el tipo de físico que hace que la mayoría de los chicos en el gimnasio no quieran mostrar sus caras (o, más concretamente, sus cuerpos). Por aquel entonces, yo tenía lo que Amy llamaba cariñosamente un «cuerpo de padre». (Le dije que yo prefería una «figura paterna»). Bart tenía lo que yo llamaría un cuerpo de «vaya, me gustaría tener unos músculos y unos abdominales así».

«Háblame de tu entrenamiento, chico», le pregunté a Bart, intentando no parecer patético. Mirando hacia atrás, supongo que ya le habían hecho esa pregunta no menos de 43.832 veces. Estaba claro que él tenía una estrategia cuando respondió: «¿Por qué lo preguntas?».

Como no estaba preparado para la clásica pregunta-contrapregunta, vacilé. Me miré los pies, que tampoco estaban en la forma ideal, y murmuré: «Sabes, hermano, solo quiero ponerme en mejor forma». No sabía que había caído en su trampa. Sonriendo como si disfrutara de la cacería, Bart preguntó: «¿Y a qué te refieres exactamente con "ponerte en mejor forma"?».

Todavía desequilibrado, intenté parecer seguro y respondí: «Ya sabes, tonificarme». Mi voz se apagó en el momento en que dije «tonificarme». ¿Por qué dije «tonificarme»?

Entonces mi amigo se lanzó a la yugular. «Es genial que quieras enfocarte en tu constitución física». Hizo una pausa, listo para clavar más el anzuelo. «Pero, ¿por qué?».

¿Por qué?

¿Por qué?

¿Qué quería decir él con «por qué»? ¿Por qué me preguntaba por qué? ¿Por qué alguien quiere estar en mejor forma? ¿Por qué necesitaba él saber por qué? ¿No bastaba con querer estar mejor?

Bart me enseñó dos lecciones inolvidables:

1. Si no tienes claro tu qué, nunca lo conseguirás. No puedes hacer aquello que no definas.
2. Si tu por qué no es lo suficientemente fuerte, no lograrás tu qué. ¿Por qué? (Redundancia intencional). Porque tu por qué impulsa tu qué.

¿Por qué Daniel oraba constantemente? Porque estaba consagrado a Dios. Eso lo llevó a tomar la decisión de conectarse con el corazón de Dios tres veces al día.

Hablemos de las resoluciones de Año Nuevo. ¿Por qué tanta gente empieza el año con buenas intenciones, pero no las cumple? Un estudio de ochocientos millones de estadounidenses descubrió que las resoluciones de Año Nuevo desaparecen, por término medio, antes del 19 de enero.[35] ¿Por qué? Porque los propósitos de estas personas son fruto del deseo, no de la devoción. Un deseo puede ser fuerte, pero suele ser superficial y efímero. La devoción a un porqué es más profunda, y sin un porqué convincente, es poco probable que seamos constantes.

¿Por qué digo que la mayoría de las resoluciones de Año Nuevo son el resultado del deseo y no de la devoción? Porque las resoluciones de Año Nuevo empiezan en Año Nuevo. Piénsalo. Esperaste hasta el 1 de enero.

Tuviste un momento en el que pensaste: «Debería perder diez libras», o «Quiero dejar de fumar», o «Debería empezar a hacer ejercicio», o «Tal vez sea hora de conseguir un lagarto como apoyo emocional».[36] Así que decidiste que lo harías... el 1 de enero. El día que sentiste ese deseo pudo haber sido el 29 de septiembre o el 4 de noviembre, pero aplazaste la acción hasta el 1 de enero.

¿Por qué esperaste? Porque no tenías un motivo suficientemente sólido. Si tuvieras un motivo real, no habrías pensado: *¡El 1 de enero voy a empezar a comer bien, pero mientras tanto voy a comer de todo!*

Y sí, elegirás la ensalada el 1 de enero, pero el 19 de enero estarás otra vez como loco por los Cocoa Puffs a la hora del desayuno, la pasta Alfredo en el almuerzo y el pastel de chocolate en la cena. ¿Por qué fracasó tu propósito?

Porque tu porqué no era lo suficientemente convincente.

Si tuvieras un porqué legítimo, no esperarías hasta el 1 de enero. ¿No es cierto? Si tu médico te dice en octubre que padeces de diabetes severa y tienes que dejar de consumir azúcar o morirás, no dirás: «¡De acuerdo, entonces comeré helado de Ben & Jerry's durante los próximos tres meses! Luego lo dejaré cuando comience el nuevo año». No, tendrías un fuerte porqué y este te obligaría a decidirte y a ser constante ahora mismo.

> Si quieres crecer en constancia, empieza con el por qué.

¿Qué cambio quieres ver en tu vida?

Tal vez quieras estar más cerca de Dios, tener un mejor matrimonio, dejar un mal hábito, tener amistades más cercanas, o tener más estabilidad financiera.

Excelente. Todas esas son cosas buenas.

Pero *¿por qué?*

¿Cuál es tu porqué? Tienes que empezar con el porqué. De lo contrario, empezarás muy bien, pero te costará seguir adelante, una vez más. (Al igual que en mi tiempo de oración con Amy, cuando tuve que pasar del qué al porqué).

¿Cuál es tu porqué?

Tal vez quieras estar más cerca de Dios. ¿Por qué? Quizás respondas: «Siento que debo hacerlo. Quiero decir, soy cristiano. ¿Y no es eso lo que hace la gente buena de la iglesia?».

No, ese porqué no es lo suficientemente convincente como para mantener la constancia. Sin embargo, cuando estás harto de las distracciones del diablo, cansado de que te aleje de Dios, convencido de que Dios te creó para su gloria, decidido a servirle de todo corazón, y comprometido a ayudar a las futuras generaciones a conocer su gracia y su bondad, ¡entonces *eso* puede crear una constancia que impulse la devoción!

¿Quieres tener un mejor matrimonio? De acuerdo. Pero ¿por qué? «Porque mi cónyuge es un imbécil y estoy harto de pelear». No. Ese es un porqué débil. Considera este: «Le hice una promesa a mi cónyuge y a Dios, y quiero honrarla. Quiero dejar un legado para mis hijos y nietos de lo que es tener un matrimonio centrado en Jesús y fortalecido por la fe». ¡Sí!

Digamos que tienes como meta una mayor estabilidad financiera. ¿Por qué? «Porque tengo el televisor de cincuenta y cinco pulgadas, pero quiero el de setenta. Y quiero tener Disney+. Y hay un auto nuevo al que le he estado echando el ojo». No, ese no es un porqué que te motivará después de tu explosión inicial de energía. ¿Un porqué mejor? «Me niego a seguir viviendo al día. Me niego a vivir el resto de mi vida como mis padres, preocupándome por si podré pagar las facturas. Quiero libertad financiera para poder ser generoso con la obra de Dios y marcar la diferencia en la vida de las personas».

¿Cuál es tu porqué?

La fuerza del porqué por encima de la fuerza de la voluntad

Típicamente, cuando hacemos compromisos, confiamos en la fuerza de la voluntad para que sean constantes. El problema, como aprendimos en el capítulo 1, es que la fuerza de voluntad disminuye. Así que cuando nuestra decisión encuentra resistencia —y siempre habrá resistencia— nuestra fuerza de voluntad acabará cediendo y nos rendiremos.

Por eso decidimos de antemano hacer esto en su lugar:

Pasar de la fuerza de voluntad a la fuerza del porqué.

Un porqué fuerte marcará la diferencia. Descubrirás que tu porqué triunfa sobre las excusas y derrota a los detractores.

Cuando el rey Darío decretó que los que alabaran a Dios serían arrojados a los leones, no fue la fuerza de voluntad lo que le permitió a Daniel seguir orando. Fue su porqué lo que no le permitió detenerse. (O, si creciste en la década de 1990 o eres un seguidor de MC Hammer, fue su porqué lo que hizo que Daniel fuera «demasiado legítimo para renunciar»).

La resistencia tendrá lugar. Los tiempos se pondrán difíciles. Pero anímate:

Cuando conozcas tu porqué, encontrarás el camino.

Daniel siguió orando, y Amy y yo empezamos a orar juntos, debido a que encontramos nuestro porqué. Eso era lo que nos faltaba. Mi porqué era siempre: «Bueno, soy pastor. Así que probablemente se supone que debo hacerlo».

Ese es un *porqué* débil, débil, débil.

Entonces pensé que todo en nuestra familia y nuestro ministerio dependía de la presencia y el poder de Dios. Necesitábamos gracia para nuestro matrimonio, dirección para nuestra paternidad y sabiduría para nuestro liderazgo. Y supe que Jesús dice que algo poderoso sucede cuando las personas se reúnen y oran en su nombre. Y comprendí que el diablo no descansa un solo día, así que sería mejor buscar a Dios junto con mi esposa a diario.

Lo mismo ocurrió con mi deseo de mejorar mi forma física. Mi primer motivo —querer verme mejor— era honestamente un motivo débil. Sin embargo, al leer las Escrituras, recordé que mi cuerpo es templo del Espíritu Santo (1 Corintios 6:19). En lugar de solo tratar de verme mejor por fuera, decidí honrar a Dios con lo que pongo en mi interior. Del mismo modo que al honrarlo con mis finanzas, o al buscarlo en oración, o al perseguir la pureza, honraría a Dios con mi cuerpo. De repente, decirle que no a la comida equivocada y decirle que sí a las disciplinas correctas se hizo mucho más fácil. El porqué correcto me dio la motivación para hacer lo que sentía que Dios me llamaba a hacer.

Si quieres ser más constante, define tu porqué. Profundiza. Ora. Mira en tu interior. Busca en tu pasión.

Empieza con el porqué.

6.4

Planifica el fracaso

Ahora, cuando se trata de mi cuerpo y mi salud física, mi porqué impulsa mi qué. Gracias a ese poder del porqué, ahora tengo un qué claro:

- Un rango de peso objetivo.
- Un rango hormonal objetivo.
- Un objetivo para cada una de mis signos vitales.
- Los tipos de alimentos que como y no como.
- Las horas del día en las que como y no como.
- La cantidad de alimentos que consumo.
- Los tipos de refrigerios que tengo siempre a mano.
- Los tipos de refrigerios que mantengo lo más lejos posible de mí, porque sé que soy vulnerable (pista: «se deshace en la boca y no en las manos»).
- Los objetivos de entrenamiento con pesas y cardio.
- Un régimen de suplementos cuidadosamente planificado.
- Un horario específico para acostarme y levantarme.
- Una cantidad de agua para tomar y cuándo hacerlo (pista: ¡demasiado tarde y me levantaré tres veces por la noche!).

Tengo claro el qué. He predecidido qué comer, qué no comer y cómo maximizar mi cuerpo para que rinda al máximo nivel.

¿Cuál es mi porqué?

Te diré lo que no es. No estoy planeando competir en la División de Culturismo de Pastores de Cincuenta Años y Más.

Mi porqué es honrar a Dios con mi cuerpo. No importa mi edad, seré fiel para fortalecer el cuerpo que Dios me dio y poder servirle con toda mi mente, alma y fuerzas.

¿Estoy viviendo esto a la perfección? Por supuesto que no. ¿Por qué? Porque soy humano. No planeo ser perfecto. Planeo fracasar. Y te animo a que tú también lo hagas.

> Si quieres tener éxito, planea fracasar.

Sé que parece contrario a la intuición e incluso puede sonar contradictorio, pero es cierto. Una de las razones por las que fracasamos en nuestros compromisos es porque no planeamos fracasar.

El perfeccionismo es un obstáculo para la toma de grandes decisiones.[37] Si nos enfocamos en la posibilidad de cometer errores, es fácil rendirse o no intentarlo. Como dice Ryan en *The Office*: «Soy tan perfeccionista que prefiero no hacerlo a hacerlo mal».[38]

> El problema con la perfección es que no es posible.

Lo que nos frena no es la perfección, sino la ilusión de la perfección. Nos exigimos la perfección a nosotros mismos y asumimos que los demás son perfectos. Sin embargo, la realidad es que nadie hace nada perfectamente.

Piensa en Daniel. Leemos que oraba tres veces al día, «tal como siempre lo había hecho». ¿Crees que alguna vez faltó a una de sus tres oraciones diarias?

Apuesto a que sí.

¿Por qué?

Porque era un ser humano, y nadie es perfecto.

Como una persona real en el mundo real, Daniel tuvo que enfrentarse a las mismas circunstancias frustrantes que nosotros. Sabes que seguro hubo un momento en el que el rey le pidió que se quedara hasta tarde en el trabajo, o se celebró un partido importante y sus amigos pidieron pizza y alitas, o se quedó atascado en el tráfico (los camellos estaban inmóviles; era una congestión hasta donde alcanzaba la vista).

Debió haber unos cuantos días malos en los que se perdió uno de sus tres momentos de oración. ¿Y qué hizo?

Volvió a orar tres veces al día.

Los psicólogos consideran que la mentalidad de todo o nada es una distorsión cognitiva debilitante[39] que impide la toma de decisiones acertadas, y con demasiada frecuencia nos vemos frenados por ella. Cuando fracasamos, pensamos que somos un fracaso. *Fracasé, así que olvídalo. Renuncio.*

¡No!

Hay una gran diferencia entre ser constante y ser perfecto. Vas a fracasar. Todo el mundo lo hace. Eso significa que no serás perfecto. Sin embargo, tu objetivo no es la perfección. Tu objetivo es la constancia. Lo más sensato es planificar fracasar y concederte gracia cuando lo hagas. De esa manera puedes seguir adelante y mantener tu constancia.

Desde que Amy y yo empezamos a orar juntos de manera constante, muchas personas me han pedido consejo al respecto. Otros me piden ayuda para orar con sus hijos. Siempre sugiero tres cosas:

1. Haz que sea sencillo.
2. Has que sea corto.
3. Si dejas de hacerlo un día, no dejes de hacerlo dos.

¿Por qué hacerlo sencillo? Porque si lo complicas, probablemente no lo harás.

¿Por qué hacerlo corto? Porque si el objetivo te parece intimidante, no lo intentarás. (¿Es necesario que sea corto? ¡No! Puedes orar todo lo que quieras. Pero tus probabilidades de orar largamente aumentan si tu norma es orar por poco tiempo). Mantén el listón bajo al principio para empezar y que el hecho de hacerlo sea un éxito.

¿Por qué digo «Si dejas de hacerlo un día, no dejes de hacerlo dos»? Porque vas a faltar algún día. Tendrás ese día frenético en el que se estropee el calentador de agua, o tu madre te llame y te pida que le expliques cómo usar esa aplicación tan confusa de su teléfono, o tu grupo de guitarra imaginaria (Air Guitar) llegue por fin a cuartos de finales en el torneo. Planea dejar de hacerlo un día. Al orar con Amy, me he dado permiso para faltar de vez en cuando. Lo necesito, porque de vez en cuando *fallaré*. Cuando eso ocurre, me doy cuenta de que forma parte del proceso y me aseguro de no dejar de hacerlo dos días. Un día es una excepción. No pasa nada. Dos o tres días son un patrón. Así que si dejas de hacerlo un día, no dejes de hacerlo dos.

La ilusión de la perfección puede impedirnos comenzar. Pensamos: *Nunca podré hacerlo bien, así que mejor ni lo intento*. No. No seremos perfectos, pero *podemos* ser constantes.

Hay dos pasajes en el libro de Hebreos que nos pueden ofrecer inspiración, confianza y esperanza para ser constantes, porque servimos a un Salvador que es perfecto. El primero es Hebreos 4:14-16: «Por lo tanto, ya que tenemos un gran Sumo Sacerdote que entró en el cielo, Jesús el Hijo de Dios, aferrémonos a lo que creemos. Nuestro Sumo Sacerdote comprende nuestras debilidades, porque enfrentó todas y cada una de las pruebas que enfrentamos nosotros, sin embargo, él nunca pecó. Así que acerquémonos con toda confianza al trono de la gracia de nuestro Dios. Allí recibiremos su misericordia y encontraremos la gracia que nos ayudará cuando más la necesitemos» (NTV).

El segundo es la imagen de la perfección *y* la constancia: «Jesucristo es el mismo ayer y hoy y por los siglos» (Hebreos 13:8).

Empecé a tomar clases de jiu-jitsu con mis hijos. Es muy difícil conseguir un cinturón de rango superior en jiu-jitsu. Se empieza con un cinturón blanco, luego azul, después púrpura, luego marrón y finalmente negro. Entre cada cinturón, recibes rayas a lo largo del camino. A la quinta raya obtienes un ascenso de cinturón.

Mi instructor me preguntó: «¿Cuál cinturón crees que es el más difícil de conseguir?». Le respondí: «Obviamente, el cinturón negro». Me dijo: «No. El más difícil es el cinturón blanco, porque la mayoría de la gente nunca empieza».

¡Muy cierto! Y ahí era exactamente donde yo había estado durante años. Quería hacer jiu-jitsu, pero tenía miedo de ser demasiado viejo o de no ser lo bastante bueno.

Luego me preguntó: «¿Qué es un cinturón negro?». Le respondí: «Es lo que usa alguien de quien huyes». Me pareció una buena respuesta. Había entrenado con varios tipos con cinturón negro. Eran letales. Huyes de ellos. Mi instructor no se rio cuando dijo: «No, un cinturón negro es un cinturón blanco que fue constante». Ahhh. Me gusta eso. Un cinturón negro es un cinturón blanco que se negó a rendirse.

Después de escucharlo, ¿adivinas cuántas lecciones me perdí?

La respuesta rima con laguna.

Hasta que me lesioné. Claro que me lesioné. Tengo cincuenta y tantos años y ruedo sobre una colchoneta sudorosa con veinteañeros que parecen un cruce entre un pitbull y un camión Mack.

¿Sabes lo que pasó después de lesionarme y de la cirugía? Me perdí los entrenamientos. La perfección fue destruida.

Igual que cuando rompiste tu dieta y comiste lo que no debías, o te quedaste dormido y no hiciste ejercicio, o compraste algo estúpido en medio de un intento de salir de deudas, o miraste algo que no deberías haber mirado, o interrumpiste tu racha de lectura diaria en la aplicación bíblica YouVersion.

Me lesioné y no pude hacer jiu-jitsu durante más de dos meses. ¿Y después? Luego estuve sano de nuevo y regresé al gimnasio para empezar una nueva racha.

Pero... ¿qué pasa con ser perfecto?

Nunca fui perfecto y nunca lo voy a ser. Eso es una ilusión. Siempre planeé fracasar, así que perderme dos meses por una lesión encajaba perfectamente en mi plan. Mi plan era ser constante y, en cuanto pude, volví a serlo. Tenía que hacerlo, porque tenía un profundo porqué, y la constancia es la cualidad esencial.

También lo es para ti, así que no te enredes intentando ser perfecto. Eso no funciona para nadie. Sin embargo, la constancia funciona para todos.

6.5

Enamórate del proceso

¿Quieres escuchar algunas ideas para posibles títulos de libros? Te advierto que van a sonar aburridas. Aquí van:

- *¡El aburrimiento es lo nuevo y emocionante!*
- *¡Abúrrete en tu camino a la cima!*
- *¡Si no eres aburrido, no estás anotando!*
- *¡Abúrrete en tu camino al éxito!*
- *¿Aburrido malhumorado? ¡Más bien aburrido impresionante!*

Aburrirse puede ser aburrido. No obstante, aburrirse es en realidad una estrategia mucho mejor que obsesionarse con los resultados. ¿Por qué? Porque centrarse en los resultados es la perdición de las personas que quieren ser constantes. Sí, los objetivos son atractivos. Pero obsesionarse con ellos provoca inconstancia. Así que, en lugar de eso, vamos a enamorarnos del proceso. El proceso puede parecer aburrido. Sin embargo, no lo es.

Este va a cambiar tu vida.

Las tres oraciones de Daniel no eran unas sesiones agotadoras que él tuvo que aguantar a causa de una meta o sueño que había escrito en su tablero visual. Le encantaba orar porque amaba a Dios y la intimidad que esto creaba con él.

Daniel trabajaba duro cada día, y no porque esperara ser ascendido. Simplemente vivía su vida de una manera que honraba a Dios.

Demasiados de nosotros nos obsesionamos con la meta. «¡Tengo que perder veinte libras!». «¡Tengo que pagar todas mis tarjetas de crédito!». «¡Tengo que leer toda la Biblia!».

Hay una «victoria» que debemos lograr. Sabemos que nos sentiremos muy bien al alcanzarla. El problema es que ese día puede estar muy lejos.

- Perder veinte libras podría tomarte seis meses.
- Pagar tus tarjetas de crédito podría tomarte dos años.
- Leer toda la Biblia podría tomarte un año entero.

Eso no es malo, pero si estás obsesionado con la meta, te parecerá que tardas una eternidad. Si estás enfocado en tu victoria, cada día que no la hayas logrado podría parecerte como si estuvieras perdiendo. No obstante, si te enamoras del proceso, puedes ganar todos los días.

¿No es genial? A menudo se necesita tiempo antes de ver los resultados de la constancia. Haces lo correcto durante unas semanas o unos meses, pero aún te sientes fuera de forma, no has pagado gran parte de tus deudas o no has reavivado esos sentimientos de la luna de miel con tu cónyuge. No importa. El éxito no consiste en alcanzar la meta en el futuro.

> Tienes éxito cuando haces lo que tienes que hacer hoy.

Este es otro punto débil de las típicas resoluciones de Año Nuevo. «Conseguir un ascenso» o «perder treinta libras» suenan muy bien, pero se trata de objetivos. ¿Cómo vas a conseguirlos?

Lo que necesitas es un proceso.

El proceso precede al progreso

Si logras enamorarte de ese proceso, los resultados seguirán. A medida que trabajes en tu plan y veas algún progreso, querrás hacerlo de manera constante todos los días. Y si lo haces con constancia, alcanzarás tu objetivo. Si, por el contrario, te enamoras del objetivo, cada día que no lo alcances te sentirás un fracasado. Al final, experimentarás frustración y renunciarás, sin lograr nunca el resultado deseado. Recuerda esto:

> La constancia no es un acontecimiento. Es un proceso.

Cuando ruedo con mis chicos (así es como los que practicamos jiu-jitsu le llamamos a lo que hacemos: rodar), mi victoria no es el próximo cinturón. Para eso faltan dos años. Mi victoria es presentarme a ejercitarme. Me encanta practicar jiu-jitsu con mis hijos todos los días posibles. Por eso, soy constante. Y porque soy constante, hago progresos. Y porque hago progresos, conseguiré el próximo cinturón. (Y porque estoy progresando y yendo hacia el próximo cinturón, ese gato montés haría mejor en tener cuidado. Si crees que estoy bromeando, dale un vistazo a este artículo sobre un corredor brasileño entrenado en jiu-jitsu que asfixió a un puma para salvar su propia vida[40]).

La constancia crea impulso

El ministerio de Jesús en este planeta duró unos tres años. En Juan 17 se declaran las palabras de su oración antes de ser crucificado, en las que hace afirmaciones como «Yo te glorifiqué», «he manifestado Tu nombre» y «los guardé». ¿Por qué pudo hacer esas afirmaciones? Porque Jesús se comprometió a ser constante en el proceso de llevar la salvación al mundo. Todos los días.

Estoy seguro de que hubo muchos momentos aburridos sentados alrededor de la hoguera, o caminando hasta el siguiente pueblo, o escuchando otro sermón de los fariseos. Sin embargo, al final, Jesús pudo decir: «Yo te di la gloria aquí en la tierra, al terminar la obra que me encargaste. Ahora, Padre, llévame a la gloria que compartíamos antes de que comenzara el mundo» (vv. 4-5, NTV).

El proceso puede no ser tan glamuroso como la meta. Algunos incluso lo llamarán aburrido. No importa. Aprenderás a amar lo aburrido. Y cuando lo hagas, tal vez puedas escribir un libro titulado *¡El aburrimiento es lo nuevo y emocionante!* o *¡Estoy maravillosamente aburrido!* Sin embargo, el proceso que conduce a la meta en nuestras vidas puede darle gloria a Dios.

Pero no puedo

Es hora de decidir de antemano: seré constante.

¿Cómo lograrás la constancia?

- Empezando con el porqué.
- Planificando el fracaso.
- Enamorándote del proceso.

Me pregunto si tienes dudas sobre ti mismo. Puede que estés pensando: *Esto suena muy bien y me encantaría, pero no estoy seguro de poder hacerlo. Ya he intentado ser constante y no me ha ido muy bien.*

Si no estás seguro de ser constante, te diría que probablemente sea cierto.

No puedes serlo.

No por tu cuenta.

Pero no estás solo.

Se necesitan dos. (¿Pero tres? ¡Mejor todavía!)

Cuando comencé mi viaje para honrar constantemente a Dios con mi cuerpo, sabía que necesitaba ayuda. (Nunca antes había cambiado un cuerpo de padre por un cuerpo que honrara a Dios y no podía encontrar un video en YouTube que me dijera cómo hacerlo). Como Bart era mi mejor amigo y parecía saber lo que hacía, le pregunté si me ayudaría. No esperaba que me diera el equivalente a una maestría en nutrición y acondicionamiento físico en las siguientes semanas, pero eso fue exactamente lo que hizo.

A medida que me embarcaba en el proceso hacia una salud que honrara a Dios, de repente (y extrañamente) descubrí a otras personas que se tomaban en serio el cuidado de sus «templos». Sin quererlo, formé un nuevo grupo de amigos que compartían la pasión por la salud física. Este grupo de amigos amantes del buen estado físico se convirtió en mi equipo de apoyo. No es algo muy diferente a los alcohólicos en recuperación. Los que se toman en serio la sobriedad encuentran la fuerza en la comunidad. Saben que solos son vulnerables, pero que juntos tienen infinitamente más posibilidades.

Después de empezar con fuerza mi nueva estrategia de dieta y acondicionamiento físico, hice progresos inmediatos. Sin embargo, cuando los logros iniciales disminuyeron gradualmente, también lo hizo mi entusiasmo. Fue entonces que renunciar me pareció atractivo. Tan rápido como había empezado, estuve dispuesto a rendirme. *Esto es demasiado trabajo. La vida es demasiado corta para saltarse el postre. Lo estabas haciendo bien antes de todas estas reglas estrictas. Además, ya eres padre. ¡Los padres tienen cuerpos de padres!*

Fue en ese momento cuando mi grupo de amigos intervino y me dijo lo siguiente:

Cuando sientas deseos de renunciar, recuerda por qué empezaste.

Ahí estaba otra vez. Recuerda tu porqué.

Gracias a mis amigos que pensaban parecido, los cuales me apoyaron, continué con el proceso en lugar de optar por la salida fácil. Ahora no es solo algo que espero hacer. Es lo que soy. Soy constante.

No puedo hacerlo solo. Pero no estoy solo.

No puedes hacerlo solo, pero no estás solo. Uno o dos amigos que te apoyen marcan la diferencia. «Es mejor ser dos que uno, porque ambos pueden ayudarse mutuamente a lograr el éxito. Si uno cae, el otro puede darle la mano y ayudarle; pero el que cae y está solo, ese sí que está en problemas. Del mismo modo, si dos personas se recuestan juntas, pueden brindarse calor mutuamente; pero ¿cómo hace uno solo para entrar en calor? Alguien que está solo puede ser atacado y vencido, pero si son dos, se ponen de espalda con espalda y vencen; mejor todavía si son tres, porque una cuerda triple no se corta fácilmente» (Eclesiastés 4:9-12, NTV).

Salomón escribió esas palabras hace miles de años, pero son igual de ciertas hoy en día. Los estudios han demostrado la importancia de contar con amigos que te apoyen en cuanto a la consecución de tus objetivos,[41] tu salud mental, tu capacidad para gestionar y superar los retos que puedan interrumpir tu constancia,[42] y tener las habilidades de afrontamiento para superar el estrés y sortear los obstáculos de la vida.[43]

- A las personas les va mejor con las dietas cuando tienen una comunidad de apoyo, que es una de las razones por las que WeightWatchers lleva tanto tiempo en el mercado.
- Las personas pueden correr más lejos si corren con otros en vez de hacerlo solas.
- Al recuperarse de una adicción, las personas tienden a darse cuenta de que es demasiado difícil por sí solas, pero hacerlo con otras en un programa lo hace posible.
- Las personas crecen mejor espiritualmente en comunidad.

El equipo adecuado puede producir un efecto asombroso llamado sinergia. La sinergia es «la interacción de elementos que al combinarse producen un efecto total que es mayor que la suma de los elementos o contribuciones individuales».[44] En pocas palabras, la sinergia significa que juntos podemos ser mejores.

Si recuerdas tu porqué, planeas fracasar y te enamoras del proceso, eso te ayudará a formar tu equipo. Agrupa a tu tribu. Reúne a tus tropas.

Tú no puedes solo, pero con un par de amigos animándote y haciéndote responsable, sí. Dos son mejor que uno. ¿Y tres? Todavía mejor.

Dios puede

Lo hemos predecidido: seré constante.

Sin embargo, seamos más precisos: con la ayuda de Dios, seré constante.

Crees que aún no eres capaz de ser constante. Tienes razón. Lo mismo digo yo.

> Yo no puedo. Dios puede.

Este es el momento de la verdad. ¿En qué área Dios te está llamando a decidir de antemano la constancia? ¿Quiere que hagas algo de lo siguiente?

- Vivir constantemente de acuerdo a un presupuesto.
- Pagar con constancia tus deudas.
- Orar constantemente con tu cónyuge o tus hijos.
- Practicar constantemente el piano, el inglés o los nunchakus.
- Asistir de forma constante a la iglesia o servir en ella.
- Leer constantemente la Palabra de Dios.
- Comer de un modo razonable con constancia.
- Evitar la pornografía de manera constante.
- Evitar la comida chatarra constantemente.
- Leer buenos libros de forma constante.

¿Cuáles de estas cosas harás? No te limites a enunciar un objetivo general. Sé claro y específico. No puedes hacer aquello que no defines.

Entonces, ¿qué harás? Muy sencillo. Decidirás de antemano que serás constante. ¿Cómo serás constante?

1. Empieza con tu porqué.
2. Planea fracasar.
3. Enamórate del proceso.
4. Reúne a tu equipo.

Cuando llegues al final de tu fortaleza, de tu propia fuerza de voluntad y tu propio deseo, no entres en pánico. Recuerda cómo Pablo confiesa su falta de constancia y dice: «Realmente no me entiendo a mí mismo». Más adelante en ese mismo pasaje se hace una pregunta desgarradora: «¡Soy un pobre desgraciado! ¿Quién me libertará de esta vida dominada por el pecado y la muerte?» (Romanos 7:15, 24, NTV).

¿Cuál fue su respuesta? «¡Gracias a Dios! La respuesta está en Jesucristo nuestro Señor» (Romanos 7:25, NTV).

Así que predecidimos ser constantes con la ayuda de Dios.

- «Con la ayuda de Dios, no tomaré refrescos».
- «Con la ayuda de Dios, caminaré tres veces por semana».
- «Con la ayuda de Dios, pondré cincuenta dólares extras al mes para pagar mis tarjetas de crédito».
- «Con la ayuda de Dios, leeré la Biblia a diario».
- «Con la ayuda de Dios, oraré con mi mujer aunque antes haga cosas raras con la respiración y ore eternamente, y mi hijo empiece a gritar desde el baño debido a una diarrea explosiva».

Tenemos que tomar la decisión, pero a fin de ser constantes confiamos en la «increíble grandeza del poder de Dios para nosotros, los que creemos en él. Es el mismo gran poder que levantó a Cristo de los muertos» (Efesios 1:19-20, NTV).

¿En qué área de tu vida te llama Dios a ser constante? Si no estás seguro, aparta un momento para orar: «Dios, ¿en dónde quieres que sea constante? Por favor, muéstramelo».

Sin importar lo que sea, puedes hacerlo con la ayuda de Dios.

EJERCICIOS DE LA SEXTA PARTE

1. En una escala del 1 al 10, ¿cómo te calificarías hoy en cuanto a la constancia? Explica tu puntuación.
2. Enumera al menos tres áreas de tu vida en las que sientas que eres constante.
3. Enumera al menos tres áreas de tu vida en las que sientas que no eres constante.
4. Teniendo en cuenta tus respuestas a las dos últimas preguntas, ¿cuáles crees que son los principales factores que marcan la diferencia entre las listas?
5. ¿Has culpado alguna vez a la genética, el origen, la apariencia, la inteligencia o la educación como excusa para la falta de constancia? Explica.
6. ¿Hay algo en tu vida en lo que quieres ser bueno, pero la falta de constancia ha sido tu mayor obstáculo? Explica.
7. Escribe tu mayor objetivo no cumplido. Ese es el qué. A continuación, escribe tu mejor porqué.
8. Repasa las tres áreas de falta de constancia que anotaste y escribe un motivo sólido para cada una de ellas.
9. ¿Tienes tendencias perfeccionistas? ¿Cómo afecta tu respuesta tu toma de decisiones: positiva o negativamente?
10. ¿En qué áreas de tu vida necesitas abandonar la ilusión del perfeccionismo? Sé concreto.
11. ¿Hay algún área de tu vida en la que el hecho de no planificar el fracaso te impida ser constante? Explica.
12. Considera la posibilidad de crear un equipo de apoyo. Anota a cualquiera que se te ocurra que podría formar parte de tus «dos o tres».

13. ¿De qué manera el hecho de añadir «con la ayuda de Dios» produciría un gran cambio en aquello en lo que no eres constante?

14. ¿Cómo puedes aplicar en la práctica esa verdad a cada una de las faltas de constancia que enumeraste?

PARTE 7

Seré un finalizador

Ahora pues, acaben también de hacerlo; para que como hubo la buena voluntad para desearlo, así también la haya para llevarlo a cabo según lo que tengan.

—2 CORINTIOS 8:11

Vota con respecto a tu futuro

En la escuela secundaria practiqué varios deportes, pero el que mejor se me daba era el tenis. Atraje el interés de un equipo universitario, que envió a un reclutador a verme jugar en el campeonato estatal. Él se sentó en las gradas para verme competir en las semifinales contra un rival invicto que era el mejor clasificado. Jugué el partido de mi vida y le gané por 6-3 y 6-2. (Digo «le gané», pero la forma más exacta de describirlo es «barrí la cancha con su trasero invicto». Sí, estoy presumiendo. Pero recuerda, el orgullo precede a la caída).

El reclutador se acercó y me contrató en el acto.

Luego se fue, y yo pasé a jugar la final contra un tipo al que había derrotado dos semanas antes, pero me ganó. (Digo «me ganó», pero la forma más exacta de describirlo es «enceró la cancha con mi trasero demasiado confiado»). Es casi seguro que si el reclutador hubiera visto mi último partido, nunca habría tenido la oportunidad de jugar para esta escuela de alto nivel de la NAIA. Estaba a punto de darme cuenta de que me superaban con creces.

Pronto fui a la universidad con mi beca de tenis. El primer día jugué un partido de entrenamiento contra uno de mis compañeros de equipo... y perdí por 6-0 y 6-0. (Blanqueado de nuevo). No gané ningún partido. Ni uno solo. Es imposible describir de forma adecuada lo avergonzado y humillado que me sentí. Resultaba dolorosamente obvio para todos que yo no tenía nada que hacer en un equipo de ese calibre.

Todavía no era cristiano. Grité. Maldije. Golpeé mi raqueta. Luego golpeé mi raqueta de repuesto y salí avergonzado de la cancha.

Uno de los chicos de nuestro equipo conocía a mi entrenador de la escuela y lo llamó para contarle lo sucedido.

Dos horas más tarde estaba sentado en mi dormitorio, echando humo todavía, empleando todo mi arsenal de blasfemias y decidido a dejar el equipo. No era lo suficiente bueno, y no podía enfrentarme a la vergüenza de ser superado. Fue entonces cuando tocaron a la puerta de mi dormitorio. Era el entrenador de mi escuela secundaria, Ellinger, que había conducido una hora y media y estaba allí.

Entró, se sentó frente a mí en la cama de mi compañero de habitación y me dijo: «Así que este es el tipo de persona que eres, ¿eh? Nunca te vi como una persona que se rinde».

Le dije que fuera a algunos sitios y que hiciera algunas cosas. (Recuerda, esto fue antes de ser cristiano, así que todavía tenía un vocabulario no santificado).

Yo estaba furioso con el mundo, pero su gesto sorprendentemente generoso me hizo reflexionar. *Mi antiguo entrenador lo dejó todo para conducir cien millas hasta mi dormitorio y hablar conmigo.* Comprendí la absoluta importancia del momento. De alguna manera, sentí que había algo más en juego que un partido de tenis.

Mi entrenador se recompuso y me habló casi proféticamente. Me dijo unas palabras que nunca olvidaría. «Craig, este es un gran día en tu vida. Me alegro de estar aquí para verlo. Hoy vas a determinar qué clase de persona eres. ¿Eres como la mayoría de las personas? ¿Te rendirás cuando las cosas se pongan difíciles? ¿O terminarás lo que empezaste? ¿Te rendirás ante la adversidad? ¿O te sobrepondrás?».

Su pregunta quedó flotando en el aire durante una eternidad.

Así que te pregunto: ¿qué clase de persona vas a ser?

Es posible que no hayas roto todas tus raquetas de tenis o maldecido a tu entrenador en tu dormitorio, pero probablemente hayas contemplado la posibilidad de renunciar a algo importante. Tal vez ahora mismo quieras rendirte.

- Tenías un sueño y perseguías tu objetivo con ahínco, pero encontraste cierta resistencia y tu esfuerzo se estancó. Progresaste poco o nada. La frustración se apoderó de ti. Estás desanimado. Tienes deseos de rendirte.

- Intentaste restablecer una relación. Tendiste la mano para iniciar la sanación, pero no salió bien. Hoy las cosas están peor que antes.
- Puede que estés trabajando para salvar tu matrimonio, pero tu cónyuge no coopera y el tiempo de lucha se acaba.
- Has estado orando y orando para que tu hijo regrese a Jesús, o por sanidad, o por provisión financiera, o para que Dios te ayude a superar una adicción, pero tus oraciones no están obteniendo los resultados que deseas y has perdido casi toda esperanza.
- Has luchado contra una depresión debilitante y el dolor simplemente no cede. No quieres renunciar a la vida, pero te preguntas cuánto tiempo más tendrás fuerzas para seguir adelante.

He hablado con personas que quieren rendirse y dicen: «Craig, estoy acabado». Es posible que te sientas así. En ese caso, déjame recordarte:

Si no estás muerto, no estás acabado. Dios tiene más para ti.

Entiendo que estés desanimado y sientas deseos de rendirte, pero Dios tiene más para ti:

- Más amor para dar.
- Más personas a las que ayudar.
- Más ministerios que comenzar.
- Más negocios que iniciar.
- Más contenidos que crear.
- Más esperanza que compartir.
- Más amistades que hacer.

Tal vez te sientas demasiado cansado para entusiasmarte con «más». Puede que estés pensando: *¿Más? Estoy muy cansado. No puedo hacer más.*

Si es así, considera lo que dice David Allen en su libro *Organízate con eficacia*: «Gran parte del estrés que siente la gente no proviene de tener demasiado que hacer. Proviene de no terminar lo que han empezado».[45]

¿Podría ser que el problema no fuera que tengas demasiadas cosas que hacer, sino que aún no has hecho lo que Dios te ha llamado a hacer?

¿Tienes algún asunto pendiente?

Haz una pausa para reflexionar sobre esta pregunta: ¿qué te ha impulsado Dios a hacer que no hayas hecho todavía?

Tal vez te convendría seguir el consejo que Pablo les dio a los corintios: «Sería bueno que completaran lo que comenzaron» (2 Corintios 8:10, NTV).

¿Por qué esto es tan importante?

Si te arrepientes de cosas que dejaste de hacer en el pasado, o si estás angustiado por abandonar algo que realmente es primordial, sabes por qué esto es tan importante. No quieres volver a sentirte así.

Sin embargo, es algo aún más profundo, porque no se trata solo del presente, sino del resto de tu vida. Lo que hagas ahora determina en quién te convertirás. ¿Por qué?

Porque cada decisión que tomas es un voto por tu futuro.

Las decisiones de hoy son votos que determinan el tipo de persona que serás mañana. Cada vez que renuncias, votas por convertirte en una persona que no tiene lo que hay que tener y que no termina lo que empieza.

No obstante, cada vez que eres fuerte en el Señor y perseveras, emites un voto a favor de que serás un finalizador.

Lo cual me lleva de regreso a mi dormitorio.

Recuerda que mi entrenador me dijo: «Nunca te vi como alguien que claudica. Hoy, vas a determinar qué clase de persona eres». Luego me preguntó: «¿Quién eres tú, Craig? ¿Te rendirás cuando las cosas se pongan difíciles? ¿O terminarás lo que empezaste? ¿Te rendirás ante la adversidad o te sobrepondrás a ella?».

Sus preguntas me sacaron de mi situación inmediata y me obligaron a pensar en el futuro. Enseguida supe la respuesta. Sabía quién quería ser. En ese momento decidí de antemano:

Cuando me comprometa, no me rendiré.

Es imposible describir lo que ese momento significó para mí. Esa decisión de perseverar abarcó mucho más que el tenis. Tenía que ver con el carácter. Se trataba de la mentalidad. Se trataba del compromiso. En todos los ámbitos de la vida, sería una persona que terminaría lo que empezara.

Volví al tenis y me esforcé mucho en perseverar. Era el primero en comenzar a entrenar y el último en irme. En los días libres, seguía entrenando duro. Con tanto terreno que recuperar, decidí que nadie me superaría en la cancha.

Sinceramente, apenas sobreviví a mi primer año. (Como era el único estadounidense en un equipo internacional, tenía el único auto para llevar a mis compañeros a los entrenamientos. Estoy bastante seguro de que la razón por la que no me despidieron fue porque yo era su medio de transporte). Mejoré un poco en mi segundo año. En mi tercer año estaba invicto. En mi cuarto año gané el premio al atleta del año de mi universidad.

¿Fue porque era un atleta superior?

No.

Fue porque no me rendí.

Con la ayuda de Dios, he llevado esa misma actitud a todas partes.

> Pueden verme luchar, pero no me verán renunciar.

Cuando me comprometo, no me rindo. Soy un finalizador.

¿Qué clase de persona serás tú? Las decisiones que tomes hoy son votos que determinan lo que serás mañana.

Antes de empezar, decide que no vas a renunciar. Es hora predecidir hoy:

> Seré un finalizador.

¿Estás preparado para tomar esa decisión?

Cuando lo hagas, llegarás más lejos, porque este es un factor clave —quizá *el más* clave de todos— para agradar a Dios, lograr nuestras metas y alcanzar el éxito.

La verdadera determinación

¿Qué separa a las personas con logros promedios de las que consiguen cosas asombrosas? ¿Cuál es la diferencia entre los que maximizan su potencial y los que siempre parecen luchar y rendir por debajo de sus posibilidades? No es el talento, ni la inteligencia, ni a quién conocen. Es la perseverancia.

La perseverancia es el camino hacia la grandeza.

Angela Duckworth es una académica brillante —estudió en Harvard y Oxford— y lleva años investigando por qué triunfan las personas exitosas. Ella ha examinado las vidas de:

- Personas que sobrevivieron y prosperaron en la academia militar de West Point.
- Niños pobres en duras escuelas del centro de la ciudad y jóvenes ricos en las universidades más exclusivas del país.
- Empresarios que han ganado millones y niños que llegan a la final del Concurso Nacional de Ortografía Scripps.

¿Por qué triunfan las personas exitosas?

Por la determinación.

Eso es lo que ella descubrió. Se trata de la determinación. La determinación es la fortaleza de carácter que se niega a renunciar. La determinación es la perseverancia incluso ante la adversidad.

Duckworth afirma:

«El entusiasmo es común. La perseverancia es rara».

Ella explica que las personas que tienen éxito se fijan una meta y están dispuestas a renunciar a metas menores. Cada mañana se levantan, apuntan en dirección a su objetivo y dan un paso hacia él. No esperan alcanzarlo. No sueñan despiertos. Enfocan su realidad en alcanzar el objetivo.[46]

Las personas exitosas triunfan gracias a su determinación.

Esto realmente es una buena noticia para ti y para mí, ya que significa:

- Que no pasa nada si no eres el más talentoso.
- Que no es un problema si no conoces a la gente adecuada.
- Que no es el fin del mundo si no tienes la mejor educación académica.

Significa que puedes superarte, alcanzar tus metas y vivir una vida increíble que honre a Dios si simplemente sigues poniendo un pie delante del otro.

Por eso vamos a decidir de antemano. Soy un finalizador:

> Cuando me comprometo, no renuncio.

Porque lo que separa lo normal de lo asombroso es la determinación.

Lo vemos en todos los ámbitos de la vida.

En la política, pienso en Nelson Mandela, que se convirtió en presidente de Sudáfrica e inspiró un cambio sin precedentes en su nación tras permanecer encarcelado veintisiete años.

En la música, U2 es uno de los grupos más exitosos de la historia, con veintidós premios Grammy, más que ningún otro grupo. Han vendido más de 150 millones de discos, y en el año 2005 ingresaron al Salón de la Fama del Rock & Roll. ¿Fue fácil para ellos debido a su enorme talento? No. A U2 le fue tan mal al principio que tuvieron que sobrevivir con veinticinco libras esterlinas a la semana, proporcionadas por su mánager, Paul McGuinness. El dinero para los pasajes de autobús de la banda tenían que sacarlo de un frasco de monedas que había en el escritorio de McGuinness.[47] No fue fácil para U2. Podrían haberse rendido, como hacen muchas bandas, pero tenían determinación.

Independientemente de lo que se piense ahora de él, Will Smith es el único actor que ha protagonizado ocho películas consecutivas que han recaudado más de 100 millones de dólares en la taquilla estadounidense. Ha sido nominado a cinco Globos de Oro y dos Oscar, y ha ganado cuatro premios Grammy. ¿A qué se debe el éxito de Will? ¿A su talento innato para la actuación? No. Esta es su propia explicación: «Lo único que veo claramente diferente en mí es que no tengo miedo a morir en una cinta de correr. No voy a dejar que me superen, y punto. Puede que tengas más talento que yo, puede que seas más inteligente que yo, puede que seas más sexy que yo, puede que seas todas esas cosas, puede que me ganes en nueve categorías. Pero si nos subimos juntos a la cinta de correr, hay dos cosas: o te bajas tú primero, o me muero yo. Es así de simple, ¿verdad?».[48]

¿Y quién es el líder empresarial con más éxito de nuestra generación? Es discutible, pero muchos dirían que Steve Jobs. ¿Tuvo un camino fácil? No. Su madre biológica lo dio en adopción. Fue expulsado varias veces de la escuela y abandonó la universidad. Fundó Apple y luego lo despidieron. Tuvo que luchar durante doce años para recuperar la empresa que había fundado. Habría sido fácil rendirse, pero él optó por perseverar.

Lo vemos en todos los ámbitos de la vida, incluido el reino de Dios. Estudia la vida de las personas que han tenido un impacto increíble para Dios —John Wesley, William Carey, la Madre Teresa, Charles Spurgeon, Harriet Tubman, Martin Luther King Jr. y muchos más— y verás que pasaron años sin obtener ningún resultado, pero superaron obstáculos abrumadores tras negarse a renunciar. Renunciaron a metas menores por la meta final que Dios les dio. Se levantaban cada mañana, apuntaban en dirección a su meta y daban otro paso. Sin importar lo que pasara, se negaron a renunciar.

La determinación los llevó a la grandeza.

El apóstol Pablo es un ejemplo perfecto de esto. Al final de su vida lo encontramos en la cárcel, esperando su ejecución. Desde esa celda, Pablo le escribe una emotiva carta a Timoteo, su hijo espiritual y aprendiz en el ministerio. Pablo anima a Timoteo a ser fuerte: «Tú, pues, hijo mío, fortalécete en la gracia que hay en Cristo Jesús» (2 Timoteo 2:1).

Pablo le dice a Timoteo que espere el sufrimiento, pero que lo supere y sea un finalizador: «Pero tú debes mantener la mente clara en toda situación. No tengas miedo de sufrir por el Señor. Ocúpate en decirles a otros la Buena Noticia y lleva a cabo todo el ministerio que Dios te dio» (2 Timoteo 4:5, NTV).

Él está animando a Timoteo a perseverar. ¿Por qué? Porque el apóstol sabía por lo que él mismo había pasado. Pablo había sufrido el rechazo, la traición, la persecución, los golpes físicos, el apedreamiento y el encarcelamiento. Sabía que Timoteo experimentaría cosas similares, así que le dijo: «Será difícil, pero no te rindas. Otros lo harán, pero tú no, Timoteo».

Pablo podía decir eso porque él no había renunciado y había logrado el objetivo. Mira lo que escribe a continuación: «En cuanto a mí, mi vida ya fue derramada como una ofrenda a Dios. Se acerca el tiempo de mi muerte. He peleado la buena batalla, he terminado la carrera y he permanecido fiel. Ahora me espera el premio, la corona de justicia que el Señor, el Juez justo, me dará el día de su regreso; y el premio no es solo para mí, sino para todos los que esperan con anhelo su venida» (2 Timoteo 4:6-8, NTV).

¿No es genial que Pablo escribiera eso mientras se enfrentaba a la muerte? Básicamente dice: «Decidí de antemano que soy fiel e influente, y al final estoy aquí y lo hice». Años antes había compartido las decisiones que había tomado sobre su vida: «Sin embargo, no estimo que mi vida sea de ningún valor ni preciosa para mí mismo, con tal que acabe mi carrera y el ministerio que recibí del Señor Jesús, para dar testimonio del evangelio de la gracia de Dios» (Hechos 20:24, RVA2015).

Ahora que ha llegado al final de su carrera, le dice a Timoteo: «Lo logré. Hice lo que Dios me encomendó. Soy un finalizador».

Estoy seguro de que Pablo te animaría de la misma manera que a Timoteo. Será difícil. Sufrirás en el camino, pero no te rindas. Tú eres un finalizador. Cuando te comprometes, no renuncias. O como escribió en otra carta: «Así que no nos cansemos de hacer el bien. A su debido tiempo, cosecharemos numerosas bendiciones si no nos damos por vencidos» (Gálatas 6:9, NTV).

Necesitamos no cansarnos ni rendirnos, alcanzar la grandeza a través de la perseverancia, ser finalizadores y predecidir:

Cuando me comprometo, no renuncio.

Necesitamos crecer en determinación.

Hablaremos de cómo hacerlo, pero antes abordemos la cuestión de por qué las personas renuncian.

7.3

Renunciar

¿Puedes nombrar a algunas personas que hayan renunciado?

Sí, a muchísimas.

Todos podemos pensar en personas que han renunciado a sus sueños, dietas, matrimonios, Dios, carreras, la recuperación de una adicción. Eso sin hablar de cuántos han renunciado a tomar clases de piano o comer coles de Bruselas.

Si la perseverancia es el camino hacia la grandeza, ¿por qué se rinden tantos? Nadie empieza con la idea de renunciar, ¿por qué entonces acabamos haciéndolo?

La opción

¿Recuerdas la película *Apolo 13*? La NASA intenta que la nave espacial *Apolo* y los tres astronautas regresen sanos y salvos a la Tierra después de que un tanque de oxígeno en el módulo de servicio fallara a los dos días de comenzar la misión. Las posibilidades de éxito parecen escasas, incluso imposibles. En un momento dado, un funcionario de la NASA le enumera todos los problemas a otro, que responde: «Este podría ser el peor desastre que haya vivido la NASA». Sin embargo, el director de vuelo Gene Kranz interrumpe: «Con el debido respeto, señor, creo que este va a ser nuestro mejor momento». Más tarde le anuncia a su equipo: «¡El fracaso no es una opción!».[49]

Una de las razones por las que las personas renuncian es porque se dan a sí mismas la opción de renunciar. Tal vez esa sea una de las causas por las que la mitad de los matrimonios acaban en divorcio. Si estudiáramos esos matrimonios, encontraríamos todo tipo de motivos, pero una cosa que todos tienen en común es que al menos una persona de cada pareja contemplaba la posibilidad del divorcio. Las parejas que no consideran el divorcio como una opción luchan contra las dificultades y descubren cómo hacer que su matrimonio funcione. Las parejas que lo consideran una opción son más propensas a renunciar cuando las dificultades parecen insoportables.

Y esto no es solo en el matrimonio. Seguro que alguna vez te has puesto a dieta y solo has durado una semana. Sin embargo, tal vez hayas tenido otros objetivos tan importantes que no te haya pasado por la mente el hecho de fracasar.

La gente renuncia porque se da a sí misma la opción de renunciar.

Para que quede claro, no estoy diciendo que no debas renunciar nunca. Te doy permiso para renunciar a hacer acolchados, a las discusiones triviales y a otras cosas por el estilo. Hay veces en las que deberías renunciar estratégicamente a algo.

- Es posible que quieras dejar un trabajo para aceptar otro con mejor horario y así poder pasar más tiempo con tus hijos.
- Podrías renunciar a tu especialidad en la escuela a fin de dedicarte a algo más significativo para ti.
- Tal vez tienes una relación de pareja sin futuro que te está distrayendo de buscar a Jesús. Probablemente sería sabio dejar esa relación y confiar en Dios para algo mejor.

Cuando digo que no renuncies, no estoy sugiriendo que seas testarudo o imprudente. Espero que vivas con una determinación selectiva. «Mira hacia adelante y fija los ojos en lo que está frente a ti. Traza un sendero recto para tus pies; permanece en el camino seguro. No te desvíes; evita que tus pies sigan el mal» (Proverbios 4:25-27, NTV).

Cuando Dios te llama y sabes que es importante, no renuncias. No es una opción.

Ver a través de la niebla

Florence Chadwick se hizo famosa por ser la primera mujer en cruzar a nado el Canal de la Mancha en ambos sentidos. Después se fijó otro objetivo. El 4 de julio de 1952 empezó a nadar desde Catalina hasta la costa de California. Por desgracia, no lo consiguió.

¿Qué la detuvo?

No fue el agua fría, ni los tiburones, ni el agotamiento tras nadar dieciséis horas seguidas.

Lo que la detuvo fue la niebla.

La niebla se propagó y Chadwick ya no pudo ver la costa, así que renunció.

Cuando subió al bote, después de haber nadado durante dieciséis horas, descubrió que estaba a menos de un kilómetro y medio de su objetivo. (¡Nooooooo!) Más tarde les comentó a los periodistas que lo habría conseguido si hubiera podido ver tierra.

Dos meses después hizo un segundo intento. La niebla volvió a hacer acto de presencia, pero esta vez lo consiguió. ¿Por qué? Dijo que esperaba la niebla y que mantuvo en su mente la imagen de la costa durante todo el tiempo que nadó.[50]

¿Por qué nos sentimos tentados a renunciar?

Porque no podemos ver el futuro.

Tenemos un objetivo, pero muchas veces no parece estar a nuestro alcance. Sin embargo, eso no importa. ¿Por qué?

- Porque abrazamos el aburrimiento y consideramos una victoria cada día que nos disponemos a lograrlo.
- Porque avanzamos con la fuerza del porqué. Recuerda, empezamos con el porqué y lo mantenemos fijo ante nosotros. Sabemos por qué estamos luchando.
- Porque sabemos que la recompensa está por llegar. «A su debido tiempo, cosecharemos numerosas bendiciones si no nos damos por vencidos» (Gálatas 6:9, NTV). Las personas que perseveran esperan la recompensa de la grandeza. Ven lo que no se puede ver.

Después de que Pedro negara a Jesús tres veces y se diera cuenta de su culpabilidad, la noticia de la elección de Judas de acabar con su propia vida probablemente todavía estaba fresca. La única razón por la que Pedro logró que el Señor resucitado le asignara la tarea de «apacentar a sus ovejas» en Juan 21 fue porque, entre las pruebas y la tumba, no renunció. Pedro no dejó que su culpa lo dominara y lo hiciera darse por vencido. Jesús se había convertido en el porqué de Pedro, en suficiente motivo para ver la orilla a través de la niebla.

El camino difícil

¿Por qué renuncian las personas?

Porque es difícil. (¡Obvio!).

¿Qué es difícil? *El objetivo que queremos alcanzar.*

Si es algo que nos ayudará a crecer, o mejorará una relación, o aumentará nuestro impacto en el mundo, será difícil. Si decides:

- Ir a un viaje misionero, es probable que el dinero que necesitas recaudar no llegue tan rápido como pensabas.
- Perder peso y ponerte en forma, las personas seguirán llevando rosquillas al trabajo.
- Mejorar tu matrimonio yendo a terapia, puede que tu cónyuge no quiera ir.
- Volver a la universidad sin dejar de trabajar a tiempo completo, probablemente será más duro de lo que imaginabas.
- Ser voluntario en la iglesia los domingos por la mañana, a menudo saldrá algo mal que hará casi imposible llegar a tiempo.
- Salir de deudas y vivir con un presupuesto, no pasará mucho tiempo antes de que tu auto se dañe y no tengas suficiente dinero para las reparaciones.
- Dejar de maldecir, puedes contar con pisar uno de los Legos de tu hijo.

Cuando eso ocurra, no te sorprendas. Siempre es difícil.

Jesús prometió que sería difícil: «En el mundo tienen tribulación» (Juan 16:33).

Es difícil, por lo tanto, ¿qué hacemos? «Quitémonos todo peso que nos impida correr, especialmente el pecado que tan fácilmente nos hace tropezar. Y corramos con perseverancia la carrera que Dios nos ha puesto por delante» (Hebreos 12:1, NTV). ¿Cómo? «Esto lo hacemos al fijar la mirada en Jesús, el campeón que inicia y perfecciona nuestra fe» (Hebreos 12:2, NTV).

¿Quieres oír algo fascinante? Esos versículos de Hebreos fueron escritos originalmente en griego, y la palabra traducida al español como «carrera» es *agon*. Del término *agon* proviene nuestra palabra «agonía». Así que básicamente se nos dice: «Corramos con perseverancia la agonía que tenemos por delante».

Siempre es difícil, pero siempre vale la pena. ¡Recuerda tu porqué! Eso es lo que hizo Jesús. La siguiente oración de Hebreos dice: «Debido al gozo que le esperaba, Jesús soportó la cruz» (Hebreos 12:2, NTV). Él soportó la agonía por el gozo venidero.

Siempre es difícil, pero siempre es difícil para *todos*. No estás solo. Y los que perseveran dejan de compadecerse de sí mismos y aprenden a aceptar las dificultades.

¿Has oído hablar de Erik Weihenmayer? A los catorce años se quedó ciego. Bueno, es *entonces* cuando empiezas a sentir lástima de ti y decides renunciar, ¿verdad? Erik no. Él llegó a ser campeón de lucha libre en la escuela. Después escaló las siete cumbres, las cimas más altas de todos los continentes. Es una de las ciento cincuenta personas que lo han hecho. ¡Y lo hizo a ciegas![51]

Es posible que te sorprenda que alguien con una discapacidad tan importante pueda lograr una hazaña tan increíble.

No debería.

A menudo son las personas que se han enfrentado a las mayores dificultades las que triunfan del modo más extraordinario.

Por ejemplo, ¿sabías que el sesenta y siete por ciento de los primeros ministros británicos desde principios del siglo diecinueve hasta la Segunda Guerra Mundial, y casi un tercio de todos los presidentes estadounidenses, perdieron a uno de sus padres cuando eran niños?[52] ¿Y sabías que aproximadamente un tercio de los empresarios exitosos son disléxicos?[53]

En su libro *David y Goliat: Desvalidos, inadaptados y el arte de luchar contra gigantes*, Malcolm Gladwell comparte esas estadísticas y las historias de una multitud de personas que optaron por la superación. Escribe sobre lo que él llama «dificultades deseables», explicando que tener que enfrentarse a circunstancias horribles es en realidad una oportunidad más que un obstáculo.[54] ¿Por qué? Porque eso obliga a las personas a crecer en determinación. (Estas estadísticas me hacen sentir mejor por haber sido rechazado para la ordenación. Y podrían hacerte sentir mejor si tienes un obstáculo importante que crees que te está frenando).

Gladwell sugiere que quienes han superado una discapacidad o una desventaja triunfan no a pesar de sus circunstancias, sino gracias a ellas.

Tú también puedes hacerlo. Será difícil, pero Dios está contigo. Y según Romanos 8:37, en toda oposición que enfrentes, eres más que vencedor por medio de Dios que te ama.

Esa es la clave para no abandonar: por medio de Dios que nos ama. Perseveramos «al fijar la mirada en Jesús» (Hebreos 12:2, NTV).

Dar otro paso

Mi esposa, Amy, estaba sentada a mi lado en una conferencia cuando, de la nada, se inclinó hacia mí y me susurró solemnemente: «Dios quiere que inicie hogares de transición para mujeres maltratadas». Podrías pensar que la esposa de un pastor habla así todo el tiempo. No. Ciertamente no la esposa de este pastor. Hay dos cosas que sobresalen en su declaración. Primero, Amy nunca había dicho que Dios quería que ella iniciara algo. Segundo, nunca la había visto tan segura de algo en su vida.

Dios quería que ella abriera un hogar de transición para mujeres maltratadas.

Sabiendo que Dios había inspirado una visión, Amy se dispuso a hacer su voluntad. Después de investigar, estudiar y buscar sabiduría, ella tenía una comprensión clara de la ubicación general, el tamaño, el tipo y el precio necesarios para la primera casa con el fin de iniciar este ministerio. El único problema era que no podía encontrar ninguna que funcionara.

Dios la estaba guiando. Pero no parecía estar proveyendo.

Amy buscó. Y buscó. Y buscó. Después de meses de decepciones y callejones sin salida, se estrelló contra un muro emocional. Su confianza se derrumbó y dijo entre lágrimas: «Tal vez no escuché a Dios después de todo. Tal vez debería renunciar».

Es posible que ahora te sientas como se sentía Amy. Tal vez estés a punto de rendirte y abandonar un sueño. Cuando te sientas tentado a abandonar, trata de recordar para quién es tu vida.

Para Dios

Tú eres un finalizador. *Cuando me comprometo, no renuncio.* Tienes una carrera que correr, y la terminarás.

¿Recuerdas lo que dijo Pablo? «Sin embargo, no estimo que mi vida sea de ningún valor ni preciosa para mí mismo, con tal que acabe mi carrera y el ministerio que recibí del Señor Jesús, para dar testimonio del evangelio de la gracia de Dios» (Hechos 20:24, RVA2015).

Al final de su vida, Pablo le aseguró a Timoteo que lo había logrado, que había terminado la carrera.

¿Cómo?

No corría para sí mismo. Él dijo: «No estimo que mi vida sea de ningún valor ni preciosa para mí mismo». Estaba proclamando: *No se trata de mí. No se trata de mis deseos. No se trata de mis sueños. No se trata de mi futuro. No se trata de mi popularidad.*

Considero que mi vida no vale nada para mí.

Si te sientes tentado a dejar lo que Dios te ha llamado a comenzar, puede ser porque te importa algo más que Dios y correr la carrera que él ha puesto delante de ti.

Todos tenemos la tentación de anteponer algo a Dios y su voluntad para nuestras vidas. ¿Qué es eso para ti? Tal vez quieras reconocerlo y declarar que ya no va a detenerte. Haz tuya la declaración de Pablo:

Sin embargo, no estimo que mi _____ sea de ningún valor ni preciosa para mí mismo, con tal que acabe mi carrera y el ministerio que recibí del Señor Jesús.

¿Qué va en ese espacio en blanco para ti?

- No estimo que mi <u>comodidad personal</u> sea de ningún valor ni preciosa para mí mismo.
- No estimo que las <u>opiniones de otras personas</u> sean de ningún valor ni preciosas para mí mismo.
- No estimo que mis <u>seguidores en las redes sociales</u> sean de ningún valor ni preciosos para mí mismo.
- No estimo que mi <u>patrimonio neto</u> sea de ningún valor ni precioso para mí mismo.
- No estimo que mis <u>sueños personales</u> sean de ningún valor ni preciosos para mí mismo.

Mi único objetivo es acabar la carrera y completar la tarea que el Señor Jesús me ha encomendado.

Nos comprometemos con él y no renunciamos. Somos finalizadores. Corremos nuestra carrera para Dios.

Cuando nos cansamos, recordamos por quién corremos y damos el siguiente paso. No tienes que terminar la carrera hoy. Solo necesitas dar un paso más.

¿Recuerdas lo que descubrió Angela Duckworth? Las personas determinadas que superan una situación se levantan, apuntan en dirección a su objetivo y dan un paso más.

Solo tienes que levantarte y pelear un asalto más. El 7 de septiembre de 1892, un boxeador llamado Gentleman Jim Corbett subió al cuadrilátero para pelear contra el que posiblemente fuera el mejor boxeador de todos los tiempos, John L. Sullivan. Sullivan fue el último campeón de los pesos pesados del boxeo sin guantes y el primer campeón de los pesos pesados del boxeo con guantes. Cuando subió al cuadrilátero aquel día, su marca era de 50-0.

Sullivan solo perdió una pelea en toda su carrera. Esa.

Gentleman Jim Corbett tenía un mantra con el que vivía en el cuadrilátero: «Pelea un asalto más».

Él no se consideraba el más talentoso o el mejor. Pero nunca se rendía.

Ese día, John Sullivan le dio una paliza. Sin embargo, él no se quedó abajo. *Peleó un asalto más.*

En ese entonces las peleas continuaban hasta que uno de los dos boxeadores no era capaz de pelear. Podía haber muchos asaltos. Este combate duró veintiún asaltos. Fue entonces cuando Gentleman Jim finalmente noqueó a John Sullivan y se convirtió en el campeón mundial de los pesos pesados.[55]

Es posible que te derriben. A todos nos derriban. Sin embargo, te levantas y peleas un asalto más. Das un paso más.

¿Qué hay de Amy y su visión de crear hogares de transición para mujeres maltratadas? Eso es lo que ella hizo también. Cuando sentía que era hora de renunciar, dio un paso más.

Después de que innumerables hogares potenciales no pasaran la prueba, Amy hizo otra llamada. Fue entonces cuando oyó hablar de la «casa perfecta». Cuando digo perfecta, excepto por el precio (que estaba fuera de nuestro alcance), era tan perfecta como podría serlo cualquier casa, casi como si hubiera sido diseñada para convertirse en un hogar ministerial.

Cuando entramos a la casa recién remodelada, conocimos a la vendedora. Con pasión desenfrenada, Janet nos explicó que había comprado la casa para venderla. Sin embargo, a mitad de la construcción, creyó que Dios la llamaba a amueblar la casa también. (*¿Qué? Eso no tiene sentido*). Impulsada por Dios, instaló una cocina comercial, transformó habitaciones adicionales en dormitorios, y la amuebló con camas individuales y literas en varias habitaciones. Esta casa de cuatro dormitorios podía alojar cómodamente a ocho mujeres, con espacio para comidas en grupo y reuniones multitudinarias. También tenía habitaciones privadas para la directora de la casa. Fue entonces cuando la extraña historia se volvió aún más loca.

Janet lloró al describir el proceso. «Había planeado vender la casa para obtener un beneficio considerable. Pero no podía desembarazarme del sentimiento de que esta casa debía servir para ayudar a mujeres que sufrían».

En este momento, todos estábamos llorando.

Luego fue como si cayera un rayo. Ella nos dijo: «Creo que debo donar la casa, con muebles y todo, para que sea su primer hogar de transición».

Dios nos había guiado. Y Dios, en su momento perfecto, había provisto. ¿Y por qué? Porque Amy no se rindió.

Ahora Branch15 tiene múltiples hogares en ciudades de todo Oklahoma que ayudan a las mujeres a escapar del tráfico de personas, la drogadicción, el abuso físico, y a hacer la transición del encarcelamiento a una vida sana y honesta.

Da solo un paso más.

¿Quién es el ejemplo perfecto? Jesús.

Día tras día, él dio el siguiente paso. Mira sus palabras finales en la cruz. Jesús dijo: «"¡Consumado es!". E inclinando la cabeza, entregó el espíritu» (Juan 19:30).

Como diría Pablo, y como espero decir yo, Jesús le estaba diciendo a su Padre: «Hice todo lo que me enviaste a hacer. Terminé la carrera».

¿Cómo lo hizo? Él no corría para sí mismo. Corría para su Padre. Y día tras día, semana tras semana, mes tras mes, año tras año, momento doloroso tras momento doloroso, simplemente dio el siguiente paso.

- Cuando lo odiaron, dio el siguiente paso y les correspondió con amor.
- Cuando lo golpearon, dio el siguiente paso y puso la otra mejilla.
- Cuando cargó la cruz por la colina y cayó al suelo, dio el siguiente paso levantándose de nuevo.
- Cuando lo crucificaron y luego se burlaron de él, dio el siguiente paso y dijo: «Padre, perdónalos, porque no saben lo que hacen» (Lucas 23:34).
- Cuando hubo vencido al pecado, la muerte y el infierno, dio el siguiente paso: salir del sepulcro.

Desde el principio, Jesús lo había predecidido: *Estoy preparado, soy devoto, fiel, influente, generoso y constante, y cuando me comprometo, no renuncio, porque soy un finalizador.*

¿Y qué vas a hacer *tú*? Cada vez que te derriben, cada vez que sientas la tentación de rendirte, decide dar otro paso.

- Eleva una oración más.
- Haz una llamada más.
- Haz un regalo más.
- Perdona una vez más.
- Corre un kilómetro más.
- Pide una reunión más.
- Memoriza un versículo más.
- Asiste a una sesión más con tu consejero.
- Supera un día más de sobriedad.
- Ten una conversación amable más con tu hijo adolescente.
- Continúa teniendo ese sueño.
- No te rindas.

Da otro paso, porque no estás corriendo para ti mismo. Estás corriendo para Dios.

Sin embargo, ¿qué hacer cuando te cansas y sientes que no puedes dar otro paso? ¿Cuando has dado, pero no les ha importado? ¿Cuando has orado, pero no has conseguido buenos resultados? ¿Cuando has amado, pero se han aprovechado de ti? ¿Qué haces cuando sientes que ya no puedes correr más?

Es entonces cuando recuerdas que corres *con* Dios.

Con Dios

En los Juegos Olímpicos de verano de 1992 en Barcelona competía un corredor británico llamado Derek Redmond, que era uno de los favoritos en la carrera de los cuatrocientos metros. Él empezó muy bien, pero a mitad de la carrera se rompió los músculos isquiotibiales y cayó al suelo con un dolor insoportable.

Sus sueños quedaron aplastados. Años de entrenamiento, sacrificio y devoción se desvanecieron al instante. No dispuesto a rendirse, pero con un dolor agonizante, Derek intentó levantarse y cojear hacia la línea de meta. Entonces, en uno de los momentos más emotivos en la historia del deporte, su padre bajó corriendo de las gradas, trepó por la barandilla y corrió hacia la pista. Le dijo a su hijo lastimado: «Vamos a terminar esto juntos», y básicamente lo cargó hasta la línea de meta.[56]

Tú tienes un Padre celestial que te ama y siempre está a tu lado. Él te asegura: «Yo lo he hecho, y Yo los cargaré» (Isaías 46:4). Nunca corres solo. Por eso puedes estar «convencido precisamente de esto: que el que comenzó en ustedes la buena obra, la perfeccionará hasta el día de Cristo Jesús» (Filipenses 1:6).

Cuando estés cansado, decepcionado y hastiado, no te rindas, clama a Dios.

Dios, no lo entiendo. No lo entiendo. Pero intento confiar en ti. Me aferro a ti, Dios. Me aferro. No te dejaré ir, y no renunciaré.

Cuando estés pasando por dificultades, piensa en Dios y recuerda lo que él piensa de ti. ¿Recuerdas Hebreos 12:2? «Debido al gozo que le esperaba, Jesús soportó la cruz» (NTV). No importa cuántas veces hayas leído ese versículo antes, ¿has pensado en alguna ocasión cuál era ese gozo? Eras tú. Jesús fue a la cruz por ti. Tú fuiste la recompensa que recibió por correr su carrera y soportar la cruz.

> Él fijó su mirada en nosotros. Ahora nosotros
> fijamos nuestra mirada en él.

Él corrió su carrera. Ahora nosotros corremos la nuestra. «Corramos con perseverancia la carrera que Dios nos ha puesto por delante [...] al fijar la mirada en Jesús, el campeón que inicia y perfecciona nuestra fe» (Hebreos 12:1-2, NTV).

¿Cómo nos ayudará eso?

- Cuando fijamos la mirada en Jesús, fortalecemos nuestros corazones
  - «Consideren, pues, a Aquel que soportó tal hostilidad de los pecadores contra Él mismo, para que no se cansen ni se desanimen en su corazón» (Hebreos 12:3).
- Cuando fijamos la mirada en Jesús, ponemos nuestra confianza en Dios y no en nosotros mismos
  - «Esta confianza tenemos hacia Dios por medio de Cristo. No que seamos suficientes en nosotros mismos para pensar que cosa alguna procede de nosotros, sino que nuestra suficiencia es de Dios» (2 Corintios 3:4-5).
- Cuando fijamos la mirada en Jesús, tenemos confianza, porque sabemos que podemos hacer todas las cosas por medio de su fuerza y que nuestra confianza será recompensada
  - «Por tanto, no desechen su confianza, la cual tiene gran recompensa. Porque ustedes tienen necesidad de paciencia, para que cuando hayan hecho la voluntad de Dios, obtengan la promesa» (Hebreos 10:35-36).

Corres para Dios y con Dios.
Nunca corres solo.
Dios te ama y te sostendrá.
Así que fija tu mirada en Jesús. Él es un finalizador, y tú también.

> Cuando me comprometo, no renuncio.

EJERCICIOS DE LA SÉPTIMA PARTE

1. ¿Cuál crees que ha sido la mayor finalización de tu vida hasta ahora?
2. ¿Cuál crees que es el mayor objetivo inacabado de tu vida?
3. ¿Has experimentado alguna vez una encrucijada como la mía con el tenis en la universidad? ¿Intervino alguien por ti como lo hizo mi entrenador conmigo?
4. ¿Hay algo a lo que te sientas tentado a renunciar en este momento? Explica.
5. Dedica un tiempo a responder en oración a las preguntas que te he ofrecido en esta sección: ¿Tienes algún asunto pendiente? ¿Qué te ha impulsado Dios a hacer que aún no hayas hecho?
6. Personaliza esta frase: Es posible que me veas luchar con _____, pero te prometo que no me verás renunciar.
7. ¿Qué es lo único que, al final de tu vida, quieres poder mirar atrás y decir: «¡Lo logré!»?
8. ¿Hay algo que hayas estado pensando en abandonar para lo cual necesitas eliminar la opción de renunciar? Explica.
9. ¿Hay algo a lo que te hayas negado a renunciar, pero que necesitas sacar de tu vida por tu propio bienestar? Explica.
10. ¿Hay algún campo de tu vida en el que te niegas a renunciar, pero las dificultades y los inconvenientes siguen interponiéndose? Explica.
11. ¿Qué podría ser lo único que necesitas reconocer y declarar que ya no te detendrá? ¿Qué puedes escribir en ese espacio en blanco, utilizando la declaración de Pablo en Hechos 20:24? «Sin embargo, no estimo que mi _____ sea de ningún valor ni preciosa para mí mismo, con tal que acabe mi carrera y el ministerio que recibí del Señor Jesús».

12. ¿Cómo puede la historia de mi esposa con su hogar de transición darte esperanza y ánimo para dar tu próximo paso hacia lo que estás llamado a finalizar?

13. ¿De qué manera aceptar la verdad de que estás corriendo con Dios podría cambiar tu perspectiva sobre el hecho de finalizar?

14. Reescribe con tus propias palabras: Dios, me comprometo a _____ así que fijaré la mirada en ti y seré un finalizador.

Conclusión

Preelige este día

Increíble

¿En qué quieres ser increíble?

En serio, piénsalo. Si pudieras elegir una sola cosa, ¿cuál sería?

Compartiré la mía dentro de un momento, pero antes tengo que hablarte de Kobe.

Kobe Bryant era increíble jugando al baloncesto.

De los más de cien mil millones de personas que han vivido y de las casi cinco mil que han jugado profesionalmente en la NBA, Kobe suele estar ubicado entre los cinco o diez mejores jugadores de baloncesto de todos los tiempos.

¿Por qué Kobe era tan bueno?

Él dijo que se debía al poder de decidir previamente.

Kobe habló de su infancia en Italia y su pasión por el baloncesto, pero al mudarse a Estados Unidos se dio cuenta de que estaba muy por detrás de los demás chicos de su edad.[57] No podía competir, pero no iba a renunciar al baloncesto. Se comprometió a desarrollar su juego, habilidad por habilidad, a largo plazo. Cada año decidía de antemano una mejora en la cual enfocarse.

En la escuela practicaba solo en el gimnasio de cinco a siete de la mañana, antes de las clases.

Hacía hincapié en la necesidad de trabajar con constancia y paciencia para alcanzar y superar gradualmente a los demás jugadores. Decía que su plan era el siguiente. Lunes: mejorar. Martes: mejorar. Miércoles: mejorar. Hazlo durante tres, cuatro, cinco, diez años y «llegarás adonde tienes que llegar».[58] Afirmaba que «los resultados no importan realmente» porque de lo que se trataba era de enamorarse del proceso.[59]

Se podría suponer que eso era solo cuando estaba en la escuela y trataba de alcanzar a los demás jugadores. No. Kobe progresó tanto que llegó a la NBA directamente desde la escuela secundaria. E incluso cuando era profesional, seguía decidiendo de antemano sus entrenamientos personales y en qué habilidades se centraría para mejorar, superando a todos los demás.

Byron Scott, antiguo entrenador de los Lakers, dijo que solía encontrar a Kobe practicando solo en un gimnasio oscuro dos horas antes del entrenamiento. Él observaba a Kobe desde las sombras y determinó: «Este chico va a ser grande».[60]

John Celestand, antiguo compañero de equipo en los Lakers, contaba que Kobe era siempre el primer jugador en el gimnasio, incluso cuando estaba lesionado y no podía jugar.[61]

Kobe jugó en el equipo olímpico de Estados Unidos, y uno de los entrenadores describió cómo una vez realizó un entrenamiento personal de 4:15 a 11:00 de la mañana, negándose a abandonar el gimnasio hasta que hizo ochocientos lanzamientos.[62]

Cuando se le preguntó cómo quería que lo recordaran, Kobe respondió: «Que piensen en mí como una persona que ha superado sus expectativas significaría mucho para mí. Eso quiere decir que he trabajado mucho y he exprimido todo el jugo que he podido de esta naranja».[63]

¿Qué hizo que Kobe fuera Kobe? Yo te diría que las decisiones previas. Él las llamaba «contratos». Cada año hacía un contrato consigo mismo sobre lo que haría para llevar su juego al siguiente nivel. Durante su carrera en la NBA, cada verano se comprometía a seguir un plan de entrenamiento fuera de temporada.

Reconoció que, después de sus decisiones previas, se enfrentaba a constantes desafíos internos. Un susurro interior le decía que diera marcha atrás. Que estaba haciendo demasiado. Que le dolía mucho la rodilla y necesitaba tomarse un día de descanso.

Sin embargo, Kobe nunca escuchó a esas voces. Él explicó: «No estoy negociando conmigo mismo. El acuerdo ya estaba hecho a principios de verano. Firmé ese contrato conmigo mismo y lo estoy cumpliendo».[64]

Me siento absolutamente inspirado por la forma en que Kobe pensaba en el futuro, por sus decisiones previas. Eso es lo que le permitió ser uno de los grandes del baloncesto de todos los tiempos.

> El poder de predecidir es lo que pone a las personas en el camino del éxito.

Está bien que Kobe lo utilizara en el baloncesto; sin embargo, ¿qué hay de mí?

Quiero ser increíble en la vida.

Quiero ser increíble viviendo mi vida para Dios.

Treinta y cinco mil

Treinta y cinco mil.

Empezamos nuestro viaje juntos con ese número: treinta y cinco mil. Es el número de decisiones que tomamos en un día normal.

Todavía me abruma esa cifra. Me cansa. Saber que mañana te levantarás y tendrás que tomar treinta y cinco mil decisiones puede hacer que no quieras levantarte mañana.

No obstante, hay buenas noticias: siete.

Hemos aprendido siete decisiones previas esenciales que automatizarán muchas de las más importantes de esas treinta y cinco mil decisiones y nos pondrán en el camino hacia la vida abundante que Jesús ofrece.

Esto me recuerda la elección que Moisés puso ante los israelitas antes de morir.

Bahar

Moisés sabe que es su última oportunidad de hablarles a los israelitas, el pueblo al que dirigió y pastoreó durante décadas. De todas las charlas que ha dado, este discurso es el último y el más importante. Este es el momento, así que no se anda con rodeos. «¡Ahora escucha! En este día, te doy a elegir entre la vida y la muerte, entre la prosperidad y la calamidad» (Deuteronomio 30:15, NTV).

Él les implora: «¡Ay, si eligieras la vida, para que tú y tus descendientes puedan vivir! Puedes elegir esa opción al amar, al obedecer y al comprometerte firmemente con el Señor tu Dios. Esa es la clave para tu vida» (Deuteronomio 30:19-20, NTV).

Para nosotros, «elegir» significa «tienes opciones y puedes escoger una», pero la palabra hebrea que Moisés pronunció, traducida como «elegir» en español, tiene un significado más profundo. La palabra hebrea es *bahar*, y casi siempre se utiliza en la Biblia con un significado teológico.[65] La misma expresa que esta elección tiene un significado fundacional y eterno.[66]

Curiosamente, la palabra se utiliza de forma habitual para describir la elección de Dios, lo cual significa que se trata de una persona (o, en el caso de los israelitas, de una nación) que Dios ha elegido como suya.[67]

He aquí algunos ejemplos:

- «Porque el Señor ha escogido a Jacob para sí, a Israel para posesión Suya» (Salmos 135:4).
- «Escogió a la tribu de Judá, al monte Sión que Él amaba» (Salmos 78:68).
- «Escogí a David para que estuviera sobre Mi pueblo Israel» (1 Reyes 8:16).
- «Él ha escogido a mi hijo Salomón para que se siente en el trono del reino del Señor sobre Israel» (1 Crónicas 28:5).
- «Y David dijo a Mical: "Eso fue delante del Señor que me escogió..."» (2 Samuel 6:21).

¿Te das cuenta?

Dios nos eligió. Ahora nos pregunta si lo elegiremos a él.

Moisés está a punto de morir. No hay tiempo para juegos. Así que les pregunta a los israelitas: ¿Elegirán a Dios? Ese es el camino de la vida. No tienen por qué hacerlo, pero si no lo hacen, se pondrán a sí mismos en el camino de la muerte.

Moisés pronuncia su último discurso, fallece y Josué asume el liderazgo de los israelitas. Los conduce a la tierra prometida y a varias batallas. Pronto Josué llega al final de su vida y, como Moisés antes que él, pronuncia sus últimas palabras a los israelitas. Esto es todo, y Josué tampoco se anda con rodeos: «Escojan hoy a quién han de servir: si a los dioses que sirvieron sus padres, que estaban al otro lado del río, o a los dioses de los amorreos en cuya tierra habitan. Pero yo y mi casa, serviremos al Señor» (Josué 24:15).

Al igual que Moisés, Josué quiere hablar de *bahar*. ¿Por qué? Porque lo que realmente importa son nuestras decisiones. Cada decisión importa, pero hay unas pocas que son fundamentales y poseen un significado eterno. La principal es esta:

¿Elegirás a Dios?

Él te ha elegido a ti. ¿Lo elegirás a él?

Josué les dice a los israelitas que la elección depende de ellos; sin embargo, ¿qué tal con respecto a Josué y su familia? Ellos ya lo habían decidido de antemano: elegimos a Dios.

Siete

Siete.

Comenzamos nuestro viaje juntos con dos números: treinta y cinco mil y siete.

He propuesto siete predecisiones que te permitirán retomar tu vida y te pondrán en el camino de la vida. ¿Por qué son esenciales estas decisiones? Porque cuando las tomas, como dijo Moisés, te comprometes «firmemente con el Señor tu Dios. Esa es la clave para tu vida» (Deuteronomio 30:20, NTV).

Al principio de este libro, te pregunté si estabas listo para tomar las siete decisiones previas que definen tu vida. Ahora que has aprendido por qué cada una de ellas resulta tan vital, es hora de determinar la dirección de tu vida.

Moisés preparó su último discurso y no se contuvo. Del mismo modo, Josué trajo fuego del cielo y desafió al pueblo de Dios a tomar una decisión.

Aunque ciertamente no soy Moisés ni Josué, estas son mis últimas palabras para ti en este libro. Y por lo que está en juego, no me contendré.

¿Estás harto de perder batallas contra el diablo, de ceder a la tentación y arrepentirte de haber pecado contra Dios?

¿Estás harto de vivir con buenas intenciones espirituales, pero sin llevarlas a cabo?

¿Sientes, en el fondo, que Dios tiene algo más para ti? ¿Que él no solo quiere que seas feliz o que tengas éxito? ¿Que Dios quiere que seas fiel?

¿Odias ser fácilmente influenciado por la gente y los patrones de este mundo? ¿Estás listo para ser sal y luz, influenciando a otros a buscar a Jesús cada día?

¿Estás harto de ser egoísta y ahora te sientes preparado para vivir con un corazón lleno de una generosidad increíble?

¿Odias ser inconstante y en cambio, impulsado por el poder del porqué, estás ahora listo para hacer constantemente lo que solías hacer ocasionalmente?

¿Dibujarás una línea en la arena para que cuando te comprometas, no abandones?

Ha llegado el momento de decidir. ¿Quieres más de lo que tienes? Entonces haz más de lo que ya haces. Si quieres la misma vida que has estado viviendo, entonces sigue haciendo lo mismo que has hecho hasta ahora. No obstante, si quieres algo diferente, es hora de dejar de reaccionar y pensar más bien en el futuro. Es hora de tomar siete decisiones previas que cambiarán tu vida.

¿Estás preparado?

Si es así, hagámoslo. Predecidamos:

- Estaré preparado.
- Seré devoto.
- Seré fiel.
- Seré una persona influyente.
- Seré generoso.

- Seré constante.
- Seré un finalizador.

Hay una cosa que me impacta: Moisés y Josué les pidieron a los israelitas que eligieran a Dios. Esta puede haber sido una elección difícil, pero piensa en esto: ellos ya sabían que Dios los había elegido. ¿No es conmovedor? Saberse elegidos tenía que ayudarlos a querer elegir a Dios.

De la misma manera, Dios nos pide que tomemos estas siete predecisiones, pero él decidió de antemano cumplir cada una por nosotros primero.

Él estuvo preparado.

Jesús enfrentó todas las tentaciones que nosotros enfrentamos, pero nunca pecó. Por eso pudo ir a la cruz y asumir nuestros pecados como un sacrificio inocente.

1. *Estuvo preparado.* Jesús estuvo preparado y dispuesto a llevar a cabo todo lo que Dios tenía previsto para él.
2. *Fue devoto.* Era tan devoto a ti que vino a la tierra y murió por ti.
3. *Fue fiel.* Él es y será siempre fiel. «Si somos infieles, Él permanece fiel, pues no puede negarse Él mismo» (2 Timoteo 2:13).
4. *Fue un influente.* Jesús ha sido nombrado la persona más influyente de la historia,[68] y dudo que estuvieras leyendo este libro si él no hubiera influido primero en tu vida.
5. *Fue generoso.* Somos generosos porque hemos sido hechos a imagen de un Dios generoso, que es tan dadivoso que dio a su único Hijo.
6. *Fue constante.* Él es «el mismo ayer, hoy y siempre» (Hebreos 13:8, NTV). Es su constancia absoluta la que nos permite confiar plenamente en él en cada momento, y nosotros queremos vivir con esa misma constancia para que podamos llegar a ser más como él.
7. *Fue un finalizador.* Antes de la creación del mundo, la Santísima Trinidad (Dios Padre, Dios Hijo y Dios Espíritu

Santo) planeó cómo salvarnos (Efesios 1:4-5). Esa decisión llevó a Jesús a despojarse de la gloria del cielo para venir a la tierra y morir por nosotros. Enfrentó la tentación de salirse del plan, pero se negó, yendo a la cruz, desde donde declaró: «¡Todo está cumplido!» (Juan 19:30, NTV).

Saber que Dios tomó estas siete decisiones de antemano por nosotros nos ayuda a querer tomarlas por él.

Entonces, ¿estás listo para decidir en quién te convertirás?

¿Para vivir la vida que quieres vivir?

Y lo que es más importante, ¿para vivir la vida que Dios quiere que vivas?

¿Qué vas a hacer?

Puedes hacer lo que hace la mayoría de la gente. Puedes levantarte cada día, intentar por todos los medios tomar treinta y cinco mil decisiones y esperar lo mejor.

O puedes pensar en el futuro. Puedes predecidir honrar a Dios en las áreas más importantes de la vida.

¿Estás preparado?

La decisión es tuya.

Con la ayuda de Dios, puedes predecidirlo.

Como dice Josué 24:15: «Yo y mi casa, serviremos al SEÑOR».

EJERCICIOS DE LA CONCLUSIÓN

1. ¿Cómo te afecta entender que Dios te eligió primero antes de pedirte que lo eligieras a él?
2. Considerando las siete predecisiones vistas en este libro, ¿cuál fue la verdad más difícil de procesar para ti? Explica.
3. De las siete predecisiones, ¿cuál es la que más te impactó? Explica.
4. Escribe una oración a Dios, pidiéndole específicamente lo que necesitas que haga a la vez que le comunicas tu compromiso con él.

Agradecimientos

Me gustaría expresarles mi más profunda gratitud a todos mis amigos que me han ayudado a hacer posible este libro.

A Amy Groeschel, gracias por tu amor a Jesús y tu compromiso de por vida con nuestra alianza matrimonial. Eres la chica de mis sueños para siempre y lo que más me gusta de todo.

Vince Antonucci, ¡eres mi compañero de escritura! Eres una de las personas más rápidas, inteligentes y trabajadoras que conozco. Tu corazón por este proyecto se nota en cada página. Gracias por compartir tus dones conmigo (y con otros) para ayudar a llegar a más personas. Tu amistad y colaboración son un regalo para mí. Te estaré eternamente agradecido.

Adrianne Manning, tu pasión por ministrar a la gente no tiene parangón. Gracias por preocuparte más por nuestro ministerio de escritura que cualquier otra persona viva. Tu corazón se muestra en todo lo que haces y resulta en muchas vidas cambiadas. Además, es un placer trabajar contigo.

Katherine Fedor, gracias por tu ojo detallista. Probablemente has corregido muchos erores grameticales en este libro (exepto los que he puesto intencionadamente en este párrafo de dos frases).

Webster Younce, Brian Phipps, Curt Diepenhorst, Katie Painter, Devin Duke y todo el equipo de Zondervan, es un verdadero honor publicar con ustedes. Todo lo que hacen está orientado a la misión, y estoy verdaderamente agradecido por nuestra asociación editorial.

Tom Winters, eres un buen agente y un amigo aún mejor. Agradezco tu pasión por influir en la gente a través de los libros y más allá.

A ti, lector, gracias por tu confianza para emprender este viaje juntos. Oro por ti mientras escribo estas últimas palabras. ¡Que Dios te bendiga con sabiduría a fin de pensar en el futuro y tomar hoy algunas decisiones previas que resultarán en la vida que Dios quiere para ti mañana y siempre!

Apéndice

Enseñanzas y escrituras

ENSEÑANZAS DE LA INTRODUCCIÓN

La calidad de nuestras decisiones determina la calidad de nuestras vidas.

A medida que el volumen de las decisiones aumenta, disminuye la calidad de las mismas.

La fatiga de decisión se produce cuando nos enfrentamos a tantas decisiones que nuestro músculo decisorio se cansa.

La indecisión es una decisión y con frecuencia la enemiga del progreso.

Estos son los tres enemigos de las decisiones excelentes:
1. El agobio.
2. El miedo.
3. La emotividad.

La vida es la suma de las decisiones que tomamos.

Tomamos nuestras decisiones, y luego nuestras decisiones nos toman a nosotros.

Las decisiones que tomas hoy determinan las historias que contarás mañana.

Tus decisiones determinan tu dirección, y tu dirección determina tu destino.

Decidirás ahora lo que harás después.

Pídele a Dios que te ayude a decidir ahora lo que harás después.

Predecidir reduce el número de decisiones que tomamos.

Predecidir reduce el miedo a tomar la decisión equivocada.

Predecidir evita que nuestras emociones tomen el control.

Cuando nuestros valores son claros, nuestras decisiones son más fáciles.

Estas son las siete decisiones previas que definen nuestra vida:
1. Estaré preparado.
2. Seré devoto.
3. Seré fiel.
4. Seré una persona influyente.
5. Seré generoso.
6. Seré constante.
7. Seré un finalizador.

ESCRITURAS DE LA INTRODUCCIÓN

Quiero hacer lo que es bueno, pero no lo hago. No quiero hacer lo que está mal, pero igual lo hago.

—Romanos 7:19 (ntv)

No recuerden las cosas anteriores ni consideren las cosas del pasado. Yo hago algo nuevo, ahora acontece.

—Isaías 43:18-19

Pon todo lo que hagas en manos del Señor, y tus planes tendrán éxito.

—Proverbios 16:3 (ntv)

Pero Daniel se propuso en su corazón no contaminarse con los manjares del rey ni con el vino que él bebía, y pidió al jefe de oficiales que le permitiera no contaminarse.

—Daniel 1:8

ENSEÑANZAS DE LA PRIMERA PARTE

Seguir a Jesús no garantiza la ausencia de tentaciones,
es una declaración de guerra contra la tentación.

No es un pecado ser tentado. Jesús fue tentado, pero no pecó.

La tentación suele comenzar con un pensamiento.
Luego viene la imaginación, después la justificación,
hasta que finalmente eliges pecar.

El pecado emociona y luego mata. Fascina y luego asesina.

El pecado promete satisfacción, y luego te roba lo que más quieres.

Cada vez que pecas, te estás perdiendo lo mejor de Dios.

Elegir pecar es elegir vivir una vida inferior.

La mayoría de las personas no planean pecar, pero aún así lo hacen.

Dios te da la opción, en vez de luchar o rendirte, de
decidir previamente evitar la tentación.

Tienes un enemigo espiritual, Satanás, que viene por ti.
Porque le importas a Dios, Satanás quiere destruirte.

Debido a que eres más pecador de lo que crees, eso te hace menos
preparado y por lo tanto más vulnerable a los ataques de Satanás.

Tu fuerza de voluntad disminuirá y se agotará.

Puedes estar preparado para el momento de la tentación predecidiendo
mover la línea, poniendo distancia entre tú y la tentación.

¿Por qué resistir una tentación mañana si
tienes el poder de eliminarla hoy?

Las líneas que Dios pone en tu vida no son
restrictivas ni limitantes, sino liberadoras.

Satanás trabajará para minimizar las consecuencias, y
luego maximizar la culpa y la vergüenza del pecado.

Tienes que decidir de antemano evitar el pecado magnificando el costo.

No utilices tus decepciones para justificar tu desobediencia.

Dios siempre proporciona una salida a la
tentación, una vía de escape. Tú puedes
1. mover la línea,
2. magnificar el costo, y
3. planear la fuga.

ESCRITURAS DE LA PRIMERA PARTE

El prudente se anticipa al peligro y toma precauciones. El
simplón sigue adelante a ciegas y sufre las consecuencias.

—**Proverbios 27:12** (NTV)

Nuestro Sumo Sacerdote comprende nuestras debilidades,
porque enfrentó todas y cada una de las pruebas que
enfrentamos nosotros, sin embargo, él nunca pecó.

—**Hebreos 4:15** (NTV)

Entonces Jesús le dijo: «¡Vete, Satanás! Porque escrito está: "AL
SEÑOR TU DIOS ADORARÁS, Y SOLO A ÉL SERVIRÁS"».

—**Mateo 4:10**

Cada uno es tentado cuando es llevado y seducido por su propia
pasión. Después, cuando la pasión ha concebido, da a luz el
pecado; y cuando el pecado es consumado, engendra la muerte.

—**Santiago 1:14-15**

Velen y oren para que no entren en tentación; el espíritu está
dispuesto, pero la carne es débil.

—**Mateo 26:41**

Estén alerta. Permanezcan firmes en la fe. Sean valientes. Sean fuertes.

—**1 Corintios 16:13** (NTV)

Sean de espíritu sobrio, estén alerta. Su adversario, el diablo, anda al acecho como león rugiente, buscando a quien devora.

—**1 Pedro 5:8**

El ladrón solo viene para robar, matar y destruir. Yo he venido para que tengan vida, y para que la tengan en abundancia.

—**Juan 10:10**

Para que Satanás no tome ventaja sobre nosotros, pues no ignoramos sus planes.

—**2 Corintios 2:11**

Pónganse toda la armadura de Dios para poder mantenerse firmes contra todas las estrategias del diablo.

—**Efesios 6:11** (NTV)

Si decimos que no tenemos pecado, nos engañamos a nosotros mismos y la verdad no está en nosotros.

—**1 Juan 1:8**

Delante de la destrucción va el orgullo, y delante de la caída, la arrogancia de espíritu.

—**Proverbios 16:18**

Por tanto, el que cree que está firme, tenga cuidado, no sea que caiga.

—**1 Corintios 10:12**

Las cuerdas me cayeron en lugares agradables; en verdad es hermosa la herencia que me ha tocado.

—**Salmos 16:6**

Pero si no lo hacen así, miren, habrán pecado ante el SEÑOR, y tengan por seguro que su pecado los alcanzará.

—**Números 32:23**

Y era José de gallarda figura y de hermoso parecer.
Sucedió después de estas cosas que la mujer de su amo miró a José con deseo y le dijo: «Acuéstate conmigo». Pero él rehusó y dijo a la mujer de su amo: «Estando yo aquí, mi amo no se preocupa de nada en la casa, y ha puesto en mi mano todo lo que posee [...] ¿Cómo entonces podría yo hacer esta gran maldad y pecar contra Dios?». Y ella insistía a José día tras día, pero él no accedió [...] Pero un día que él entró en casa para hacer su trabajo [...] ella tomó a José de la ropa, y le dijo: «¡Acuéstate conmigo!». Pero él le dejó su ropa en la mano, y salió huyendo afuera.

—Génesis 39:6-12

No les ha sobrevenido ninguna tentación que no sea común a los hombres. Fiel es Dios, que no permitirá que ustedes sean tentados más allá de lo que pueden soportar, sino que con la tentación proveerá también la vía de escape, a fin de que puedan resistirla.

—1 Corintios 10:13

Huyan de la fornicación. Todos los demás pecados que un hombre comete están fuera del cuerpo, pero el fornicario peca contra su propio cuerpo.

—1 Corintios 6:18

Huye, pues, de las pasiones juveniles y sigue la justicia, la fe, el amor y la paz, con los que invocan al Señor con un corazón puro.

—2 Timoteo 2:22

ENSEÑANZAS DE LA SEGUNDA PARTE

No podemos ser seguidores de Cristo a tiempo parcial.

Debemos responder de forma continua y honesta a la pregunta: ¿estoy siguiendo a Jesús fiel, apasionada e intencionalmente?

Debo pensar en el futuro y decidir de antemano: seré devoto a Jesús.

Debido a quién es Dios y lo que ha hecho por mí, estoy dispuesto a hacer cualquier cosa y a dejarlo todo por él. Dios es lo primero.

Cuando entiendes quién es Dios, nada más tiene sentido que ponerlo a él en primer lugar.

Estas son las señales de ser devoto:
- A dónde va tu mente
- A dónde va tu dinero
- Cómo tomas tus decisiones
- Cómo empleas tu tiempo
- Qué te rompe el corazón

Voy a buscar a Dios primero.

El diablo no necesita destruirte si puede distraerte. Su plan es desviarte de tu devoción distrayéndote de acudir a Jesús, de modo que no tengas la conexión que puede potenciar tus decisiones.

Tu enemigo quiere separarte, dividir tu mente, desanimar tu fe y distraerte de lo más importante.

Para darle prioridad a nuestra devoción a Jesús, tenemos que minimizar nuestras distracciones.

Mi vida es demasiado valiosa, mi vocación demasiado grande, y mi Dios demasiado bueno para perder mi tiempo distraído con cosas que no importan.

Tendrás que decirle que no a algunas cosas buenas para decirle que sí a lo que es mejor.

Una regla de vida es un conjunto de ritmos intencionales que nos ayudan a hacer lo siguiente:
- Permanecer conectados con Jesús.
- Conocerlo más.
- Parecernos cada vez más a él.
- Crear prácticas espirituales, relacionales o vocacionales.
- Alinear nuestras prioridades, valores y pasiones con nuestra forma de vivir la vida.

- Superar las distracciones, para no estar tan desconcentrados, apresurados, reactivos y agotados.
- Empezar a vivir para una audiencia de uno.

Para pasar tiempo sin distracciones con Jesús, decide previamente y prioriza una estrategia intencional que incluya estas tres cosas:
- Un tiempo.
- Un lugar.
- Un plan.

Dios es lo que importa, así que seré devoto poniéndolo en primer lugar. Dios está dedicado a ti. Él te puso primero. Pongámoslo primero a él.

ESCRITURAS DE LA SEGUNDA PARTE

Y se dedicaban continuamente a las enseñanzas de los apóstoles, a la comunión, al partimiento del pan y a la oración.

—**Hechos 2:42**

Nadie puede servir a dos señores; porque o aborrecerá a uno y amará al otro, o apreciará a uno y despreciará al otro. Ustedes no pueden servir a Dios y a las riquezas.

—**Mateo 6:24**

Pero busquen primero Su reino y Su justicia, y todas estas cosas les serán añadidas.

—**Mateo 6:33**

Jesús contestó: «Ama al SEÑOR tu Dios con todo tu corazón, con toda tu alma y con toda tu mente».

—**Mateo 22:37** (NTV)

Si amas a tu padre o a tu madre más que a mí, no eres digno de ser mío; si amas a tu hijo o a tu hija más que a mí, no eres digno de ser mío. Si te niegas a tomar tu cruz y a seguirme, no eres digno de ser mío.

—**Mateo 10:37-38** (NTV)

Pongan la mira en las cosas de arriba, no en las de la tierra.

—Colosenses 3:2

Porque donde esté tu tesoro, allí estará también tu corazón.

—Mateo 6:21

Y no se adapten a este mundo, sino transfórmense mediante la renovación de su mente, para que verifiquen cuál es la voluntad de Dios: lo que es bueno y aceptable y perfecto.

—Romanos 12:2

Por tanto, tengan cuidado cómo andan; no como insensatos sino como sabios, aprovechando bien el tiempo, porque los días son malos. Así pues, no sean necios, sino entiendan cuál es la voluntad del Señor.

—Efesios 5:15-17

Entonces el Rey dirá a los de Su derecha: «Vengan, benditos de Mi Padre, hereden el reino preparado para ustedes desde la fundación del mundo. Porque tuve hambre, y ustedes me dieron de comer; tuve sed, y me dieron de beber; fui extranjero, y me recibieron; estaba desnudo, y me vistieron; enfermo, y me visitaron; en la cárcel, y vinieron a Mí». Entonces los justos le responderán, diciendo: «Señor, ¿cuándo te vimos hambriento y te dimos de comer, o sediento y te dimos de beber? ¿Y cuándo te vimos como extranjero y te recibimos, o desnudo y te vestimos? ¿Cuándo te vimos enfermo o en la cárcel y vinimos a Ti?». El Rey les responderá: «En verdad les digo que en cuanto lo hicieron a uno de estos hermanos Míos, aun a los más pequeños, a Mí lo hicieron».

—Mateo 25:34-40

Vengan a Mí, todos los que están cansados y cargados, y Yo los haré descansar. Tomen Mi yugo sobre ustedes y aprendan de Mí, que Yo soy manso y humilde de corazón, y HALLARÁN DESCANSO PARA SUS ALMAS.

—Mateo 11:28-29

Si alguien tiene sed, que venga a Mí y beba. El que cree en Mí, como ha dicho la Escritura: «De lo más profundo de su ser brotarán ríos de agua viva».

—Juan 7:37-38

Ciertamente, yo soy la vid; ustedes son las ramas. Los que permanecen en mí y yo en ellos producirán mucho fruto porque, separados de mí, no pueden hacer nada

—Juan 15:5 (NTV)

En cambio, la clase de fruto que el Espíritu Santo produce en nuestra vida es: amor, alegría, paz, paciencia, gentileza, bondad, fidelidad, humildad y control propio. ¡No existen leyes contra esas cosas!

—Gálatas 5:22-23 (NTV)

Ella tenía una hermana llamada María, que se sentó a los pies del Señor a escucharlo. Marta estaba preocupada, pues tenía mucho que hacer [...] Jesús le contestó: «Marta, Marta, te preocupas demasiado por muchas cosas. Pero sólo una es necesaria. María ha escogido la mejor, y nadie se la va a quitar».

—Lucas 10:39-42 (NBV)

Les digo esto, no para ponerles restricciones, sino en bien de ustedes y para que vivan de una manera digna, sirviendo al Señor sin distracciones.

—1 Corintios 7:35 (DHH)

Miren tus ojos hacia adelante, y que tu mirada se fije en lo que está frente a ti.

—Proverbios 4:25

Levantándose muy de mañana, cuando todavía estaba oscuro, Jesús salió y fue a un lugar solitario, y allí oraba.

—Marcos 1:35

Nosotros amamos porque Él nos amó primero.

—1 Juan 4:19

Incluso antes de haber hecho el mundo, Dios nos amó y nos eligió en Cristo para que seamos santos e intachables a sus ojos. Dios decidió de antemano adoptarnos como miembros de su familia al acercarnos a sí mismo por medio de Jesucristo. Eso es precisamente lo que él quería hacer, y le dio gran gusto hacerlo.

—**Efesios 1:4-5** (NTV)

ENSEÑANZAS DE LA TERCERA PARTE

Seré fiel.
Predecidimos ser fieles, porque nunca lo seremos por accidente.

La fidelidad honra a Dios. Y Dios honra la fidelidad.

Como somos propensos al orgullo, predecidimos no confiar en nosotros mismos, sino confiar en Dios y vivir en fidelidad a él.

Vamos a tomar tres decisiones previas relacionadas con la fidelidad:
1. Cada interacción es una oportunidad para añadir valor.
2. Cada recurso es una oportunidad para multiplicar.
3. Cada estímulo es una oportunidad para obedecer a Dios.

No tenemos que vivir una vida natural y egocéntrica. Debido a que el Espíritu Santo vive en nosotros, podemos vivir una vida sobrenatural, centrada en los demás. Podemos seguir a Jesús viviendo más allá de la norma.

Jesús veía cada oportunidad como una forma de animar, satisfacer las necesidades, compartir la gracia de Dios. Como seguidores suyos, nos proponemos hacer lo mismo. Vemos cada interacción como una oportunidad para añadir valor.
- Mostramos gracia.
- Satisfacemos las necesidades.
- Perdonamos.
- Edificamos.
- Bendecimos, servimos y hablamos palabras de vida.

Multiplicar lo que se te ha dado en el reino de Dios es fidelidad.

Estás siendo fiel cuando multiplicas los recursos que Dios te ha dado.

Como Dios es relacional, le encanta hablarnos de diferentes maneras:
- A través de su Palabra
- A través de las circunstancias
- A través de las personas
- A través de su Espíritu

Cuando Dios te incita, dirige o habla, tu respuesta requerirá fe.

Si te comprometes a seguir a Jesús, él te guiará. Él te impulsará, y la fidelidad significa sentirte obligado a obedecer, incluso cuando no sabes lo que va a pasar después.

No tienes ni idea de lo que Dios puede hacer cuando sigues fielmente una indicación suya.

La obediencia es nuestra responsabilidad, el resultado es de Dios.

Predecide que serás fiel en obedecer cada una de las indicaciones de Dios.

La fe exige riesgo.

Queremos vivir libres de riesgos, pero Dios quiere que vivamos libres para arriesgarnos.

Tu disposición a arriesgar se basa en el beneficio potencial.

Cuando miramos fijamente el riesgo, nos detiene el miedo. Sin embargo, podemos afrontar el riesgo si nos mantenemos enfocados en el beneficio potencial.

Sobreestimarás lo que puedes hacer a corto plazo, pero subestimarás enormemente lo que Dios puede hacer a través de toda una vida de fidelidad.

Cuando eres fiel con poco, Dios te confiará mucho.

ESCRITURAS DE LA TERCERA PARTE

Su señor le dijo: «Bien, siervo bueno y fiel; en lo poco fuiste fiel, sobre mucho te pondré; entra en el gozo de tu señor».

—**Mateo 25:21**

¡Mira a los orgullosos! Confían en sí mismos y sus vidas están torcidas. Pero el justo vivirá por su fidelidad a Dios.

—**Habacuc 2:4** (NTV)

No salga de la boca de ustedes ninguna palabra mala, sino solo la que sea buena para edificación, según la necesidad del momento, para que imparta gracia a los que escuchan.

—**Efesios 4:29**

Por tanto, no se preocupen, diciendo: «¿Qué comeremos?» o «¿qué beberemos?» o «¿con qué nos vestiremos?». Porque los gentiles buscan ansiosamente todas estas cosas; que el Padre celestial sabe que ustedes necesitan todas estas cosas. Pero busquen primero Su reino y Su justicia, y todas estas cosas les serán añadidas. Por tanto, no se preocupen por el día de mañana; porque el día de mañana se cuidará de sí mismo. Bástenle a cada día sus propios problemas.

—**Mateo 6:31-34**

Enderezándose Jesús, le dijo: «Mujer, ¿dónde están ellos? ¿Ninguno te ha condenado?».
«Ninguno, Señor», respondió ella. Entonces Jesús le dijo: «Yo tampoco te condeno. Vete; y desde ahora no peques más».

—**Juan 8:10-11**

«Apacienta Mis ovejas», le dijo Jesús.

—**Juan 21:17**

Hagan todo sin quejarse y sin discutir, para que nadie pueda criticarlos. Lleven una vida limpia e inocente como corresponde a hijos de Dios y brillen como luces radiantes en un mundo lleno de gente perversa y corrupta.

—**Filipenses 2:14-15** (NTV)

Manteniendo firme el mensaje de vida.

—**Filipenses 2:16** (DHH)

Ahora estoy obligado por el Espíritu a ir a Jerusalén. No sé lo que me espera allí.

—**Hechos 20:22** (NTV)

Sin fe es imposible agradar a Dios.

—**Hebreos 11:6**

El que es fiel en lo muy poco, es fiel también en lo mucho.

—**Lucas 16:10**

ENSEÑANZAS DE LA CUARTA PARTE

Seré alguien influente.

Jesús dijo: «Vayan al mundo y brillen», y no «Enciérrense en sus casas y escóndanse».

Para ser sal y luz, vamos a decidir de antemano influenciar a otros con:
1. Nuestras oraciones.
2. Nuestro ejemplo.
3. Nuestras palabras.

La oración debe ser una parte estratégica de nuestra influencia.
- Está atento a las puertas abiertas para proclamar a Cristo.
- Sé prudente en tu manera de actuar con los que están fuera de la fe.
- Aprovecha todas las oportunidades para compartir a Jesús, estando siempre dispuesto a dar respuestas llenas de gracia a todos.

Habla con Dios acerca de las personas que están alejadas de él.

- Ora para que Dios te dé puertas abiertas a fin de compartir a Cristo con las personas que están alejadas de él.
- Ora para que otros que están cerca de Dios compartan a Cristo con las personas que están alejadas de él.
- Ora para que las personas que están alejadas de Dios reciban el mensaje de Cristo y atraviesen esas puertas abiertas.

Cuando oramos por puertas abiertas, Dios abrirá algunas.

Hemos sido llamados a salir. A ser sal y luz. A sazonar. A brillar. A hablar de Jesús.

Si quieres lograr un cambio eficaz en la vida de las personas señalándoles a Jesús, comienza orando por ellas.

Predecide orar por las personas que están alejadas de Dios:

- Ora para que Dios abra sus corazones.
- Ora para que Dios les dé visión espiritual a fin de entender y aceptar el evangelio.
- Ora para que Dios las guíe al arrepentimiento.
- Ora para que Dios te dé las palabras que debes decirles.

Influiré con mi ejemplo.

Cuando sabes quién eres, sabes qué hacer.

Como sal, preservas, curas y creas sed de Dios en los demás.

Como luz, no huyes de la oscuridad, brillas en ella.

Dios aparecerá y se manifestará.

Cuando vivimos como sal y luz, las personas se darán cuenta y cambiarán.

Así como Jesús con la mujer en el pozo, empieza por lo superficial, luego pasa a lo espiritual y después a lo personal de la manera más respetuosa y amable posible.

Tú eres una persona influyente y Dios quiere utilizarte.

Sabiendo lo paciente y persistente que Dios ha sido con nosotros, necesitamos mostrarles esa misma paciencia y persistencia a las personas que Dios ama. Debemos comprometernos a largo plazo.

ESCRITURAS DE LA CUARTA PARTE

Ustedes son la sal de la tierra; pero si la sal se ha vuelto insípida, ¿con qué se hará salada otra vez? Ya no sirve para nada, sino para ser echada fuera y pisoteada por los hombres.

Ustedes son la luz del mundo. Una ciudad situada sobre un monte no se puede ocultar; ni se enciende una lámpara y se pone debajo de una vasija, sino sobre el candelero, y alumbra a todos los que están en la casa. Así brille la luz de ustedes delante de los hombres, para que vean sus buenas acciones y glorifiquen a su Padre que está en los cielos.

—**Mateo 5:13-16**

Entonces les dijo: «Vayan por todo el mundo y prediquen la Buena Noticia a todos».

— **Marcos 16:15** (NTV)

Perseveren en la oración, velando en ella con acción de gracias. Oren al mismo tiempo también por nosotros, para que Dios nos abra una puerta para la palabra, a fin de dar a conocer el misterio de Cristo, por el cual también he sido encarcelado, para manifestarlo como debo hacerlo. Anden sabiamente para con los de afuera, aprovechando bien el tiempo. Que su conversación sea siempre con gracia, sazonada como con sal, para que sepan cómo deben responder a cada persona.

—**Colosenses 4:2-6**

Doy gracias a mi Dios siempre, haciendo mención de ti en mis oraciones, porque oigo de tu amor y de la fe que tienes hacia el Señor Jesús y hacia todos los santos. Ruego que la comunión de tu fe llegue a ser eficaz por el conocimiento de todo lo bueno que hay en ustedes mediante Cristo.

—**Filemón 1:4-6**

Oren también por mí, para que me sea dada palabra al abrir mi boca, a fin de dar a conocer sin temor el misterio del evangelio, por el cual soy embajador en cadenas; que al proclamarlo hable sin temor, como debo hablar.

—**Efesios 6:19-20**

El Señor abrió su corazón para que recibiera lo que Pablo decía.

—**Hechos 16:14**

Para abrir sus ojos, para que se conviertan de las tinieblas a la luz y del poder de Satanás a Dios.

—**Hechos 26:18** (RVA2015)

Tal vez Dios les cambie el corazón, y aprendan la verdad. Entonces entrarán en razón y escaparán de la trampa del diablo.

—**2 Timoteo 2:25-26** (NTV)

¿Cuál de estos tres piensas tú que demostró ser prójimo del que cayó en manos de los salteadores?». El intérprete de la ley respondió: «El que tuvo misericordia de él». «Ve y haz tú lo mismo», le dijo Jesús.

—**Lucas 10:36-37**

La multitud se levantó a una contra ellos, y los magistrados superiores, rasgándoles sus ropas, ordenaron que los azotaran con varas. Después de darles muchos azotes, los echaron en la cárcel, ordenando al carcelero que los guardara con seguridad; el cual, habiendo recibido esa orden, los echó en el calabozo interior y les aseguró los pies en el cepo.

Como a medianoche, Pablo y Silas oraban y cantaban himnos a Dios, y los presos los escuchaban. De repente se produjo un gran terremoto, de tal manera que los cimientos de la cárcel fueron sacudidos. Al instante se abrieron todas las puertas y las cadenas de todos se soltaron. Al despertar el carcelero y ver abiertas todas las puertas de la cárcel, sacó su espada y se iba a matar, creyendo que los prisioneros se habían escapado. Pero Pablo clamó a gran voz, diciendo: «No te hagas ningún mal, pues todos estamos aquí».

Entonces él pidió luz y se precipitó adentro, y temblando, se postró ante Pablo y Silas, y después de sacarlos, dijo: «Señores, ¿qué debo hacer para ser salvo?». Ellos respondieron: «Cree en el Señor Jesús, y serás salvo, tú y toda tu casa».

Y le hablaron la palabra del Señor a él y a todos los que estaban en su casa.

—Hechos 16:22-32

Jesús les habló otra vez, diciendo: «Yo soy la Luz del mundo; el que me sigue no andará en tinieblas, sino que tendrá la Luz de la vida».

—Juan 8:12

El Espíritu del SEÑOR está sobre mí, porque me ha ungido para llevar la Buena Noticia a los pobres.

—Lucas 4:18 (NTV)

Y Él tenía que pasar por Samaria.

Llegó, pues, a una ciudad de Samaria llamada Sicar, cerca de la parcela de tierra que Jacob dio a su hijo José; y allí estaba el pozo de Jacob. Entonces Jesús, cansado del camino, se sentó junto al pozo. Era cerca del mediodía. Una mujer de Samaria vino a sacar agua, y Jesús le dijo: «Dame de beber».

Pues Sus discípulos habían ido a la ciudad a comprar alimentos. Entonces la mujer samaritana le dijo: «¿Cómo es que Tú, siendo judío, me pides de beber a mí, que soy samaritana?». (Porque los judíos no tienen tratos con los samaritanos).

Jesús le respondió: «Si tú conocieras el don de Dios, y quién es el que te dice: "Dame de beber", tú le habrías pedido a Él, y Él te hubiera dado agua viva».

Ella le dijo: «Señor, no tienes con qué sacarla, y el pozo es hondo; ¿de dónde, pues, tienes esa agua viva? ¿Acaso eres Tú mayor que nuestro padre Jacob, que nos dio el pozo del cual bebió él mismo, y sus hijos, y sus ganados?».

Jesús le respondió: «Todo el que beba de esta agua volverá a tener sed, pero el que beba del agua que Yo le daré, no tendrá sed jamás, sino que el agua que Yo le daré se convertirá en él en una fuente de agua que brota para vida eterna».

«Señor», le dijo la mujer, «dame esa agua, para que no tenga sed ni venga hasta aquí a sacarla». Jesús le dijo: «Ve, llama a tu marido y ven acá». «No tengo marido», respondió la mujer. Jesús le dijo: «Bien has dicho: "No tengo marido", porque cinco maridos has tenido, y el que ahora tienes no es tu marido; en eso has dicho la verdad».

La mujer le dijo: «Señor, me parece que Tú eres profeta. Nuestros padres adoraron en este monte, y ustedes dicen que en Jerusalén está el lugar donde se debe adorar».

Jesús le dijo: «Mujer, cree lo que te digo: la hora viene cuando ni en este monte ni en Jerusalén adorarán ustedes al Padre. Ustedes adoran lo que no conocen; nosotros adoramos lo que conocemos, porque la salvación viene de los judíos. Pero la hora viene, y ahora es, cuando los verdaderos adoradores adorarán al Padre en espíritu y en verdad; porque ciertamente a los tales el Padre busca que lo adoren. Dios es espíritu, y los que lo adoran deben adorar en espíritu y en verdad».

La mujer le dijo: «Sé que el Mesías viene (el que es llamado Cristo); cuando Él venga nos declarará todo». Jesús le dijo: «Yo soy, el que habla contigo».

En esto llegaron Sus discípulos y se admiraron de que hablara con una mujer, pero ninguno le preguntó: «¿Qué tratas de averiguar?» o: «¿Por qué hablas con ella?». Entonces la mujer dejó su cántaro, fue a la ciudad y dijo a los hombres: «Vengan, vean a un hombre que me ha dicho todo lo que yo he hecho. ¿No será este el Cristo?». Y salieron de la ciudad y fueron adonde Él estaba.

—Juan 4:4-30

ENSEÑANZAS DE LA QUINTA PARTE

Seré generoso.

Todos somos egoístas, pero nadie se considera egoísta.

Estamos condicionados a creer que nuestras vidas estarán incompletas hasta que adquiramos y acumulemos más cosas.

Nuestra cultura nos dice que es más dichoso conseguir. Jesús ofrece un mensaje contracultural. Él dice: «Hay más dicha en dar que en recibir» (Hechos 20:35, DHH).

Serás más dichoso cuando des.

Vivir una vida marcada por la generosidad intencional resulta significativo más allá de la medida monetaria. Sientes la alegría de Dios cuando él te utiliza para mostrarles su amor a los demás.

Nadie se vuelve generoso por accidente.

Queremos:
- Sembrar generosamente para poder cosechar generosamente.
- Ver que la gracia de Dios abunda en nosotros.
- Ser enriquecidos en todos los sentidos.
- Ser tan generosos que la gente dé gracias a Dios por nosotros.

La generosidad no se relaciona con lo que tienes o no tienes. La generosidad tiene que ver con tu corazón.

Si no eres generoso ahora, no lo serás después.

Más dinero no cambia quién eres, solo revela quién eres.

Si quieres ser generoso cuando tengas más, aprende a ser generoso cuando tengas menos.

Como mi identidad está arraigada en Jesús, seré generoso. Dar no es solo lo que hago. Generoso es lo que soy.

Las personas generosas planean ser generosas.

Las personas generosas planean su generosidad y se mantienen firmes.

Las personas generosas le preguntan a Dios:

- «¿Cómo puedo dar más?».
- «¿Dónde puedo causar un mayor impacto?».
- «¿A quién puedo bendecir?».
- «¿Cómo maximizo lo que me has dado?».

La generosidad no es espontánea ni fortuita, ni
está impulsada por las emociones.

La generosidad es intencional y estratégica, y está impulsada por
el deseo de honrar a Dios y vivir el tipo de vida que él bendice.

Las personas generosas tienen un plan.

Un ciclo financiero poco saludable se parece a esto:

Un ciclo financiero saludable se parece a esto:

Le damos a Dios lo primero y lo mejor.
Confiamos en que Dios bendecirá el resto.

La generosidad permite que la fe sustituya al miedo.
La generosidad permite que la dicha reemplace a la preocupación.
Poner primero a Dios con tus finanzas rompe el ciclo.
Dios promete que nos proveerá si lo ponemos a él en primer lugar.
Las personas generosas redondean por exceso.

No solo elevaremos nuestro nivel de vida.
Elevaremos nuestro nivel de dar.

Estaba poniendo mi confianza en el dinero y no en Dios.
Estaba confiando en lo que podía ver en lugar
de confiar en lo que Dios había dicho.

No puedes dar más que Dios.

Vamos a vivir como nadie para poder dar como nadie.

Ser generosos no es solo lo que hacemos, es lo que somos.

Sabiendo que la generosidad nunca ocurre por accidente,
planificamos y nos mantenemos firmes en nuestra generosidad.

ESCRITURAS DE LA QUINTA PARTE

Pero los generosos proponen hacer lo que es generoso y se
mantienen firmes en su generosidad.

—**Isaías 32:8** (NTV)

Más engañoso que todo es el corazón, y sin remedio.

—**Jeremías 17:9**

Recordando aquellas palabras del Señor Jesús: «Hay más dicha
en dar que en recibir».

—**Hechos 20:35** (DHH)

Pero esto digo: el que siembra escasamente, escasamente
también segará; y el que siembra abundantemente,
abundantemente también segará. Que cada uno dé como propuso
en su corazón, no de mala gana ni por obligación, porque Dios
ama al que da con alegría. Y Dios puede hacer que toda gracia
abunde para ustedes, a fin de que teniendo siempre todo lo
suficiente en todas las cosas, abunden para toda buena obra [...]
Ustedes serán enriquecidos en todo para toda liberalidad, la cual
por medio de nosotros produce acción de gracias a Dios.

—**2 Corintios 9:6-8,11**

Luego les contó una historia: «Un hombre rico tenía un campo fértil que producía buenas cosechas. Se dijo a sí mismo: «¿Qué debo hacer? No tengo lugar para almacenar todas mis cosechas». Entonces pensó: «Ya sé. Tiraré abajo mis graneros y construiré unos más grandes. Así tendré lugar suficiente para almacenar todo mi trigo y mis otros bienes. Luego me pondré cómodo y me diré a mí mismo: "Amigo mío, tienes almacenado para muchos años. ¡Relájate! ¡Come y bebe y diviértete!"».

—Lucas 12:16-19 (NTV)

No acumulen para sí tesoros en la tierra, donde la polilla y la herrumbre destruyen, y donde ladrones penetran y roban; sino acumulen tesoros en el cielo, donde ni la polilla ni la herrumbre destruyen, y donde ladrones no penetran ni roban; porque donde esté tu tesoro, allí estará también tu corazón.

—Mateo 6:19-21

Pero busquen primero Su reino y Su justicia, y todas estas cosas les serán añadidas.

—Mateo 6:33

«Traigan todo el diezmo al alfolí, para que haya alimento en Mi casa; y pónganme ahora a prueba en esto», dice el SEÑOR de los ejércitos, «si no les abro las ventanas de los cielos, y derramo para ustedes bendición hasta que sobreabunde».

—Malaquías 3:10

Es cierto que deben diezmar, pero sin descuidar las cosas más importantes.

—Mateo 23:23 (NTV)

Den, y les será dado; medida buena, apretada, remecida y rebosante, vaciarán en sus regazos. Porque con la medida con que midan, se les volverá a medir.

—Lucas 6:38

Honra al SEÑOR con tus bienes y con las primicias de todos tus frutos; entonces tus graneros se llenarán con abundancia y tus lagares rebosarán de vino nuevo.

—Proverbios 3:9-10

El propósito de los diezmos es que aprendas a poner a Dios siempre en el primer lugar de tu vida.

—**Deuteronomio 14:23** (NBV)

Porque como los cielos son más altos que la tierra, así Mis caminos son más altos que sus caminos, y Mis pensamientos más que sus pensamientos

—**Isaías 55:9**

Todo el día se lo pasa codiciando, pero el justo da con generosidad.

—**Proverbios 21:26** (NBV)

Al que quiera ponerte pleito y quitarte la túnica, déjale también la capa. Y cualquiera que te obligue a ir un kilómetro, ve con él dos.

—**Mateo 5:40-41**

Al día siguiente, sacando dos denarios se los dio al mesonero, y dijo: «Cuídelo, y todo lo demás que gaste, cuando yo regrese se lo pagaré».

—**Lucas 10:35**

Pero Zaqueo, puesto en pie, dijo a Jesús: «Señor, la mitad de mis bienes daré a los pobres, y si en algo he defraudado a alguien, se lo restituiré cuadruplicado».

—**Lucas 19:8**

Ahora quiero que sepan, amados hermanos, lo que Dios, en su bondad, ha hecho por medio de las iglesias de Macedonia. Estas iglesias están siendo probadas con muchas aflicciones y además son muy pobres; pero a la vez rebosan de abundante alegría, la cual se desbordó en gran generosidad. Pues puedo dar fe de que dieron no solo lo que podían, sino aún mucho más. Y lo hicieron por voluntad propia. Nos suplicaron una y otra vez tener el privilegio de participar en la ofrenda para los creyentes de Jerusalén.

—**2 Corintios 8:1-4** (NTV)

Ningún siervo puede servir a dos señores, porque o aborrecerá a uno y amará al otro, o se apegará a uno y despreciará al otro. No pueden servir a Dios y a las riquezas.

—Lucas 16:13

Por tanto, cualquiera que oye estas palabras Mías y las pone en práctica, será semejante a un hombre sabio que edificó su casa sobre la roca.

—Mateo 7:24

ENSEÑANZAS DE LA SEXTA PARTE

Seré constante.

Sin constancia, somos vulnerables a las tentaciones, las adicciones dañinas, el comportamiento destructivo y los ataques espirituales de nuestro enemigo. La falta de constancia interrumpe la intimidad que deberías tener *con* otros y la influencia que podrías tener *en* otros. Si tu vida no es lo que quieres, probablemente se deba a que has sido infectado por la inconstancia.

Es hora de hacer que las decisiones se conviertan en compromisos, y luego aprender a vivir ese compromiso. Y cuando lo hagas, tu constancia lo cambiará todo.

Las personas con buenas intenciones hacen promesas, pero las personas con constancia hacen progresos.

Las personas exitosas hacen constantemente lo que otras personas hacen ocasionalmente. El proceso precede al progreso.

Las personas exitosas hacen una y otra vez lo que otras personas hacen de vez en cuando. Las acciones constantes generan resultados constantes.

No es lo que hacemos de vez en cuando lo que marca la diferencia.

Es lo que hacemos constantemente lo que importa.

Si vamos a mantener nuestras decisiones, honrar a Dios, llegar a ser todo lo que estamos destinados a ser, y vivir la vida que él tiene para nosotros, tenemos que crecer en nuestra constancia.

Un *qué* débil es un problema.
Un *por qué* débil arruina cualquier cosa.

Es posible que tengas un *qué*, pero no un *por qué* claro.

Si no tienes claro tu qué, nunca lo conseguirás.
No puedes hacer aquello que no definas.
Si tu porqué no es lo suficientemente fuerte, no lograrás tu qué. Esto se debe a que tu porqué impulsa tu qué.
Necesitamos empezar con el porqué.

Si quieres ser más constante, empieza con el porqué.

Decidimos de antemano pasar de la fuerza de voluntad a la fuerza del porqué.

Un porqué fuerte marcará la diferencia. Descubrirás que tu porqué triunfa sobre las excusas y derrota a los detractores.

Cuando conozcas tu porqué, encontrarás el camino.

Si quieres ser más constante, define tu porqué. Profundiza. Ora. Mira en tu interior. Busca en tu pasión. Empieza con el porqué.

Si quieres tener éxito, planea fracasar.

El perfeccionismo es un obstáculo para la toma de grandes decisiones.

Con demasiada frecuencia nos vemos frenados por una mentalidad de todo o nada.

Un día es una excepción. Dos o tres son un patrón. Si dejas de hacerlo un día, no dejes de hacerlo dos.

La ilusión de la perfección puede impedirnos comenzar.

No seremos perfectos, pero podemos ser constantes.

Intentar ser perfecto no funciona para nadie. Sin
embargo, la constancia funciona para todos.

Centrarse en los resultados es la perdición de las
personas que quieren ser constantes.

Si te enamoras del proceso, puedes ganar todos los días.

Tienes éxito cuando haces lo que tienes que hacer hoy.

La constancia no es un acontecimiento. Es un proceso.

La constancia crea impulso.

No puedes ser constante solo. Pero no estás solo.

Cuando sientas deseos de renunciar, recuerda por qué empezaste.

Forma tu equipo. Agrupa a tu tribu. Reúne a tus tropas.
Tú no puedes solo, pero con un par de amigos animándote y haciéndote
responsable, sí. Dos son mejor que uno. ¿Y tres? Todavía mejor.

Yo no puedo. Dios puede.
Con la ayuda de Dios, seré constante.

¿Cómo serás constante?
1. Empieza con tu porqué.
2. Planifica el fracaso.
3. Enamórate del proceso.
4. Reúne a tu equipo.

Sin importar lo que sea, puedes hacerlo con la ayuda de Dios.

ESCRITURAS DE LA SEXTA PARTE

Por tanto, mis amados hermanos, estén firmes, constantes, abundando siempre en la obra del Señor, sabiendo que su trabajo en el Señor no es en vano.

—1 Corintios 15:58

Una persona sin control propio es como una ciudad con las murallas destruidas.

—Proverbios 25:28 (NTV)

Realmente no me entiendo a mí mismo, porque quiero hacer lo que es correcto pero no lo hago. En cambio, hago lo que odio [...] Quiero hacer lo que es correcto, pero no puedo. Quiero hacer lo que es bueno, pero no lo hago. No quiero hacer lo que está mal, pero igual lo hago.

—Romanos 7:15, 18-19 (NTV)

Pronto Daniel demostró ser más capaz que los otros administradores y altos funcionarios. Debido a la gran destreza administrativa de Daniel, el rey hizo planes para ponerlo frente al gobierno de todo el imperio. Entonces los demás administradores y altos funcionarios comenzaron a buscar alguna falta en la manera en que Daniel conducía los asuntos de gobierno, pero no encontraron nada que pudieran criticar o condenar. Era fiel, siempre responsable y totalmente digno de confianza.

—Daniel 6:3-4 (NTV)

Cuando Daniel oyó que se había firmado la ley, fue a su casa y se arrodilló como de costumbre en la habitación de la planta alta, con las ventanas abiertas que se orientaban hacia Jerusalén. Oraba tres veces al día, tal como siempre lo había hecho, dando gracias a su Dios.

—Daniel 6:10 (NTV)

El rey entonces se alegró mucho y mandó sacar a Daniel del foso. Cuando Daniel fue sacado del foso, no se encontró en él lesión alguna, porque había confiado en su Dios.

—Daniel 6:23

¿O no saben que su cuerpo es templo del Espíritu Santo que está en ustedes, el cual tienen de Dios, y que ustedes no se pertenecen a sí mismos?

—1 Corintios 6:19

Por lo tanto, ya que tenemos un gran Sumo Sacerdote que entró en el cielo, Jesús el Hijo de Dios, aferrémonos a lo que creemos. Nuestro Sumo Sacerdote comprende nuestras debilidades, porque enfrentó todas y cada una de las pruebas que enfrentamos nosotros, sin embargo, él nunca pecó. Así que acerquémonos con toda confianza al trono de la gracia de nuestro Dios. Allí recibiremos su misericordia y encontraremos la gracia que nos ayudará cuando más la necesitemos.

—Hebreos 4:14-16 (NTV).

Jesucristo es el mismo ayer y hoy y por los siglos.

—Hebreos 13:8

Yo te di la gloria aquí en la tierra, al terminar la obra que me encargaste. Ahora, Padre, llévame a la gloria que compartíamos antes de que comenzara el mundo.

—Juan 17:4-5 (NTV)

Es mejor ser dos que uno, porque ambos pueden ayudarse mutuamente a lograr el éxito. Si uno cae, el otro puede darle la mano y ayudarle; pero el que cae y está solo, ese sí que está en problemas. Del mismo modo, si dos personas se recuestan juntas, pueden brindarse calor mutuamente; pero ¿cómo hace uno solo para entrar en calor? Alguien que está solo puede ser atacado y vencido, pero si son dos, se ponen de espalda con espalda y vencen; mejor todavía si son tres, porque una cuerda triple no se corta fácilmente.

—Eclesiastés 4:9-12 (NTV)

¡Soy un pobre desgraciado! ¿Quién me libertará de esta vida dominada por el pecado y la muerte? ¡Gracias a Dios! La respuesta está en Jesucristo nuestro Señor.

—**Romanos 7:24-25** (NTV)

Pido que les inunde de luz el corazón, para que puedan entender la esperanza segura que él ha dado a los que llamó —es decir, su pueblo santo—, quienes son su rica y gloriosa herencia. También pido en oración que entiendan la increíble grandeza del poder de Dios para nosotros, los que creemos en él. Es el mismo gran poder que levantó a Cristo de los muertos y lo sentó en el lugar de honor, a la derecha de Dios, en los lugares celestiales.

—**Efesios 1:18-20** (NTV)

ENSEÑANZAS DE LA SÉPTIMA PARTE

Seré un finalizador

Si no estás muerto, no estás acabado. Dios tiene más para ti.

Cada decisión que tomas es un voto por tu futuro.

Cada vez que eres fuerte en el Señor y perseveras,
emites un voto a favor de que serás un finalizador.

Decide de antemano: cuando me comprometo, no renuncio.

Es posible que me veas luchar, pero te prometo
que no me verás renunciar.

La perseverancia es el camino hacia la grandeza.

«El entusiasmo es común. La perseverancia es rara» (Angela Duckworth).

Las personas exitosas triunfan gracias a su
determinación, lo cual significa:

- Que no pasa nada si no eres el más talentoso.
- Que no es un problema si no conoces a la gente adecuada.
- Que no es el fin del mundo si no tienes la mejor educación académica.

Puedes superarte, alcanzar tus metas y vivir una vida increíble que honre a Dios si simplemente sigues poniendo un pie delante del otro.

Nos sentimos tentados a renunciar porque no podemos ver el futuro.

Cuando nos cansamos, recordamos por quién corremos y damos el siguiente paso. No tienes que terminar la carrera hoy. Solo tienes que dar un paso más.

Desde el principio, Jesús lo había predecidido: *Estoy preparado, soy devoto, fiel, influente, generoso y constante, y cuando me comprometo, no renuncio, porque soy un finalizador.*

Él fijó su mirada en nosotros. Ahora nosotros fijamos nuestra mirada en él.

Cuando fijamos la mirada en Jesús, fortalecemos nuestros corazones.

Cuando fijamos la mirada en Jesús, ponemos nuestra confianza en Dios y no en nosotros mismos.

Cuando fijamos la mirada en Jesús, tenemos confianza, porque sabemos que podemos hacer todas las cosas por medio de su fuerza y que nuestra confianza será recompensada.

ESCRITURAS DE LA SÉPTIMA PARTE

Ahora pues, acaben también de hacerlo; para que como hubo la buena voluntad para desearlo, así también la haya para llevarlo a cabo según lo que tengan.

—2 Corintios 8:11

Sería bueno que completaran lo que comenzaron.

—**2 Corintios 8:10** (NTV)

Tú, pues, hijo mío, fortalécete en la gracia que hay en Cristo Jesús.

—**2 Timoteo 2:1**

Pero tú debes mantener la mente clara en toda situación. No tengas miedo de sufrir por el Señor. Ocúpate en decirles a otros la Buena Noticia y lleva a cabo todo el ministerio que Dios te dio.

—**2 Timoteo 4:5** (NTV)

En cuanto a mí, mi vida ya fue derramada como una ofrenda a Dios. Se acerca el tiempo de mi muerte. He peleado la buena batalla, he terminado la carrera y he permanecido fiel. Ahora me espera el premio, la corona de justicia que el Señor, el Juez justo, me dará el día de su regreso; y el premio no es solo para mí, sino para todos los que esperan con anhelo su venida.

—**2 Timoteo 4:6-8** (NTV)

Sin embargo, no estimo que mi vida sea de ningún valor ni preciosa para mí mismo, con tal que acabe mi carrera y el ministerio que recibí del Señor Jesús, para dar testimonio del evangelio de la gracia de Dios.

—**Hechos 20:24** (RVA2015)

Así que no nos cansemos de hacer el bien. A su debido tiempo, cosecharemos numerosas bendiciones si no nos damos por vencidos.

—**Gálatas 6:9** (NTV)

Mira hacia adelante y fija los ojos en lo que está frente a ti. Traza un sendero recto para tus pies; permanece en el camino seguro. No te desvíes; evita que tus pies sigan el mal.

—**Proverbios 4:25-27** (NTV)

En el mundo tienen tribulación; pero confíen, Yo he vencido al mundo.

—**Juan 16:33**

Quitémonos todo peso que nos impida correr, especialmente el pecado que tan fácilmente nos hace tropezar. Y corramos con perseverancia la carrera que Dios nos ha puesto por delante. Esto lo hacemos al fijar la mirada en Jesús, el campeón que inicia y perfecciona nuestra fe. Debido al gozo que le esperaba, Jesús soportó la cruz, sin importarle la vergüenza que esta representaba. Ahora está sentado en el lugar de honor, junto al trono de Dios.

—**Hebreos 12:1-2** (NTV)

Pero en todas estas cosas somos más que vencedores por medio de Aquel que nos amó.

—**Romanos 8:37**

Entonces Jesús, cuando hubo tomado el vinagre, dijo: «¡Consumado es!». E inclinando la cabeza, entregó el espíritu.

—**Juan 19:30**

Padre, perdónalos, porque no saben lo que hacen.

—**Lucas 23:34**

Yo lo he hecho, y Yo los cargaré.

—**Isaías 46:4**

Estoy convencido precisamente de esto: que el que comenzó en ustedes la buena obra, la perfeccionará hasta el día de Cristo Jesús.

—**Filipenses 1:6**

Consideren, pues, a Aquel que soportó tal hostilidad de los pecadores contra Él mismo, para que no se cansen ni se desanimen en su corazón.

—**Hebreos 12:3**

Esta confianza tenemos hacia Dios por medio de Cristo. No que seamos suficientes en nosotros mismos para pensar que cosa alguna procede de nosotros, sino que nuestra suficiencia es de Dios.

—2 Corintios 3:4-5

Por tanto, no desechen su confianza, la cual tiene gran recompensa. Porque ustedes tienen necesidad de paciencia, para que cuando hayan hecho la voluntad de Dios, obtengan la promesa.

—Hebreos 10:35-36

ENSEÑANZAS DE LA CONCLUSIÓN

El poder de predecidir es lo que pone a las personas en el camino del éxito.

Hay siete decisiones previas esenciales que automatizarán muchas de las más importantes de esas treinta y cinco mil decisiones y nos pondrán en el camino hacia la vida abundante que Jesús ofrece.

Dios nos eligió. Ahora nos pregunta si lo elegiremos a él.

Predecidamos:
- Estaré preparado.
- Seré devoto.
- Seré fiel.
- Seré una persona influyente.
- Seré generoso.
- Seré constante.
- Seré un finalizador.

ESCRITURAS DE LA CONCLUSIÓN

¡Ahora escucha! En este día, te doy a elegir entre la vida y la muerte, entre la prosperidad y la calamidad.

—Deuteronomio 30:15 (NTV)

¡Ay, si eligieras la vida, para que tú y tus descendientes puedan vivir! Puedes elegir esa opción al amar, al obedecer y al comprometerte firmemente con el SEÑOR tu Dios. Esa es la clave para tu vida.

—Deuteronomio 30:19-20 (NTV)

Porque el SEÑOR ha escogido a Jacob para sí, a Israel para posesión Suya.

—Salmos 135:4

Escogió a la tribu de Judá, al monte Sión que Él amaba.

—Salmos 78:68

Escogí a David para que estuviera sobre Mi pueblo Israel.

—1 Reyes 8:16

Él ha escogido a mi hijo Salomón para que se siente en el trono del reino del SEÑOR sobre Israel.

—1 Crónicas 28:5

Y David dijo a Mical: «Eso fue delante del SEÑOR que me escogió...».

—2 Samuel 6:21

Escojan hoy a quién han de servir: si a los dioses que sirvieron sus padres, que estaban al otro lado del río, o a los dioses de los amorreos en cuya tierra habitan. Pero yo y mi casa, serviremos al SEÑOR.

—Josué 24:15

Si somos infieles, Él permanece fiel, pues no puede negarse Él mismo.

—2 Timoteo 2:13

Jesucristo es el mismo ayer, hoy y siempre.

—Hebreos 13:8 (NTV)

Porque Dios nos escogió en Cristo antes de la fundación del mundo, para que fuéramos santos y sin mancha delante de Él. En amor nos predestinó para adopción como hijos para sí mediante Jesucristo, conforme a la buena intención de Su voluntad.

—Efesios 1:4-5

Jesús dijo: «¡Todo está cumplido!».

—Juan 19:30 (NTV)

Notas

1. Asha C. Gilbert, «Man Thought He Had Water Stuck in His Ear and Used a Blow Dryer. Turns Out It Was a Cockroach», *USA Today*, 13 de enero de 2022, www.usatoday.com/story/news/world/2022/01/13/man-finds-roach-ear-new-zealand/6513642001/.
2. Heidi Zak, «Adults Make More Than 35,000 Decisions Per Day. Here Are Four Ways to Prevent Mental Burnout», Inc., 21 de enero de 2020, www.inc.com/heidi-zak/adults-make-more-than-35000-decisions-per-day-here-are-4-ways-to-prevent-mental-burnout.html.
3. Grant A. Pignatiello, Richard J. Martin y Ronald L. Hickman Jr., «Decision Fatigue: A Conceptual Analysis», *Journal of Health Psychology* 25, n.º 1 (enero 2020), pp. 123-35, www.ncbi.nlm.nih.gov/pmc/articles/PMC6119549/.
4. Chip Heath y Dan Heath, *Decídete: cómo tomar las mejores decisiones en la vida y el trabajo* (Ciudad de México: Paidós, 2022).
5. C. S. Lewis, *Mere Christianity* (San Francisco: HarperSanFrancisco, 2001), p. 132 [*Cristianismo y nada más* (Editorial Caribe, Miami, 1977)].
6. Ray Dalio, *Principles: Life and Work* (Nueva York: Simon and Schuster, 2017), pp. ix, 255 [*Principios* (Barcelona: Deusto libros, 2017)].
7. P. M. Gollwitzer, C. Gawrilow y G. Oettingen, «The Power of Planning: Self-Control by Effective Goal-Striving», *Self Control in Society, Mind, and Brain* (Oxford: Oxford Univ. Press, 2010), pp. 279-96.
8. Jochen P. Ziegelmann, Aleksandra Luszczynska, Sonia Lippke y Ralf Schwarzer, «Are Goal Intentions or Implementation Intentions Better Predictors of Health Behavior? A Longitudinal Study in Orthopedic Rehabilitation», *Rehabilitation Psychology* 52, n.º 1 (2007), pp. 97-102.
9. «Why Do We Overestimate Our Self-Control? The Restraint Bias, Explained», The Decision Lab, consultado el 8 de junio de 2023, www.thedecisionlab.com/biases/restraint-bias/.

10. Sin embargo, no tienes un pollo. Y, por cierto, sabes que tienes un problema de gasto excesivo si, en lugar de reírte de esa lista, pensaste: «Espera, ¿qué es un recipiente para guardar el guacamole? A lo mejor necesito uno de esos».

11. Kate Brombley, «All Is Discovered! Fly at Once!», *Study of Fandom* (blog), 31 de julio de 2014, arthurcdoyle.wordpress.com/2014/07/31/all-is-discovered-fly-at-once/.

12. Michael Winnick, «Putting a Finger on Our Phone Obsession», People Nerds, consultado el 8 de junio de 2023, dscout.com/people-nerds/mobile-touches.

13. Sam Whiting, «Muni Driver Keeps an Eye Out for Her Passengers», *San Francisco Chronicle*, 8 de septiembre de 2013, www.sfchronicle.com/entertainment/article/muni-driver-keeps-an-eye-out-for-her-passengers-4797691.php.

14. Sí, todavía estoy en terapia por el incidente del gato montés.

15. *Ibid. (Ídem.)*

16. Sadie Robertson Huff, «Are You an Influencer? Sadie Robertson Huff at Liberty University Convocation 2022», Sadie Robertson Huff, 20 de enero de 2022, video de YouTube, www.youtube.com/watch?v=FL8Jw6ZFCAM&feature=youtu.be.

17. Aaron Earls, «Christians Don't Share Faith with Unchurched Friends», Lifeway Research, 9 de septiembre de 2021, research.lifeway.com/2021/09/09/christians-dont-share-faith-unchurched-friends/.

18. Annabel Fenwick Elliot, «Window Seat or Aisle—What Does Your Choice Say about You?», *Telegraph*, 18 de marzo de 2019, www.telegraph.co.uk/travel/comment/window-versus-aisle-debate/.

19. Harriet Sherwood, «Religious Children Are Meaner Than Their Secular Counterparts, Study Finds», *Guardian*, 6 de noviembre de 2015, www.theguardian.com/world/2015/nov/06/religious-children-less-altruistic-secular-kids-study.

20. Samantha Vincenty, «How to Deal with Selfish Friends, Family, and Partners», Oprah Daily, 14 de octubre de 2019, www.oprahdaily.com/life/relationships-love/a29416336/dealing-selfish-people/.

21. Sarah Cox, «Muscular Men Less Likely to Support Social and Economic Equality, Study Suggests», Brunel University London, 22 de mayo de 2017, www.brunel.ac.uk/news-and-events/news/articles/Muscular-men-less-likely-to-support-social-and-economic-equality-study-suggests.

22. Helen Fields, «Mulling Over a Decision Makes People More Selfish, Study Suggests», *Science*, 19 de septiembre de 2012, www.science.org/content/article/mulling-over-decision-makes-people-more-selfish-study-suggests.

23. Shankar Vedantam, «Does Studying Economics Make You Selfish?», NPR, 21 de febrero de 2017, www.npr.org/2017/02/21/516375434/does-studying-economics-make-you-selfish.

24. Brad Tuttle, «Study: The Rich Really Are More Selfish», *Time*, 12 de agosto de 2011, business.time.com/2011/08/12/study-the-rich-really-are-more-selfish/.

25. Alexander Soutschek *et al.*, «The Dopaminergic Reward System Underpins Gender Differences in Social Preferences», Nature Human Behaviour 1 (2017), pp. 819-27, doi.org/10.1038/s41562-017-0226-y.

26. «Women Are More Selfish Than Men and More Likely to Bad-Mouth Their Friends Says Study», *Daily Mail*, 5 de junio de 2011, www.dailymail.co.uk/news/article-1394507/Women-selfish-men-likely-bad-mouth-friends-says-study.html.

27. Ryan W. Carlson *et al.*, «Motivated Misremembering of Selfish Decisions», *Nature Communications* 11 (2020), www.nature.com/articles/s41467-020-15602-4.

28. Estos estudios se citan en Arthur Brooks, «Why Giving Makes You Happy», *New York Sun*, 28 de diciembre de 2007, www.nysun.com/article/opinion-why-giving-makes-you-happy.

29. Bill Fay, «Demographics of Debt», Debt.org, 21 de julio de 2023, www.debt.org/faqs/americans-in-debt/demographics/.

30. Quien, acabo de enterarme, tiene un nombre completo: Capitán Horacio Magallanes Crunch. ¿Quién lo diría?

31. Dave Ramsey, «Live Like No One Else—Dave Ramsey's Story», The Ramsey Show Highlights, 15 de agosto de 2014, video de YouTube, www.youtube.com/watch?v=r1NJzEYARlM.

32. «The Eight Benefits of Praying with Your Spouse», iMom, consultado el 8 de junio de 2023, www.imom.com/8-benefits-praying-spouse/.

33. Zig Ziglar, «How to Think Correctly», Let's Become Successful, 31 de mayo de 2020, video de YouTube, www.youtube.com/watch?v=Qe0J997dYxc.

34. Roger Kahn, *The Boys of Summer* (Nueva York: Harper Perennial, 2006), p. 224.

35. Jeff Haden, «A Study of 800 Million Activities Predicts Most New Year's Resolutions Will Be Abandoned on January 19: How to Create New Habits That Actually Stick», Inc., 3 de enero de 2020, www.inc.com/jeff-haden/a-study-of-800-million-activities-predicts-most-new-years-resolutions-will-be-abandoned-on-january-19-how-you-cancreate-new-habits-that-actually-stick.html.

36. Sí, esto es algo real: Johnathan David, «Bearded Dragons as Emotional Support Pets», Council for Disability Awareness, 6 de agosto de 2020, blog.disabilitycanhappen.org/bearded-dragons-as-emotional-support-pets/.

37. Martin Seif y Sally Winston, «Behind Chronic Indecisiveness: Perfectionism», *Psychology Today*, 25 de noviembre de 2021, www.psychologytoday.com/us/blog/living-sticky-mind/202111/behind-chronic-indecisiveness-perfectionism.

38. *The Office*, temporada 6, episodio 11, «Shareholder Meeting», dirigido por Charles McDougall, escrito por Justin Spitzer, trasmitido el 19 de noviembre de 2009 en la NBC.

39. «Cognitive Distortions: All-or-Nothing Thinking», Cognitive Behavioral Therapy Los Angeles, consultado el 8 de junio de 2023, cogbtherapy.com/cbt-blog/cognitive-distortions-all-or-nothing-thinking.

40. Dominic Smithers, «Brazilian Jiu-Jitsu Trained Jogger Kills Cougar with Bare Hands after It Attacks Him», Sport Bible, 5 de febrero de 2019, www.sportbible.com/news/animals-runner-killed-cougar-with-his-bare-hands-after-it-attacked-him-20190205.

41. Natalie Burg, «To Be Successful, You Need More Than Just Goals—You Need Friends», *Forbes*, 3 de diciembre de 2018, www.forbes.com/sites/colehaan/2018/12/03/to-be-successful-you-need-more-than-just-goals--you-need-friends/?sh=447338ae7454.

42. «The Importance of Having a Support System», Mental Health First Aid, 6 de agosto de 2020, www.mentalhealthfirstaid.org/2020/08/the-importance-of-having-a-support-system/.

43. «Manage Stress: Strengthen Your Support Network», American Psychological Association, última actualización: 21 de octubre de 2022, https://www.apa.org/topics/stress/manage-social-support#:~:text=Experts%20say%20that%20almost%20all,esteem%20and%20sense%20of%20autonomy.

44. Dictionary.com, s.v. «synergy», consultado el 8 de junio de 2023, www.dictionary.com/browse/synergy.

45. Mission, «The Most Popular Productivity Pieces of Wisdom from David Allen», Medium, 4 de diciembre de 2017, https://medium.com/the-mission/the-most-popular-productivity-pieces-of-wisdom-from-david-allen-72ffe70ac7b9.

46. Angela Duckworth, *Grit: The Power of Passion and Perseverance* (Nueva York: Scribner, 2018), p. 58.

47. «U2: The Rock 'n Roll Money Trail», *Independent* (Irlanda), 6 de marzo de 2009, www.independent.ie/entertainment/music/u2-the-rock-n-roll-money-trail-26519131.html.

48. Will Smith, «Will Smith Motivation», Young Urban Project, 4 de octubre de 2020, video de YouTube, youtu.be/EUtaTkDJs-k.

49. IMDb, *Apollo 13* (1995), citas de Gene Kranz (Ed Harris), www.imdb.com/title/tt0112384/characters/nm0000438.

50. «Florence Chadwick», *Wikipedia*, editado por última vez el 18 de mayo de 2023, https://en.wikipedia.org/wiki/Florence_Chadwick#Biography.

51. «About», Erik Weihenmayer (sitio web), consultado el 8 de junio de 2023, erikweihenmayer.com/about-erik/.

52. Robert Krulwich, «Successful Children Who Lost a Parent—Why Are There So Many of Them?», NPR, 16 de octubre de 2013, www.npr.org/sections/krulwich/2013/10/15/234737083/successful-children-who-lost-a-parent-why-are-there-so-many-of-them.

53. Brent Bowers, «Study Shows Stronger Links between Entrepreneurs and Dyslexia», *New York Times*, 5 de noviembre de 2007, www.nytimes.com/2007/12/05/business/worldbusiness/05iht-dyslexia.4.8602036.html.

54. Graham Winfrey, «Malcolm Gladwell on Why You Need Adversity to Succeed», Inc., 12 de noviembre de 2014, www.inc.com/graham-winfrey/malcolm-gladwell-on-why-entrepreneurs-need-adversity-to-succeed.html.

55. «"Gentleman Jim" Corbett Knocks Out John L. Sullivan, 1892», Eyewitness to History, consultado el 8 de junio de 2023, www.eyewitnesstohistory.com/corbett.htm.

56. «Derek Redmond's Emotional Olympic Story», Olimpiadas, 31 de octubre de 2011, video de YouTube, youtu.be/t2G8KVzTwfw.

57. Goalcast, «Kobe Bryant—Advice on How to Leave Your Mark», Facebook, 14 de marzo de 2020, www.facebook.com/goalcast/videos/197096971705583/.

58. Goalcast, «Kobe Bryant».

59. Goalcast, «Kobe Bryant».

60. Scott Davis y Connor Perrett, «Kobe Bryant's Work Ethic Was Unmatched, Here Are Twenty-Four Examples», Insider, actualizado el 26 de enero de 2023, www.businessinsider.com/kobe-bryant-insane-work-ethic-2013-8.

61. Davis y Perrett, «Kobe Bryant's Work Ethic».

62. Davis y Perrett, «Kobe Bryant's Work Ethic».

63. Davis y Perrett, «Kobe Bryant's Work Ethic».

64. Goalcast, «Kobe Bryant».

65. *Theological Wordbook of the Old Testament*, eds. R. L. Harris, G. L. Archer Jr. y B. K. Waltke (Chicago: Moody Press, 1980), s.v. 231 *bahar*, בָּחַד.

66. *Theological Wordbook of the Old Testament*.

67. *Theological Wordbook of the Old Testament*.

68. Steven Skiena y Charles B. Ward, «Who's Biggest? The Hundred Most Significant Figures in History», *Time*, 10 de diciembre de 2013, ideas.time.com/2013/12/10/whos-biggest-the-100-most-significant-figures-in-history/.

GANA LA GUERRA EN TU MENTE
ISBN 9780829770841

¿Están tus pensamientos fuera de control, como tu vida? ¿Anhelas liberarte de la espiral del pensamiento destructivo? ¡Deja que la verdad de Dios se convierta en tu plan de batalla para ganar la guerra en tu mente! Basándose en las Escrituras y los últimos descubrimientos de la ciencia del cerebro, el pastor Craig Groeschel presenta estrategias prácticas que te liberarán de las garras del pensamiento dañino y destructivo y te permitirán vivir la vida de gozo y paz que Dios quiere que vivas.

EL PODER PARA CAMBIAR
ISBN 9780829772036

Comienza a vivir la vida que siempre has esperado y soñado, la vida que Dios creó para que la experimentes, trabajando para hacer cambios profundos y duraderos en tu vida. Craig Groeschel sabe lo que es estar atrapado en el ciclo desalentador de no poder cambiar, porque esta fue su historia, hasta que comenzó a descubrir principios prácticos para experimentar un cambio duradero que ha enseñado a innumerables personas durante más de veinticinco años. Si estás listo para comenzar a vivir la vida que siempre has esperado y soñado, este libro es para ti.

LO ESENCIAL DE UN BIEN LÍDER
ISBN 9780829771732

Descubre el secreto para encender un movimiento que dé vida, transforme el alma e inspire a las personas en tu organización, iglesia o ministerio. Lo esencial de un buen líder presenta las ideas transformadoras del autor sobre cómo edificar eficazmente un ministerio próspero y duradero. Este libro desvela el secreto para impulsar el ministerio y mantenerlo en moción.